LAS VERDADES ROBADAS

MIGUEL ÁNGEL FUENTES

LAS VERDADES
ROBADAS

IVE Press
Nueva York – 2006

Cover Design
IVE Press

Cover Art
© IVE Press
© Musee Municipal Saint Germain in Laye

Text
© IVE Press, New York
Institute of the Incarnate Word, Inc.

Manufactured in the United States of America

113 East 117th Street
New York, NY 10035
Ph. (212) 534 5257
Fax (212) 534 5258

Email ivepress@ive.org
http:// www.ivepress.org

1-933871-06-7

© Catalogued in the Library of Congress of the US.

Printed in the United States of America ∞

A todos los jóvenes
que luchan sinceramente
por conocer la Verdad

CONTENIDOS

PRESENTACIÓN

En mis años de trabajo sacerdotal he conocido a muchos jóvenes católicos que parecían prometer llegar a hombres de bien para la Iglesia y para nuestra patria, futuros profesionales seguros de los valores por los que deberían trabajar y luchar, dispuestos a desafiar las tentaciones mundanas y forjar, no sólo familias ejemplares, sino una patria basada en la verdad, en el bien común y en la fe. Lamentablemente muchos de ellos no llenaron las expectativas que habían despertado; algunos claudicaron en sus principios morales, transando con los ofrecimientos del mundo, vendiendo a veces su conciencia por un puesto político o para asegurarse en sus distintas profesiones; otros perdieron la fe, pasando a sostener un vaporoso escepticismo o un descreimiento casi total; otros, manteniendo la fe y los principios morales, simplemente se desanimaron de la lucha, al ver caer a muchos de sus antiguos amigos en los recién mencionados precipicios. Y muchos perseveraron llegando a ser hoy en día excelentes cristianos en el plano personal pero —mal de muchos compatriotas— desperdiciados francotiradores de la cultura católica (¡*Ay del solo!*, dice la Escritura); es decir, cada uno hace lo que puede y sus buenas obras se diluyen como las hondas de una piedrita que cae en el mar; les faltó la decisión de luchar unidos.

Uno de los momentos cruciales en que la inteligencia o la voluntad de gran parte de estos jóvenes entró en crisis, fue su contacto con la universidad. Los estudios universitarios a nivel mundial adolecen de espantosas lagunas; la principal de ellas es la falta de cultivo del espíritu (y entre las disciplinas espirituales, principalmente de la visión de la trascendencia, es decir, de la apertura al mundo sobrenatural y al pensamiento metafísico); dicho en otras palabras: las universidades de nuestro tiempo, con honrosas pero reducidas excepciones, forman materialistas desde el materialismo más craso; moldean hombres y mujeres que salen de sus cátedras ya derrotados en las batallas del espíritu. La causa no es simplemente la ineptitud para enseñar las materias más importantes que debe cultivar todo ser inteligente (la filosofía y la misma teología, como se hace en muchas universidades anglosajonas, que tienen, por supuesto, otros problemas) sino la positiva destrucción –planeada siniestramente– de todo ideal religioso, espiritual y filosófico de las mentes de los jóvenes que inocentemente (o sin tanta inocencia) caen en las manos de profesionales deformadores. Desde hace varias décadas el mismo fenómeno se puede constatar en la enseñanza media.

De este modo muchas de las convicciones, o la visión serena que el sentido común o la tradición familiar o una rudimentaria formación religiosa han dado a muchos de los jóvenes católicos de nuestro tiempo, caen desmenuzadas ante los sofismas demoledores de falsos argumentos científicos, pruebas indemostradas (y a veces indemostrables), datos sobredimensio-nados, etc., que ponen en tela de juicio las verdades fundamentales sobre las que se basa la ley natural, el conocimiento vulgar de la verdad y la misma fe. Todo presentado con los adornos del falso halo de la ciencia de nuestro tiempo, con el único resultado de que los jóvenes que entraron con algunas sólidas convicciones –si alguna llevaron– terminan con *las verdades robadas*; esta es la razón de nuestro título. Salen, pues, médicos materialistas, psicólogos positivistas, abogados rapaces, economistas sin escrúpulos, o simplemente profesionales incultos, sin valores morales, sin más intereses que los económicos..., en definitiva, pobres mercaderes.

El resultado es una legión de pseudo escépticos y pseudo ateos[1]. Y digo pseudo (=falso) porque muchos no son tales. Puede sucederles como a aquellos jóvenes universitarios franceses

---

[1] Uno de los no menores dramas de nuestra época es la incapacidad de entender el sentido de términos comunes. Teniendo en cuenta las numerosas consultas que he recibido preguntando qué es un escéptico, un ateo, un agnóstico, etc., he añadido al final del libro un vocabulario que podrá ayudarte con algunos términos.

que subieron a un tren en que viajaba un sacerdote (estoy hablando de algo ocurrido varios lustros atrás); al verlo, comenzaron a burlarse de la fe, de la Iglesia y de Dios; cuando el sacerdote pudo entablar conversación con ellos les preguntó en qué creían: "¿Nosotros? Algunos somos ateos –respondió uno de ellos– y otros escépticos". "¡Qué interesante!" –acotó el sacerdote, y comenzó a preguntarles: "¿Cuál es la obra de Aristóteles que más les ha gustado?"; "No he leído ninguna", respondió el interpelado. "¿Y Platón?"; "Tampoco; bueno, unas páginas estaban en uno de los apuntes de la facultad". "¿Y no han leído las obras de San Agustín, ni de Santo Tomás, ni los discursos de Lacordaire, ni los documentos de los Papas...", y fue enumerándoles los principales autores que de una u otra manera habían tocado el tema de Dios o alguno de los temas fundamentales de la vida... y a todos ellos fueron respondiendo que no habían leído nada o prácticamente nada. Finalmente el sacerdote les dijo: "Entonces, muchachos, ustedes no son escépticos ni ateos"; "¿Y qué somos entonces?". "Simplemente ignorantes", respondió.

Las páginas que encontrarán a continuación no son más que una "introducción" a los grandes problemas de la vida: Dios, el alma, la ciencia, la religión, la verdad, etc. Ya es un logro que estos temas sean un "problema" para un hombre. Mientras tengan ese carácter exigirán que la inteligencia los piense, y para eso tenemos precisamente nuestra mente. Confiamos plenamente en el poder de la inteligencia humana para alcanzar la verdad; por eso, no son los que se cuestionan las grandes cosas, quienes terminarán pensando mal, sino quienes se nieguen a pensar y a discutir. De la verdad puede decirse algo semejante a lo que Jesús dijo del cielo: sólo se entrega a los que luchan por ella[2].

---

[2] *El Reino de los Cielos sufre violencia, y los violentos lo conquistan* (Mt 11,12).

1.

LA VERDAD ROBADA SOBRE "LA VERDAD"

¿Es todo relativo y no hay verdad?

¿Podemos conocer la verdad? ¿O todo es relativo y en definitiva cada uno tiene *su verdad*? Probablemente una de las primeras cosas que haga tambalear tu edificio intelectual o tu fe sea el relativismo, es decir, la concepción que no admite principios absolutos en el campo del conocer y del actuar. Normalmente un joven llega a sus estudios con una serie de principios o verdades que él admite como absolutas, ya sean convicciones de orden natural o sobrenatural (las verdades de fe) o verdades de certeza popular; un mal centro educativo comenzará a bombardear precisamente el valor de tales verdades. La primera verdad que te robarán es la convicción de que hay verdad, y que puedes conocer la verdad.

Para el relativismo cada uno tiene *su* verdad, cada uno alcanza las cosas con una visión propia y personal basada en sus gustos, su educación o sus intereses. No solamente se hace difícil, para quienes así piensan, lograr comprender adecuadamente lo que piensan los demás sino que es imposible lograr un acuerdo, puesto que no habría propiamente hablando una verdad objetiva válida y obligatoria para todos. Así se empiezan a demoler los principios religiosos, los criterios morales por los que nos regimos, y la víctima de este aplastante ataque se sumerge en una auténtica "depresión intelectual".

El relativismo es el cáncer fatal que carcome la cultura contemporánea. Y sin embargo es también la falacia más grande que puede pasar por la mente humana y no puede hacerse aceptar a menos de engañarnos por medio de sutiles sofismas. El relativismo, en el ámbito del conocimiento, niega la posibilidad de alcanzar verdades universales y objetivas. En el ámbito moral es la negación de poder llegar a conocer los valores y bienes objetivos y actuar en consecuencia (o sea niega que pueda afirmarse que un comportamiento es malo para todos o que otro es siempre bueno). En la vida cotidiana caen en este error todos los que no aceptan verdades absolutas; los que sostienen que "cada uno tiene su verdad", los que tachan de "fundamentalismo" a todos aquellos que mantienen con firmeza la verdad de la fe. Una de sus consecuencias más notables en nuestro tiempo es que ha abierto el camino para la New Age, la religión del relativismo: "El terreno [para la aceptación de la New Age] ha sido preparado por el desarrollo y la difusión del relativismo"[3].

El relativismo adopta varias formas[4]:

1) El relativismo *individualista* es el que enseña que lo que determina la verdad de alguna afirmación es cada individuo, por tanto, habrá (o podría haber) tantas verdades cuantos hombres. Algo puede ser verdadero para Juan y no para José, y ambos tienen razón: "*su* razón". En un importante periódico argentino leí (mayo de 2004) la siguiente afirmación comentando un partido de futbol: "el partido terminó con un justo empate; aunque también habría sido justo que ganara o uno o el otro". ¡Tres casos de justicia en tres situaciones contradictorias! Sin embargo no fue el periodista del poco afortunado artículo quien inventó la barrabasada que se le ocurrió escribir, sino Protágoras de quien es la tesis de que "el hombre es la medida de todas las cosas". Platón lo describe: "como decía Protágoras al afirmar que el hombre es la medida de todas las cosas; así, en consecuencia, como a mí me parece que son las cosas, tales son para mí; y, como a ti te parecen, tales son para ti"[5]. De aquí se sigue que no hay una verdad sino infinitas, es decir: tantas cuantas personas distintas. Es fácil darse cuenta de que esto está muy divulgado en nuestra sociedad; nosotros lo escuchamos bajo el título de "punto de vista": cada uno tiene sus "puntos" de vista. Y así tiene más valor la *opinión* que la verdad. Y no solamente cada uno tiene *su verdad*, sino que cada uno tiene derecho a formarse su verdad aunque se trate de temas que desconoce en su casi totalidad; por eso a un deportista se le pregunta su opinión no solamente sobre su deporte sino sobre cuestiones de moral, sobre el Papa, la filosofía y la historia; de todos modos el valor de lo que diga es *relativo*, sólo

---

[3] Pontificios Consejos de la Cultura y para el Diálogo Interreligioso, informe *Jesucristo, portador del agua viva. Una reflexión cristiana sobre la Nueva Era*, 1.3.; cf. 2.3.1.

[4] Cf. J. Barrio Gutiérrez, *Relativismo; I. Filosofía*, Gran Enciclopedia Rialp, Madrid, 1991.

[5] Platón, *Cratilo*, 3850.

valdrá para él. Desde este punto de vista (el más divulgado tal vez) el relativismo es el principio de aislamiento más grande entre los seres humanos: el ostracismo de las inteligencias que quedan desterradas a los límites de su dueño. Con la aceptación de la filosofía relativista no puede haber maestros, hay tan solo orientadores de opinión, o mejor todavía, cada uno ofrece su opinión por si a alguien le gustaría hacerla suya. Curiosamente esto vale para todo... menos para los que enseñan el relativismo, pues su enseñanza de que todo es relativo y de que no hay verdades objetivas, ¡es lo más objetivo y universal que pueda afirmarse!, y ¡cuidado con quien la ponga en duda o sugiera tímidamente lo contrario u *opine* que tal vez haya algo que sea absoluto! Inmediatamente se lo destruye como al más peligroso fanático: el fanático que piensa que hay una verdad y que se puede morir por ella. "No hay ninguna verdad objetiva", ¡esa es la más objetiva de las verdades!, dice el relativista. A pesar del absurdo que estarás percibiendo al leer estos renglones, más habrá de sorprenderte el saber que esto lo afirmó no un honesto pero rústico panadero sino un filósofo incensado como padre del relativismo, Augusto Comte, quien ya a los 19 años escribía: "todo es relativo, he aquí el único principio absoluto". ¡Pobre Comte, de viejo decía las mismas tonterías!

2) El relativismo *cultural* es el que hace depender la verdad de la cultura histórica. Fue defendido por Oswald Spengler en su conocida obra *La decadencia de Occidente*. Cada cultura –china, hindú, egipcia, babilónica, greco-romana, árabe, americana, occidental– realiza su propia valoración de lo real, tiene su modo de comprender el cosmos, distinta de las demás culturas e irreductible a cualquiera de ellas. Ninguna cultura puede aspirar a que su valoración sea absoluta, universalmente válida. No cambia mucho del relativismo individual solo que es menos radical y en lugar del individuo coloca como fuente de la verdad-opinión a cada cultura o pueblo.

3) El relativismo *sociológico* fue creado y defendido por Émile Durkheim y hace depender lo que condiciona la verdad del juicio en los grupos sociales. "El grupo social presiona, según

Durkheim, de modo irresistible e inconsciente sobre sus miembros, imponiéndoles normas de conducta y criterios de valoración. Esta coacción no se siente cuando el individuo acepta y cumple con las normas sociales y, por ello, cae en la ilusión de creer que es él mismo el que, espontánea y voluntariamente, se las impone. La fuerza de la presión social únicamente se pone de manifiesto al infringirse dichas normas... El individuo recibiría de la sociedad todo su mundo mental; el mundo ideológico del individuo sería el reflejo de la sociedad en que vive; lo verdadero y lo falso, lo bueno y lo malo, lo bello y lo feo, toda la gama axiológica, serían determinados en cuanto tales por el grupo social, y el individuo se limitaría a recibirlos pasivamente; se considera la sociedad como anterior al hombre y a la persona"[6]. Nuevamente el trasfondo es el mismo, cambia el factor que determina cuál es la verdad.

4) El relativismo *racista* hace depender las verdades de la raza. Esta forma de relativismo fue defendida por el nazismo en general y de un modo particular por su teórico Alfred Rosenberg. "Toda manifestación cultural estaría determinada por la raza, que no hay que confundir con el grupo social, ya que una misma sociedad puede de hecho estar integrada por diversas razas. La filosofía, la ciencia, la moral, la religión, el arte serían la expresión de la raza, que en ellas plasma su fuerza vital. La raza sería el principio creador y el elemento condicionante de toda producción cultural, a la que habrá que valorar positivamente, si se trata de una raza superior, o negativamente, en los casos de las razas inferiores. Así, no habría nunca una verdad única, igual que no hay una raza única; habría sólo una verdad aria, otra eslava, otra judía, etc."[7].

5) El relativismo *político* es hoy en día una de las formas más extendidas en nuestra sociedad; este relativismo, como su nombre lo indica, hace depender la verdad de los compromisos políticos, ya sea de los votos de la mayoría o de los pactos entre los partidos

---

[6] Cf. J. Barrio Gutiérrez, *Relativismo; I. Filosofía*, Gran Enciclopedia Rialp, Madrid, 1991.

[7] Cf. J. Barrio Gutiérrez, *Relativismo; I. Filosofía*, Gran Enciclopedia Rialp, Madrid, 1991.

políticos o de otros modos de lograr el común acuerdo (consenso). Así si todos estamos de acuerdo en que el aborto sea legal, el aborto será realmente legal y por tanto bueno; si todos estamos de acuerdo en permitir la prostitución, ésta ya no será ni delito ni siquiera pecado; si la mayoría ha votado que se enseñe un error, eso dejará de ser un error para ser una verdad. Este relativismo, metido hasta los huesos en nuestra cultura, produce gravísimos daños empezando por el descalabro de la misma libertad humana. Sobre él ha escrito Juan Pablo II: "Con esta concepción de la libertad, la convivencia social se deteriora profundamente. Si la promoción del propio yo se entiende en términos de autonomía absoluta, se llega inevitablemente a la negación del otro, considerado como enemigo de quien defenderse. De este modo la sociedad se convierte en un conjunto de individuos colocados unos junto a otros, pero sin vínculos recíprocos: cada cual quiere afirmarse independientemente de los demás, incluso haciendo prevalecer sus intereses. Sin embargo, frente a los intereses análogos de los otros, se ve obligado a buscar cualquier forma de compromiso, si se quiere garantizar a cada uno el máximo posible de libertad en la sociedad. Así, desaparece toda referencia a valores comunes y a una verdad absoluta para todos; la vida social se adentra en las arenas movedizas de un relativismo absoluto. Entonces todo es pactable, todo es negociable: incluso el primero de los derechos fundamentales, el de la vida. Es lo que de hecho sucede también en el ámbito más propiamente político o estatal: el derecho originario e inalienable a la vida se pone en discusión o se niega sobre la base de un voto parlamentario o de la voluntad de una parte –aunque sea mayoritaria– de la población. Es el resultado nefasto de un relativismo que predomina incontrovertible: el 'derecho' deja de ser tal porque no está ya fundamentado sólidamente en la inviolable dignidad de la persona, sino que queda sometido a la voluntad del más fuerte. De este modo la democracia, a pesar de sus reglas, va por un camino de totalitarismo fundamental. El Estado deja de ser la 'casa común' donde todos pueden vivir según los principios de igualdad fundamental, y se transforma en Estado tirano, que presume de poder disponer de la vida de los más débiles e indefensos, desde el niño aún no nacido hasta el anciano, en nombre de una utilidad pública que no es otra cosa, en realidad, que el interés de algunos"[8].

¿Cuál es la crítica fundamental al relativismo? O mejor, para formularlo con lo que más puede interesarnos: ¿es verdad que no hay verdad? Y no lo estoy formulando mal, puesto que no hace falta preguntarnos si hay "verdad objetiva" puesto que verdad y verdad objetiva son conceptos realmente equivalentes; la verdad es la adecuación de nuestra mente con las cosas, por tanto o hay verdad objetiva (adecuada con la realidad) y por tanto válida para todos los seres inteligentes, o simplemente no hay verdad sino *opiniones*, que son *apreciaciones diversas* sobre las cosas. ¿Hay pues una verdad objetiva? Ya hemos dicho que "la crítica más esencial que se puede formular al relativismo, además de otras de carácter extrínseco como sería la demostración de la existencia de una verdad absoluta, de evidencias universales, está en que todo relativismo implica **una contradicción intrínseca**. Al mantenerse que ningún juicio goza de la propiedad de ser verdadero en sentido absoluto y que toda verdad es relativa surge, como consecuencia ineludible, que el juicio *"toda verdad es relativa"* tampoco puede tener carácter de validez absoluta, lo que destruye, con sus propias armas, al relativismo Si, dado un cierto factor condicionante, se admite como verdad que toda verdad es relativa, puesto otro factor distinto habrá que admitir como verdadero que toda verdad es absoluta, lo que es una contradicción con la tesis fundamental del relativismo. Aparte de esta inconsistencia general del relativismo, la crítica del relativismo sería parecida a la del escepticismo y subjetivismo"[9].

Más aún, la existencia de la verdad (de la verdad como algo objetivo y universal, invariable y superior a cualquier opinión humana) es una certeza de sentido común; tan de sentido común que basándonos en que hay verdades objetivas nos casamos, sembramos, nos subimos a un barco o a un avión, compramos y

---

[8] Juan Pablo II, *Evangelium vitae*, 20.
[9] Cf. J. Barrio Gutiérrez, *Relativismo; I. Filosofía*, Gran Enciclopedia Rialp, Madrid, 1991.

vendemos y nos dejamos matar defendiendo la patria o las personas que amamos. Porque no nos caben dudas que hay verdades objetivas repetimos refranes a modo de verdades objetivas cultivadas por la filosofía popular: "quien adelante no mira, atrás se queda"; "el que con lo ajeno se viste, en la calle los desvisten"; "las apariencias engañan"; "Dios le da pan al que no tiene dientes"; "una cosa es cacarear y otra poner huevos"; etc. ¿No supone esto que creemos en el valor objetivo de las cosas y de las verdades que las expresan? ¿Quien se casaría si aceptase que una cosa será la fidelidad *para mí* y otra *para ti*? ¿Quién se embarcaría si no estuviese seguro de principio por el cual un cuerpo sólido puede flotar en definidas condiciones o quien subiría a un avión basándose sólo en que el piloto *opina* que su avión es capaz de mantenerse en el aire?

Pero no sólo tenemos una certeza popular de la existencia y valor objetivo de la verdad sino una certeza científica de la misma. La verdad existe y que no puede ser negada, pues, como dice entre otros Sto Tomás de Aquino, "quien niega la existencia de la verdad afirma implícitamente que la verdad existe, pues si la verdad no existiese, sería verdad que ella no existiría; y si algo es verdadero, es necesario que exista la verdad"[10]. Parece un trabalenguas, pero es un silogismo... perfecto. Nuestra inteligencia es capaz de razonar y de alcanzar el ser de las cosas, la realidad. Conocemos el ser de las cosas, como nos enseña una sana filosofía y como reconocemos en la práctica, a pesar de que profesemos la más terca de las filosofías subjetivistas, pues el más craso negador de que podamos conocer la verdad absoluta de las cosas, es capaz de mover cielo y tierra para que le paguen su sueldo (¿cómo sabe que es suyo? ¿y si el patrón opina que no le tiene que pagar?), y cuidado con que le toquen su esposa o sus bienes, y en esto no valen opiniones ni el que cada uno tenga *su verdad* (también el ladrón dice tener su verdad, y esta es que le gusta más mi auto que el suyo y por eso decide apropiarse de él; ¿qué le responderé yo, miserable relativista? "Señor, si usted lo ve así, aquí tiene las llaves; disculpe si pensé mal de usted".

---

[10] Entre otros lugares lo enseña en la Suma Teológica, I, 2, 1 ad 3.

Un relativista puede enseñar el relativismo durante toda su vida con plena convicción (lo que sería contrario al relativismo); pero si llegase a ir a un restaurante "relativista" y pidiendo liebre le trajesen gato porque el dueño del restaurante *desde su punto de vista* sostiene que el gato es igual que la liebre, no sólo puede ver derrumbarse su sistema en pocos segundos sino pasar el resto "relativo" de su vida en prisión por intento de homicidio de un propietario de restaurante. Todo relativista es, necesariamente, inconsecuente en la vida real.

Aún así a un relativista es difícil hacerle entender su error (no el demostrarle su error, sino conseguir que lo acepte) porque el relativismo es una forma de *necedad*, y la necedad suele ser no sólo un pecado sino el castigo en el que caen los que no tienen amor por la verdad. Se los puede, sin embargo, escarmentar del único modo que pueden entender: pidiéndoles que nos devuelvan nuestro dinero, pues para decirme que lo que me enseña sólo tiene valor para él y que es muy probable que yo tenga otra opinión, la cual él no piensa compartir pero tampoco refutar... mejor me devuelve mi dinero y me voy a casa, pues ¡eso lo puedo aprender solo!

Bibliografía para ampliar

–Jaime Balmes, *El criterio*, (hay numerosas ediciones), en: *Obras completas,* BAC, Madrid.

–J. Barrio Gutiérrez, *Relativismo; I. Filosofía*, Gran Enciclopedia Rialp, Madrid, 1991.

–A. Aliotta, *Relativismo*, en: *Enciclopedia filosofica*, V, 2 ed. Florencia, col. 638-648.

–R. Garrigou-Lagrange, *El sentido común*, Palabra, Madrid 1980.

–Antonio Orozco-Delclós, *La libertad en el pensamiento*, Ed. Rialp, Madrid 1977.

–Pieper, Josef, *El ocio y la vida intelectual,* Rialp, Madrid 1983.

——————, *El descubrimiento de la realidad,* Rialp, Madrid 1974.

——————, *Defensa de la filosofía*, Herder, Barcelona 1982.

–Jacques Maritain, *Introducción a la filosofía*, Club de lectores, Bs. As. 1950.

–Velazco, Miguel Angel, *Los derechos de la verdad*, MC, Madrid 1994.

–G. K. Chesterton, *Ortodoxia*, en: *Obras completas*, Plaza & Janés, Barcelona 1967 (hay ediciones con mejores traducciones).

2.

LA VERDAD ROBADA SOBRE DIOS

La existencia de un Dios personal

¿Existe Dios? Su existencia ¿es una cuestión religiosa o científica? ¿Puede uno ser un profesional y creer en Dios? Para muchos el contacto con el mundo científico (falsamente científico, se entiende) es la puerta por la que entran al mundo del ateísmo, o al menos del agnosticismo. He escuchado varias veces la frase "yo me declaro agnóstico", en boca de personas famosas; probablemente ignoran que tal afirmación equivale a declararse manco o ciego o impotente en el plano intelectual. El conocimiento de Dios es ciertamente una cuestión religiosa, si se entiende por "cuestión religiosa" un problema de fe; pero *también* es una cuestión científica, pues la filosofía es una ciencia, y nuestra inteligencia, filosofando llega a esta gran verdad.

Para que entendamos los alcances de este tema dejemos sentado lo que enseña la Iglesia sobre Dios. La enseñanza sobre Dios que nos da la Iglesia es una enseñanza teológica, es decir, está compuesta por verdades sobre Dios que la Iglesia sostiene como reveladas (ya sea porque están contenidas en la Sagrada Escritura, o bien reveladas en la tradición y han sido definidas como tales por el magisterio de la Iglesia), y contiene también verdades a las que nuestra inteligencia puede acceder a partir de sus fuerzas naturales. Conocemos de Dios no sólo su existencia sino sus atributos o cualidades, su esencia íntima (es un solo Dios en tres Personas distintas, es decir es *Trinidad*), conocemos su plan de salvación sobre los hombres (revelado en la Sagrada Escritura, particularmente en el Nuevo Testamento).

Científicamente algunas de estas verdades no son alcanzables pues sobrepasan la capacidad de nuestro intelecto; estas verdades superiores a nuestra potencia natural son denominadas "misterios intrínsecamente sobrenaturales", y como tales sólo pueden ser conocidos por Dios y por aquel a quien Dios quiera manifestarlos (= revelarlos o *des-velarlos*). Tal es el caso del misterio de la Trinidad, del pecado original, de la Encarnación de Dios (Jesucristo) y su obra salvadora. La ciencia no puede alcanzarlas con su propio método, pues éste parte de las cosas naturales y se eleva al conocimiento de las causas por métodos naturales y con la fuerza que le da la sola razón humana natural. Pero estrictamente hablando la ciencia *tampoco* puede refutarlas ni contradecirlas puesto que precisamente por definición escapan a su campo. Un ciego no puede ver los colores, pero tampoco puede decir que no haya colores, ni que lo que yo veo blanco es verde, puesto que no tiene capacidad para captarlos; escapa a su facultad; un sordo no puede oír los sonidos, pero tampoco puede decir que una orquesta está desafinada, pues el mundo de los sonidos es desconocido para él. La ciencia, por tanto, deja de ser ciencia si se mete en un campo que no es el suyo. De este modo un científico no tiene autoridad para hablar de lo que no es su competencia; el ser matemático o biólogo no lo autoriza a hablar de lo que su ciencia matemática o biológica no le enseña ni de aquello para lo que no lo capacita; al igual que un astrónomo sordo no puede opinar sobre sinfonías por más que sea el mejor de los astrónomos. Creo que esto debe quedar claro para deslindar competencias, pues muchos de los problemas planteados contra la fe son empuñados por personas que no tienen fe y, lo que es realmente grave, a partir de disciplinas que nada tienen que ver con la fe (es decir, con el plano del misterio sobrenatural).

De todos modos, nosotros no hablaremos propiamente aquí de ese mundo intrínsecamente sobrenatural, sino del orden natural y de aquello que está a nuestro alcance intelectual. Igualmente a esto se aplica lo dicho en el parágrafo anterior: el problema de la existencia de Dios es una verdad natural pero *metafísica* o filosófica; por tanto sigue habiendo una indebida invasión de terreno cuando las objeciones contra (o negaciones de) una verdad filosófica provienen no ya de la filosofía sino de una ciencia puramente experimental (o sea que no llega al plano filosófico). Un médico puede hablar con autoridad de enfermedades y objetar tal o cual tratamiento terapéutico, pero no puede, en cuanto médico discutir sobre la esencia de las cosas, pues la medicina lo deja ciego, sordo y mudo para este mundo. Lo mismo se diga del matemático, del astrónomo, del biólogo y de los demás científicos (para abordar estos temas tendrán que ser también filósofos). Lamentablemente, la mayoría de las oposiciones a verdades estrictamente filosóficas provienen de campos infra y extra filosóficos. ¡Y les damos cabida!

"El problema de Dios, ha escrito Cornelio Fabro, uno de los filósofos más eminentes del siglo XX, es el interrogante primero y último del hombre porque busca el Primer Principio sea del ser como del no ser; por eso se puede decir por su centralidad que es el *problema esencial del hombre esencial* y por su universalidad es el *problema del hombre común*"[11].

El problema de Dios (de si Dios existe o no) es el más universal de los problemas; al punto tal que todo hombre se lo plantea, ya de viejo o en su juventud, sea poeta, soldado, artesano, campesino o filósofo, sea hombre o mujer. Y se declare como se declare: ateo, agnóstico o creyente; pues el ateo es quien ante tal planteo se extravió hasta la negación de Dios; el agnóstico desistió en su camino y el creyente llegó a puerto. No es un viaje fácil, según dicen los filósofos y los teólogos; el mismo Santo Tomás dice que algunos no han podido dedicarse a este estudio por su complexión defectuosa, otros por tener ocupaciones familiares absorbentes, y otros, en fin, por pereza; e incluso los que se dedican a la filosofía sólo con esfuerzo llegan a estas alturas del conocimiento de Dios, en particular cuando las pasiones los enceguecen, de aquí la gran misericordia de Dios, al facilitarnos su conocimiento por medio de su propia revelación[12]. Pero a pesar de todas las dificultades, esta es la aventura más emocionante en la que podamos embarcarnos.

Los filósofos de todos los tiempos han intentado llegar a la demostración de la existencia de Dios. De ahí tantas pruebas distintas. El P. Cornelio Fabro, en su obra *"Le prove dell'esistenza di Dio"* (Las pruebas de la existencia de Dios), analiza las pruebas dadas por filósofos de la antigüedad, como Sócrates, Platón, Aristóteles, Cleantes, Filón, Plotino, Proclo, etc., por los primeros pensadores cristianos como Orígenes, Gregorio de Nissa, Agustín, Boecio, Juan Damasceno, etc.; filósofos árabes y judíos

---

[11] Fabro, C., *Le prove dell'esistenza di Dio*, Ed. La Scuola, Brescia 1990, p. 7
T[12] Cf. Santo Tomás, *Suma Contra Gentiles*, I, 4.

como Alfarabí, Avicebrón, Avicena, Algazel, Averroes, Maimonides; filósofos y teólogos medievales como Buenaventura, Tomás de Aquino, Juan Duns Escoto, Ockam, Dante Alighieri, Nicolás de Cusa; y pensadores modernos como Descartes, Pascal, Locke, Leibniz, Vico, Wolff, Kant, Hegel, Rosmini, Newman, Kierkegaard, etc. Como vemos es un argumento que ha interesado a muchos; y desde los más diversos campos han llegado a Dios, con pruebas más o menos serias, más o menos probatorias. En algunos casos, con argumentos que, por partir de principios falsos, podían terminar al revés, en la negación de Dios.

Podemos reducir las pruebas (o *vías*, como las llama la tradición filosófica) a dos categorías: las cinco vías tomistas y "las demás". En rigor científico las vías realmente probatorias son las cinco vías usadas por Santo Tomás; las otras pueden darnos una aproximación a la verdad de la existencia de Dios, pero por sí solas son insuficientes.

1. LAS "OTRAS" PRUEBAS (ARGUMENTACIONES SECUNDARIAS)

Hay pruebas que nos "ponen en la pista" de la existencia de Dios. Rigurosamente no son plenamente demostrativas, pero ya abren nuestra inteligencia y la encaminan a esta gran verdad.

a) Por la existencia del hombre, inteligente y libre

Se puede demostrar particularmente la existencia de Dios por la existencia del hombre, inteligente y libre, pues no hay efecto sin una causa capaz de producirlo.

Un ser que piensa, reflexiona, raciocina y quiere, no puede provenir sino de una causa inteligente y creadora; y como esa causa inteligente y creadora es Dios, se sigue que la existencia del hombre demuestra la existencia de Dios.

Es un hecho indubitable que no he existido siempre, que los años y días de mi vida pueden contarse; si, pues, he comenzado a existir en un momento dado, ¿quién me ha dado la vida?

1° No he sido yo mismo. Antes de existir, yo nada era, no tenía ser; y lo que no existe, no produce nada.

2° No fueron sólo mis padres. El verdadero autor de una obra puede repararla cuando se deteriora, o rehacerla cuando se destruye. Ahora bien, mis padres no pueden sanarme cuando estoy enfermo con una dolencia grave, ni resucitarme después de muerto. Si solamente mis padres fuesen los autores de mi vida, ¿por qué no pueden hacerme perfecto?¿Qué padre, qué madre, no trataría de hacer a sus hijos perfectos? Además, mi alma es simple y espiritual, no puede proceder de mis padres: no de su cuerpo, pues entonces sería material; no de su alma, porque el alma es indivisible; ni de su poder creador, pues ningún ser creado puede crear.

3° No puedo deber mi existencia a ningún ser visible de la creación. Porque, en cuanto dotado de entendimiento y voluntad soy superior a todos los seres irracionales.

Si no soy fruto de mí mismo, ni de mis padres, ni de ningún otro ser creado, sólo explica mi existencia un Espíritu creador que sea Increado. Alguien que haya podido sacar mi alma de la nada, es decir, crearla. Y como un ser que reúna estas cualidades (espíritu, increado y creador) es lo que todos llaman Dios, entonces mi existencia y mi naturaleza postulan la existencia de Dios.

b) Por la existencia de la ley moral

También probaría la existencia de Dios el hecho de la ley moral. Existe, en efecto, una ley moral, absoluta, universal, inmutable, que manda hacer el bien, prohíbe el mal y domina en la conciencia de todos los hombres (hablaré de esta ley en un capítulo especial). El que obedece esta ley, siente la satisfacción del deber cumplido; el que la desobedece, es víctima del remordimiento.

Ahora bien, como no hay efecto sin causa, ni ley sin legislador, esa ley moral exige la existencia de un autor, el cual es Dios. Luego por la existencia de la ley moral llegamos a deducir la existencia de Dios.

Él es el Legislador supremo que nos impone el deber ineludible de practicar el bien y evitar el mal; el testigo de todas nuestras acciones; el juez inapelable que premia o castiga, con la tranquilidad o los remordimientos de conciencia.

Nuestra conciencia nos enseña: 1º, que entre el bien y el mal existe una diferencia esencial; 2º, que debemos practicar el bien y evitar el mal; 3º, que todo acto malo merece castigo, y toda obra buena es digna de premio.

Por eso nuestra conciencia se alegra y se aprueba a sí misma cuando procede bien, y se reprueba y condena cuando obra mal. Por tanto, existe en nosotros una ley moral, naturalmente impresa y grabada en nuestra conciencia.

¿Cuál es el origen de esa ley? Evidentemente debe haber un legislador que la haya promulgado, así como no hay efecto sin causa. Esa ley moral es inmutable en sus principios, independiente de nuestra voluntad, obligatoria para todo hombre, y no puede tener otro autor que un ser soberano y supremo, que no es otro que Dios.

Además de lo dicho, se ha de tener presente que si no existe legislador, la ley moral no puede tener sanción alguna; puede ser quebrantada impunemente. Luego una de dos: o es Dios el autor de esa ley, y entonces existe; o la ley moral es una quimera, y en ese caso no existiría diferencia entre el bien y el mal, entre la virtud y el vicio, la justicia y la iniquidad, y la sociedad sería imposible. El *sentimiento íntimo* manifiesta a todo hombre la existencia de Dios. Por natural instinto, principalmente en los momentos de ansiedad o de peligro, se nos escapa este grito: *¡Dios mío!...* Es el grito de la naturaleza. "El más popular de todos los seres es Dios –dijo Lacordaire: el pobre lo llama, el moribundo lo invoca, el pecador le teme, el hombre bueno le bendice. No hay lugar, momento, circunstancia, sentimiento, en que Dios no se halle y sea nombrado, La cólera cree no haber alcanzado su expresión suprema, sino después de haber maldecido este *Nombre adorable*; y la blasfemia es asimismo el homenaje de una fe que se rebela al olvidarse de sí misma". Nadie blasfema de lo que no existe. La rabia de los impíos, como las bendiciones de los buenos, testimonia la existencia de Dios.

c) Por la creencia universal del género humano

Podemos llegar a la existencia de Dios también examinando el consentimiento de todos los pueblos sobre este punto. El argumento se puede exponer diciendo: todos los pueblos, cultos o bárbaros, en todas las regiones del mundo y en todos los tiempos, han admitido la existencia de un Ser supremo. Ahora bien, como es imposible que todos se hayan equivocado acerca de una verdad tan trascendental y tan contraria a las pasiones, debemos admitir con la humanidad entera que Dios existe.

Cuando hablamos de "todos los pueblos" debemos entender una totalidad "moral"; materialmente pueden encontrarse excepciones, individuales y tal vez incluso de tribus ateas o semi ateas (al menos lo podemos postular hipotéticamente; en el capítulo dedicado al fenómeno religioso veremos que muchos estudiosos niegan que haya *pueblos enteros* ateos). Pero cuando estas excepciones son realmente eso "excepciones" puede hablarse de cierta unanimidad moral.

Pues bien, es indudable que los pueblos se han equivocado acerca de la naturaleza de Dios; unos han adorado dioses de piedra, otros animales en lugar de Dios, y muchos a los astros (en particular al sol y a la luna); muchos han atribuido a sus ídolos cualidades buenas o malas, etc.; pero todos han reconocido la existencia de una divinidad a la que han tributado culto. Así lo demuestran los templos, los altares, los sacrificios, cuyos rastros se encuentran por doquier, tanto entre los pueblos antiguos como entre los modernos. El historiador Plutarco escribía en la antigüedad: "Echad una mirada sobre la superficie de la tierra y hallaréis ciudades sin murallas, sin letras, sin magistrados, pueblos sin casas, sin moneda; pero nadie ha visto jamás un pueblo sin Dios, sin sacerdotes, sin ritos, sin sacrificios". Con razón decía un autor: "Yo he buscado el ateísmo o la falta de creencia en Dios entre las razas humanas, desde las más inferiores hasta las más elevadas. El ateísmo no existe en ninguna parte, y todos los pueblos de la tierra, los salvajes de América como los negros de África, creen en la existencia de Dios".

Ahora bien, el consentimiento unánime de todos los hombres sobre un punto tan importante es necesariamente la expresión de la verdad. Porque no se puede explicar tal consentimiento por ninguna otra causa. No fueron los sacerdotes (paganos) quienes convencieron a los hombres de la existencia de Dios, pues más bien hay que decir que todo sacerdocio toma origen de una creencia anterior en la existencia de un Dios al que hay que rendir culto. No se puede explicar por las pasiones humanas, pues las pasiones tienden más bien a borrar la idea de Dios, que las contraría y condena. No puede explicarse por prejuicios, pues un prejuicio no se extiende a todos los tiempos, a todos los pueblos, a todos los hombres; pronto o tarde lo disipa la ciencia y el sentido común. No puede explicarse por la ignorancia, pues entre los más grandes sabios siempre se han contado fervorosos creyentes en Dios. No puede explicarse por el temor (como alguna teoría etnológica ha pretendido), pues nadie teme lo que no existe: el temor de Dios prueba su existencia. Tampoco puede explicarse por la política de los gobernantes, pues ningún gobernante ha decretado la existencia de Dios, antes al contrario, la mayoría ha querido confirmar sus leyes con la autoridad divina; esto es una prueba de que dicha autoridad era admitida por sus súbditos.

Por tanto, la creencia de todos los pueblos sólo puede tener su origen en Dios mismo, que se ha dado a conocer, desde el principio del mundo, a nuestros primeros padres, o bien que ha sido conocido por medio de sus creaturas[13].

d) Por el deseo natural de perfecta felicidad

Este argumento puede exponerse del siguiente modo: nos consta que todo ser humano tiene un deseo natural e innato de alcanzar la felicidad plena; también nos consta que ese deseo no puede ser inútil o ineficaz; y nos consta que no podemos alcanzar la felicidad sino en un Bien infinito, que no puede ser otro que Dios.

1º Nos consta con toda certeza que el corazón humano apetece la plena y perfecta felicidad con un deseo natural e innato.

Esta proposición es evidente para cualquier espíritu reflexivo. Consta, efectivamente, que todos los hombres del mundo aspiran a ser felices en el grado máximo posible. Nadie que esté en su sano juicio puede poner coto o limitación alguna a la felicidad que quisiera alcanzar: cuanta más, mejor. La ausencia de un mínimum indispensable de felicidad puede arrojarnos en brazos de la desesperación; pero no podrá arrancarnos, sino que nos aumentará todavía más el deseo de la felicidad. El mismo suicida –decía Pascal– busca su propia felicidad al ahorcarse, ya que cree –aunque con tremenda equivocación– que encontrará en la muerte el fin de sus dolores y amarguras. Es, pues, un hecho indiscutible que todos los hombres aspiran a la máxima felicidad posible con un deseo fuerte, natural, espontáneo, innato; o sea, con un deseo que brota de las profundidades de la propia naturaleza humana.

2º Nos consta también con toda certeza que un deseo propiamente natural e innato no puede ser vano, o sea, no

---

[13] En una reunión bastante numerosa, un incrédulo se expresó en contra de la existencia de Dios; y viendo que todo el mundo guardaba silencio, añadió: "Jamás hubiera creído ser el único que no cree en Dios, entre tantas personas inteligentes". A lo cual replicó la dueña de la casa: "Se equivoca, señor; no es usted el único: mis caballos, mi perro y mi gato comparten con usted ese honor; sólo que ellos tienen el talento de no gloriarse".

puede recaer sobre un objetivo o finalidad inexistente o de imposible adquisición.

La razón es porque la naturaleza no hace nada en vano, todo tiene su finalidad y explicación. De lo contrario, ese deseo natural e innato, que es una realidad en todo el género humano, no tendría razón suficiente de ser, y es sabido que "nada existe ni puede existir sin razón suficiente de su existencia".

3º Nos consta, finalmente, que el corazón humano no puede encontrar su perfecta felicidad más que en la posesión de un Bien Infinito. Por tanto existe el Bien Infinito al cual llamamos Dios.

El hombre no puede encontrar su plena felicidad en ninguno de los bienes creados en particular ni en la posesión conjunta y simultánea de todos ellos, porque *ni puede poseerlos todos* (como nos enseña claramente la experiencia universal: nadie posee ni ha poseído jamás a la vez todos los bienes *externos* –riquezas, honores, fama, gloria, poder–, y todos los del *cuerpo* –salud, placeres–, y todos los del *alma* –ciencia, virtud–; muchos de ellos son incompatibles entre sí y jamás pueden llegar a reunirse en un solo individuo), *ni serían suficientes* aunque pudieran conseguirse todos, ya que no reúnen ninguna de las condiciones esenciales para la perfecta felicidad objetiva pues son bienes *creados* (por consiguiente finitos e imperfectos); no *excluyen todos los males* (puesto que el mayor mal es carecer del Bien Infinito, aunque se posean todos los demás); *no sacian plenamente* el corazón del hombre (como consta por la experiencia propia y ajena); y, finalmente, son bienes *caducos y perecederos,* que se pierden fácilmente y desaparecerán del todo con la muerte. Es, pues, imposible que el hombre pueda encontrar en ellos su verdadera y plena felicidad.

Solamente un *Bien Infinito* puede llenar por completo las aspiraciones inmensas del corazón humano, satisfaciendo plenamente su apetito natural e innato de felicidad. Por ende hay que concluir que ese Bien Infinito existe realmente, si no queremos incurrir en el absurdo de declarar vacío de sentido ese apetito natural e innato que experimenta absolutamente todo el género humano.

2. LAS VÍAS DE SANTO TOMÁS (ARGUMENTOS REALMENTE PROBATORIOS)[14]

Veamos ahora los argumentos que son ciertamente probatorios, expuestos en su conjunto con suma claridad por Tomás de Aquino. Se los llama "vías", por ser *itinerarios* por los que la mente llega a la existencia de Dios.

a) La primera vía: la vía del movimiento

La primera vía para demostrar la existencia de Dios puede formularse del siguiente modo: *el movimiento del universo exige un Primer Motor inmóvil, que es precisamente Dios.*

Dice Santo Tomás de Aquino: "Es innegable y consta por el testimonio de los sentidos que en el mundo hay cosas que se mueven. Pues bien: todo lo que se mueve es movido por otro, ya que nada se mueve más que en cuanto está en *potencia* respecto a aquello para lo que se mueve. En cambio, mover requiere estar en *acto,* ya que mover no es otra cosa que hacer pasar algo de la potencia al acto, y esto no puede hacerlo más que lo que está en acto, a la manera como lo caliente en acto, por ejemplo, el fuego, hace que un leño, que está caliente sólo en potencia, pase a estar caliente en acto. Ahora bien: no es posible que una misma cosa esté, a la vez, en acto y en potencia respecto a lo mismo, sino respecto a cosas diversas; y así, por ejemplo, lo que es caliente en acto no puede estar caliente en potencia para ese mismo grado de calor, sino para otro grado más alto, o sea, que en potencia está a la vez frío. Es, pues, imposible que una misma cosa sea a la vez y

---

[14] Para este punto utilizaré la exposición del P. Antonio Royo Marín, en su *Dios y su obra*, BAC, Madrid 1963, pp. 11-31. Sólo resumiré algunos párrafos, saltearé otros y añadiré algunos datos tomados de otros libros o más actualizados. No pongo entrecomillado el texto por su longitud, pero aclaro que casi todo cuanto sigue pertenece al docto dominico español.

del mismo modo motor y móvil, o que se mueva a sí misma. Hay que concluir, por consiguiente, que todo lo que se mueve es movido por otro. Pero si este otro es, a su vez, movido por un tercero, este tercero necesitará otro que le mueva a él, y éste a otro, y así sucesivamente. Mas, no se puede proceder indefinidamente en esta serie de motores, porque entonces no habría ningún primer motor y, por consiguiente, no habría motor alguno, pues los motores intermedios no mueven más que en virtud del movimiento que reciben del primero, lo mismo que un bastón nada mueve si no lo impulsa la mano. Es necesario, por consiguiente, llegar a un Primer Motor que no sea movido por nadie, y éste es lo que todos entendemos por Dios"[15].

El argumento es de una fuerza demostrativa incontrovertible para cualquier espíritu reflexivo acostumbrado a la alta especulación filosófica. Pero vamos a exponerlo de manera más clara y sencilla para que puedan captarlo fácilmente los lectores no acostumbrados a los altos razonamientos filosóficos.

En el mundo que nos rodea hay infinidad de cosas que se mueven. Es un hecho que no necesita demostración: basta abrir los ojos para contemplar el movimiento por todas partes.

Ahora bien: prescindiendo del movimiento de los seres *vivos,* que, en virtud precisamente de la misma vida, tienen un movimiento *inmanente* que les permite crecer o trasladarse de un sitio a otro sin más influjo *aparente* que el de su propia naturaleza o el de su propia voluntad, es un hecho del todo claro e indiscutible que los seres *inanimados* (o sea, todos los pertenecientes al reino mineral) no pueden moverse a sí mismos, sino que necesitan que alguien los mueva. Si nadie mueve a una piedra, permanecerá quieta e inerte por toda la eternidad, ya que ella no puede moverse a sí misma, puesto que carece de *vida* y, por lo mismo, está desprovista de todo movimiento inmanente.

Pues apliquemos este principio tan claro y evidente al mundo sideral y preguntémonos quién ha puesto y pone en movimiento

---

[15] Santo Tomás, *Suma Teológica,* I, 2, 3.

esa máquina colosal del universo estelar, *que no tiene en sí misma la razón de su propio movimiento, puesto que se trata de seres inanimados pertenecientes al reino mineral;* y por mucho que queramos multiplicar los motores intermedios, no tendremos más remedio que llegar a un *Primer Motor inmóvil* incomparablemente más potente que el universo mismo, puesto que lo domina con soberano poder y lo gobierna con infinita sabiduría. Verdaderamente, para demostrar la existencia de Dios basta contemplar el espectáculo maravilloso de una noche estrellada, sabiendo que esos puntitos luminosos esparcidos por la inmensidad de los espacios como polvo de brillantes son soles gigantescos que se mueven a velocidades fantásticas, a pesar de su aparente inmovilidad.

Jesús Simón ha expuesto este argumento de una manera muy bella y sugestiva: "Sabemos por experiencia, y es un principio inconcuso de mecánica, que la materia es *inerte,* esto es, de suyo indiferente para el movimiento o el reposo. La materia no se mueve ni puede moverte por sí misma: para hacerlo, necesita una fuerza extrínseca que la impela... Si vemos un aeroplano volando por los aires, pensamos al instante en el motor que lo pone en movimiento; si vemos una locomotora avanzando majestuosamente por los rieles, pensamos en la fuerza expansiva del vapor que lleva en sus entrañas. Mas aun: si vemos una piedra cruzando por los aires, discurrimos al instante en la mano o en la catapulta que la ha arrojado.

He aquí, pues, nuestro caso.

Los astros son aglomeraciones inmensas de materia, globos monstruosos que pesan miles de cuatrillones de toneladas, como el Sol, y centenares de miles, como Betelgeuse y Antares. Luego también son inertes de por sí. Para ponerlos en movimiento se ha precisado una fuerza *infinita, extracósmica, venida del exterior,* una mano *omnipotente* que los haya lanzado como proyectiles por el espacio...

¿De quién es esa mano? ¿De dónde procede la fuerza incontrastable capaz de tan colosales maravillas? ¿La fuerza que avasalló los mundos?

Sólo puede haber una respuesta: la mano, la omnipotencia de Dios"[16].

Hillaire Belloc en su obra *La religión demostrada* expone este mismo argumento en la siguiente forma: "Es un principio admitido por las *ciencias físicas* y *mecánicas* que la materia no puede moverse por sí misma: una estatua no puede abandonar su pedestal; una máquina no puede moverse sin una fuerza motriz; un cuerpo en reposo no puede por sí mismo ponerse en movimiento Tal es el llamado *principio de inercia*. Luego es necesario un motor para producir el movimiento.

Pues bien; la tierra, el sol, la luna, las estrellas, recorren órbitas inmensas sin chocar jamás unas con otras. La tierra es un globo colosal de cuarenta mil kilómetros de circunferencia, que realiza, según afirman los astrónomos, una rotación completa sobre sí mismo en el espacio de un día, moviéndose los puntos situados sobre el ecuador con la velocidad de veintiocho kilómetros por minuto. En un año da una vuelta completa alrededor del sol, y la velocidad con que marcha es de unos treinta kilómetros por segundo. Y también sobre la tierra, los vientos, los ríos, las mareas, la germinación de las plantas, todo proclama la existencia del movimiento.

Todo movimiento supone un motor; mas como no se puede suponer una serie *infinita* de motores que se comuniquen el movimiento unos a otros, puesto que un *número infinito es tan imposible como un bastón* sin *extremidades,* hay que llegar necesariamente a un ser primero que comunique el movimiento sin haberlo recibido; hay que llegar a un primer *motor inmóvil*. Ahora bien, este primer ser, esta causa primera del movimiento, es Dios, quien con justicia recibe el nombre de *Primer Motor* del universo.

Admiramos el genio de Newton, que descubrió las leyes del movimiento de los astros; pero ¿qué inteligencia no fue necesaria para establecerlas, y qué poder para lanzar en el espacio y mover

---

[16] P. Jesús Simón, SJ, *A Dios por la ciencia* Barcelona 1947, p. 28.

con tanta velocidad y regularidad estos innumerables mundos que constituyen el universo?... Napoleón, en la roca de Santa Elena, decía al general Bertrand: 'Mis victorias os han hecho creer en mi genio: el Universo me hace creer en Dios... ¿Qué significa la más bella maniobra militar comparada con el movimiento de los astros...?'"[17].

Este argumento, enteramente demostrativo por sí mismo, alcanza su máxima certeza y evidencia si se le combina con el del orden admirable que reina en el movimiento vertiginoso de los astros, que se cruzan entre sí recorriendo sus órbitas a velocidades fantásticas sin que se produzca jamás un choque ni la menor colisión entre ellos. Lo cual prueba que esos movimientos no obedecen a una fuerza ciega de la misma naturaleza, que produciría la confusión y el caos, sino que están regidos por un poder soberano y una inteligencia infinita, como veremos claramente más abajo al exponer la *quinta vía* de Santo Tomás.

Quede, pues, sentado que el movimiento del universo exige un Primer Motor que impulse o mueva a todos los demás seres que se mueven. Dada su soberana perfección, este Primer Motor ha de ser necesariamente *inmóvil,* o sea, no ha de ser movido por ningún otro motor, sino que ha de poseer en sí mismo y por sí mismo la fuerza infinita que impulse el movimiento a todos los demás seres que se mueven. Este Primer Motor inmóvil, infinitamente perfecto, recibe el nombre adorable de Dios.

b) La segunda vía: la vía de la causalidad eficiente

Este segundo procedimiento para demostrar la existencia de Dios puede formularse sintéticamente del siguiente modo: *las causas eficientes segundas reclaman necesariamente la existencia de una Primera Causa eficiente a la que llamamos Dios.*

En filosofía se entiende por *causa eficiente* aquella que, al actuar, produce un efecto distinto de sí misma. Así, el escultor es la causa eficiente de la estatua esculpida por él; el padre es la causa eficiente de su hijo.

---

[17] Belloc, *La religión demostrada*, Barcelona, 1955, pp. 6-7.

Se entiende por *causa eficiente segunda* toda aquella que, a su vez, ha sido hecha por otra causa eficiente anterior. Y así, el padre es causa eficiente de su hijo, pero, a su vez, es efecto de su propio padre, que fue quien le trajo a la existencia como causa eficiente anterior. En este sentido son causas segundas *todas las del universo,* excepto la Primera Causa incausada, cuya existencia vamos a investigar.

La expone Santo Tomás de Aquino: "Hallamos que en el mundo de lo sensible hay un orden determinado entre las causas eficientes; pero no hallamos ni es posible hallar que alguna cosa sea su propia causa, pues en tal caso habría de ser anterior a sí misma, y esto es imposible. Ahora bien: tampoco se puede prolongar indefinidamente la serie de las causas eficientes, porque, en todas las causas eficientes subordinadas, la primera es causa de la intermedia y ésta es causa de la última, sean pocas o muchas las intermedias. Y puesto que, suprimida una causa, se suprime su efecto, si no existiese entre las causas eficientes una que sea la primera, tampoco existiría la última ni la intermedia. Si, pues, se prolongase indefinidamente la serie de causas eficientes, no habría causa eficiente primera, y, por tanto, ni efecto último ni causa eficiente intermedia, cosa falsa a todas luces. Por consiguiente, es necesario que exista una Causa Eficiente Primera, a la que llamamos Dios"[18].

Como se ve, el argumento de esta segunda vía es también del todo evidente y demostrativo. Pero para ponerlo todavía más al alcance de los no iniciados en filosofía, vamos a poner un ejemplo clarísimo para todos: el origen de la vida en el universo. Es un hecho indiscutible que en el mundo hay seres vivientes que no han existido siempre, sino que han comenzado a existir; por ejemplo, cualquier persona humana. Todos ellos recibieron la vida de sus propios padres, y éstos de los suyos, y así sucesivamente. Ahora bien: es imposible prolongar hasta el infinito la lista de nuestros tatarabuelos. Es forzoso llegar a un primer ser viviente que sea el principio y origen de todos los demás. Suprimido el pri-

---

[18] Santo Tomás, *Suma Teológica*, I, 2, 3.

mero, quedan suprimidos automáticamente el segundo y el tercero y todos los demás; de donde habría que concluir que los seres vivientes actuales no existen realmente, lo cual es ridículo y absurdo. Luego existe un Primer Viviente que es causa y origen de todos los demás.

Ahora bien: este Primer Viviente reúne, entre otras muchas, las siguientes características:

1º No tiene padre ni madre, pues de lo contrario ya no sería el primer viviente, sino el tercero, lo cual es absurdo y contradictorio, puesto que se trata del primer viviente en absoluto.

2º No ha nacido nunca, porque de lo contrario hubiera comenzado a existir y alguien hubiera tenido que darle la vida, pues de la nada no puede salir absolutamente nada, ya que la nada no existe, y lo que no existe, nada puede producir. Luego ese primer viviente tiene la vida *por sí mismo,* sin haberla recibido de nadie.

3º Por tanto es eterno, o sea, ha existido *siempre,* sin que haya comenzado jamás a existir.

4º Y así todos los demás seres vivientes proceden necesariamente de él, ya que es absurdo y contradictorio admitir dos o más primeros vivientes: el primero en cualquier orden de cosas se identifica con la unidad absoluta.

5º Por ende de él proceden, como de su causa originante y creadora, todos los seres vivientes del universo visible: hombres, animales y plantas, y todos los del universo invisible: los ángeles de que nos hablan las Escrituras.

6º Consecuentemente es superior y está infinitamente por encima de todos los seres vivientes del universo, a los que comunicó la existencia y la vida.

Hay que concluir forzosamente que el Primer Viviente que reúne estas características tiene un nombre adorable: es, sencillamente, Dios.

Esto mismo Belloc lo expone diciendo: "Las *ciencias físicas y naturales* nos enseñan que hubo un tiempo en que no existía ningún ser viviente sobre la tierra. ¿De dónde, pues, ha salido la vida que ahora existe en ella: la vida de las plantas, la vida de los animales, la vida del hombre?

La *razón* nos dice que ni siquiera la *vida vegetativa* de una planta y menos la *vida sensitiva* de los animales, y muchísimo menos la *vida intelectiva* del hombre, han podido brotar de la materia, ¿Por qué? Porque nadie da lo que no tiene; y como la materia carece de vida, no puede darla.

Los ateos se encuentran acorralados por este dilema: o bien la vida *ha nacido espontáneamente* sobre el mundo, fruto de la materia por *generación espontánea;* o bien hay que admitir una *causa distinta* del *mundo,* que fecunda la materia y hace brotar la vida. Ahora bien: después de los experimentos concluyentes de Pasteur, ya no hay sabios verdaderos que se atrevan a defender la *hipótesis de la generación espontánea;* la verdadera ciencia establece que *nunca un ser viviente nace sin germen vital, semilla, huevo o renuevo,* proveniente de otro ser viviente de la misma especie.

Pero ¿cuál es el origen del primer ser viviente de cada especie? Remontaos todo lo que queráis de generación en generación: siempre habrá que llegar a un primer creador, que es Dios, *causa primera de todas las cosas.* Es el viejo argumento del *huevo y la gallina;* mas no por ser viejo deja de ser molesto para los ateos"[19].

Este argumento del origen de la vida es un simple caso particular del argumento general de la necesidad de una Primera Causa eficiente y puede aplicarse, por lo mismo, a todos los demás seres existentes en el universo. Cada uno de los seres, vivientes o no, que pueblan la inmensidad del universo, constituye una prueba concluyente de la existencia de Dios; porque todos esos seres son

---

[19] Belloc, *op.cit.,* pp. 8-9.

necesariamente *el efecto de una causa que los ha producido,* la obra de un Dios creador. Por supuesto que no aceptarán esta demostración, ni otras semejantes, aquellos pensadores que nieguen la validez del "principio de causalidad" (que dice que no hay efecto sin causa), como por ejemplo William James –muy alabado nuevamente en nuestros tiempos– quien afirmaba en una de sus principales obras que "la causalidad es demasiado oscura como principio para llevar el peso de toda la estructura de la teología"[20]. Esto, que no solo lo afirma James, se escribe pronto sobre un papel y es fácil hacerlo creer a los demás desde una cátedra universitaria cuando los demás en lugar de espíritu crítico nos tienen respeto admirativo... pero no es posible vivirlo. Es probable que el mismo James, agarrándose el estómago en medio de algún retorcijón haya pensado para sus adentros: "deben ser los duraznos verdes que comí ayer", o "esto me pasa por glotón"; o simplemente habrá impedido que alguno de sus hijos meta los dedos en el enchufe o curiosee de cerca a los leones del zoológico de New York... llevado por *su convicción vital* de que hay una relación de causa y efecto –principio de causalidad– entre estos acontecimientos, lo cual aunque lo niegue *intelectualmente* le resulta evidente *vitalmente.* Esto muestra que los filósofos necios cuando pasean en pijama por sus casas suelen guiarse por el sentido común, el cual abandonan junto con sus pijamas cuando salen para dar clase. El día que dejan de hacerlo terminan durmiendo en un caño, como Diógenes, o en el manicomio como Nietszche.

Vamos a ver esto mismo desde otro punto de vista distinto.

c) La tercera vía: por la contingencia de los seres

El argumento fundamental de la tercera vía para demostrar la existencia de Dios puede formularse sintéticamente del modo siguiente: *la contingencia de las cosas del mundo nos lleva con toda certeza al conocimiento de la existencia de un Ser Necesario que existe por sí mismo, al que llamamos Dios.*

---

[20] William James, *Variaciones de la experiencia filosófica;* citado por Fulton Sheen, *Religión sin Dios* (ver bibliografía) p. 25.

Aclaremos algunos conceptos:

- un *ser contingente* es aquel que existe, pero podría no existir; o también, aquel que comenzó a existir y dejará de existir algún día; tales son todos los seres corruptibles del universo;

- un *ser necesario* es aquel que existe y no puede dejar de existir; o también, aquel que, teniendo la existencia de sí y por sí mismo, ha existido siempre y no dejará jamás de existir.

El argumento lo expone Santo Tomás: "La tercera vía considera el ser posible o contingente y el necesario, y puede formularse así: Hallamos en la naturaleza cosas que pueden existir o no existir, pues vemos seres que se engendran o producen y seres que mueren o se destruyen, y, por tanto, tienen posibilidad de existir o de no existir.

Ahora bien: es imposible que los seres de tal condición hayan existido siempre, ya que lo que tiene posibilidad de no ser hubo un tiempo en que de hecho no existió. Si, pues, todas las cosas existentes tuvieran la posibilidad de no ser, hubo un tiempo en que ninguna existió de hecho. Pero, si esto fuera verdad, tampoco ahora existiría cosa alguna, porque lo que no existe no empieza a existir más que en virtud de lo que ya existe, y, por tanto, si nada existía, fue imposible que empezase a existir alguna cosa, y, en consecuencia, ahora no existiría nada, cosa evidentemente falsa.

Por consiguiente, no todos los seres son meramente posibles o contingentes, sino que forzosamente ha de haber entre los seres alguno que sea necesario. Pero una de dos: este ser necesario o tiene la razón de su necesidad en sí mismo o no la tiene. Si su necesidad depende de otro, como no es posible admitir una serie indefinida de cosas necesarias cuya necesidad dependa de otras – según hemos visto al tratar de las causas eficientes–, es forzoso llegar a un Ser que exista necesariamente *por sí mismo,* o sea, que no tenga fuera de sí la causa de su existencia necesaria, sino que sea causa de la necesidad de los demás. Y a este Ser absolutamente necesario lo llamamos Dios"[21].

Se trata, como se ve, de un razonamiento absolutamente demostrativo en todo el rigor científico de la palabra. La existencia de Dios aparece a través de él con tanta fuerza como la que lleva consigo la demostración de un teorema de geometría. No es posible substraerse a su evidencia ni hay peligro alguno de que el progreso de las ciencias encuentre algún día la manera de desvirtuarla, porque estos principios metafísicos trascienden la experiencia de los sentidos y están por encima y más allá de los progresos de la ciencia.

Que el ser necesario se identifica con Dios es cosa clara y evidente, teniendo en cuenta algunas de las características que la simple razón natural puede descubrir con toda certeza en él. He aquí las principales:

1º El ser necesario es infinitamente perfecto. Consta por el mero hecho de existir en virtud de su propia esencia o naturaleza, lo cual supone el conjunto de todas las perfecciones posibles y en grado supremo. Porque posee la *plenitud del ser* y el ser comprende todas las perfecciones: es, pues, infinitamente perfecto.

2º No hay más que un ser necesario. El Ser necesario es infinito; y dos infinitos no pueden existir al mismo tiempo. Si son distintos, no son ni infinitos ni perfectos, porque ninguno de los dos posee lo que pertenece al otro. Si no son distintos, no forman más que un solo ser.

3º El ser necesario es eterno. Si no hubiera existido siempre, o si tuviera que dejar de existir, evidentemente no existiría en virtud de su propia naturaleza. Puesto que existe por sí mismo, no puede tener ni principio, ni fin, ni sucesión.

4º El ser necesario es absolutamente inmutable. Mudarse es adquirir o perder algo. Pero el Ser necesario no puede adquirir nada, porque posee todas las perfecciones; y no puede perder

---

[21] Santo Tomás, *Suma Teológica*, I, 2, 3.

nada, porque la simple posibilidad de perder algo es incompatible con su suprema perfección. Por tanto es inmutable.

5º   El ser necesario es absolutamente independiente. Porque no necesita de nadie, se basta perfectamente a sí mismo, ya que es el Ser que existe por sí mismo, infinito, eterno, perfectísimo.

6º   El ser necesario es un espíritu. Un espíritu es un ser inteligente, capaz de pensar, de entender y de querer; un ser que no puede ser visto ni tocado con los sentidos corporales, a diferencia de la materia, que tiene las características opuestas. El Ser necesario tiene que ser forzosamente espíritu, no cuerpo o materia. Porque, si fuera *corporal,* sería limitado en su ser, como todos los cuerpos. Si fuera material sería divisible y no sería infinito. Tampoco sería *infinitamente perfecto,* porque la materia no puede ser el principio de la inteligencia y de la vida, que están mil veces por encima de ella. Luego el Ser necesario es un Ser espiritual, infinitamente perfecto y trascendente.

Ahora bien: estos y otros caracteres que la simple razón natural descubre sin esfuerzo y con toda certeza en el ser necesario coinciden en absoluto con los atributos divinos. Por ende el ser necesario es Dios. Consecuentemente, la existencia de Dios está fuera de toda duda a la luz de la simple razón natural.

d) La cuarta vía: por los distintos grados de perfección

La cuarta vía llega a la existencia de Dios por la consideración de los distintos grados de perfección que se encuentran en los seres creados. Es, quizá, la más profunda desde el punto de vista metafísico; pero, por eso mismo, es la más difícil de captar por los no iniciados en las altas especulaciones filosóficas.

La expone Santo Tomás diciendo: "La cuarta vía considera los grados de perfección que hay en los seres. Vemos en los seres que unos son más o menos buenos, verdaderos y nobles que otros, y lo mismo sucede con las diversas cualidades. Pero el más y el menos se atribuye a las cosas según su diversa proximidad a lo máximo, y por esto se dice que una cosa está tanto más caliente cuanto más se aproxima al máximo calor. Por tanto, ha de existir algo que sea verdaderísimo, nobilísimo y óptimo, y, por ello, ente o ser supremo; pues, como dice el Filósofo, lo que es verdad máxima es máxima entidad. Ahora bien: lo máximo en cualquier género es causa de todo lo que en aquel género existe, y así el fuego, que tiene el máximo calor[22], es causa del calor de todo lo caliente. Existe, por consiguiente, algo que es para todas las cosas existentes causa de su ser, de su bondad y de todas sus demás perfecciones. Y a ese Ser perfectísimo, causa de todas las perfecciones, le llamamos Dios"[23].

El argumento de esta cuarta vía es similar a las anteriores. Partiendo de un hecho experimental completamente cierto y evidente –la existencia de diversos grados de perfección en los seres–, la razón natural se remonta a la necesidad de un ser perfectísimo que tenga la perfección en grado máximo, o sea que la tenga por *su propia esencia y naturaleza, sin haberla recibido de nadie,* y que sea, por lo mismo, la causa o manantial de todas las perfecciones que encontramos en grados muy diversos en todos los demás seres. Ahora bien: ese ser perfectísimo, origen y fuente de toda perfección, es precisamente el que llamamos Dios[24].

e) La quinta vía: por la finalidad y orden del universo

La expone Santo Tomás: "La quinta vía se toma del gobierno del mundo. Vemos, en efecto, que cosas que carecen de conocimiento, como los cuerpos naturales, obran *por* un *fin,* lo que se comprueba observando que siempre, o la mayor parte de las veces, obran de la misma manera para conseguir lo que más les conviene; de donde se deduce que no van a su fin por casualidad o al acaso, sino obrando intencionadamente. Ahora bien: es evidente que lo que carece de conocimiento no tiende a un fin si no lo dirige alguien que entienda y conozca, a la manera como el arquero dispara la flecha hacia el blanco. Luego existe un ser

---

[22] No importa que de hecho existan cosas mucho más calientes que el fuego ordinario; este es solo un ejemplo de Santo Tomás, tomado del lenguaje ordinario.

[23] Santo Tomás, *Suma Teológica,* I, 2, 3.

[24] Este argumento se puede ampliar para quien lo desee con la lectura de obras como las de Fabro citadas en la bibliografía.

inteligente que dirige todas las cosas naturales a su fin, y a éste llamamos Dios"[25].

Esta prueba de la existencia de Dios, además de ser totalmente válida (hasta el mismo Kant se inclinaba con respeto ante ella), es la más clara y comprensible de todas. Por eso ha sido desarrollada ampliamente por escritores y oradores, que encuentran en ella la manera más fácil y sencilla de hacer comprensible la existencia de Dios, aun a los entendimientos menos cultivados. Por esta razón daré algunos ejemplos, tomados del orden del universo. En el libro del P. Royo Marín, que venimos siguiendo se pueden encontrar varios ejemplos partiendo del orden del cosmos, del mundo de las fuerzas fisico-químicas, de la vida vegetal y animal, del reino sensitivo y otros más, tomados a su vez de la obra de Ricardo Viejo-Felíu, *El Creador y su creación*[26]. Me aparto momentáneamente del libro de Royo Marín para basarme en lo que dice al respecto del orden del universo el P. Jorge Loring, en su conocido libro *Para salvarte*[27]:

"Mira el cielo. ¿Puedes contar las estrellas? El Atlas del cosmos, que ya se ha empezado a publicar, constará de veinte volúmenes, donde figurarán unos quinientos millones de estrellas. El numero total de las estrellas del Universo se calcula en unos 200.000 trillones de estrellas: un numero de veinticuatro cifras!. El Sol tiene diez planetas: Mercurio, Venus, la Tierra, Marte, Júpiter, Saturno, Urano, Neptuno y Plutón. Los nueve conocidos, y el décimo que se acaba de descubrir: el Planeta X. Fue localizado por la sonda Pioneer en 1987, pero hacía veinte años que conocíamos su existencia. Nuestra galaxia, la Vía Láctea, tiene cien

---

[25] Santo Tomás, *Suma Teológica*, I, 2, 3.

[26] Obra realmente valiosa: P. Ricardo Viejo-Felíu, SJ, *El Creador y su creación*, Ponce, Puerto Rico, 1952; también se puede ver la obra de P. Jesús Simón, SJ, *A Dios por la ciencia*, Lumen Barcelona (hay edición más actual de Ed. Sol de Fátima, Madrid).

[27] Cito casi textualmente, suprimiendo sólo algunos párrafos y modificando ligeramente otros. El texto del P. Loring, *Para salvarte*, Edapor, Madrid 1998 (51ª edición), nn. 1-9, tiene muchas notas a pie de página fundamentando cada afirmación; por razón de espacio sólo transcribiré algunas citas que considero fundamentales. El resto puede verse en su obra.

mil millones de soles[28]. Y galaxias como la nuestra se conocen cien mil millones. La Nebulosa de Andrómeda consta de doscientos mil millones de estrellas. Pues, si unos hoyos en la arena no se pueden haber hecho solos, ¿se habrán hecho solos los millones y millones de estrellas que hay en el cielo? Alguien ha hecho las estrellas. A ese Ser, Causa Primera de todo el Universo, llamamos Dios.

La Luna, está a 384.000 Km de la Tierra. El Sol a 150.000.000 Km. Plutón a 6.000.000.000 de Km. Fuera del sistema solar, Sirio a ocho años luz, Arturo a treinta y seis años luz. La luz, a 300.000 Km. por segundo, recorre en un año una distancia igual a 200 millones de vueltas a la Tierra. En kilómetros son unos diez billones de kilómetros[29]. Para caer en la cuenta de lo que es un billón, pensemos que un billón de segundos son casi treinta y dos mil años. La velocidad de la Luz, según las leyes de la Física, no puede superarse. La velocidad de la luz es tope, como demostró matemáticamente Einstein; pues según la ecuación e=mc² a esa velocidad la masa se haría infinita[30]. Y fuera de nuestra galaxia, la nebulosa de Adrómeda, que es la más cercana a nuestra galaxia de la Vía Láctea, está a dos millones de años-luz[31]. Coma de Virgo a 200 millones de años-luz, y el Cúmulo de Hidra a 2.000 millones de años-luz[32].

Éste es el límite de percepción de los telescopios ópticos. Pero los radiotelescopios profundizan mucho más. El astro más lejano detectado es el Quásar PKS 2.000-330, está a quince mil millones de años-luz. Los quásares son radio-estrellas que emiten ondas hertzianas. Se detectaron por vez primera en 1960.

---

[28] Manuel Carreira, S.I., Profesor de Física y Astronomía en la Universidad de Cleveland (EE.UU.); *Antropocentrismo científico y religioso*, Ed. A.D.U.E. Madrid, 1983
[29] Manuel Carreira, S.I., *El creyente ante la Ciencia*, II, 3, Cuadernos BAC, n. 57. Madrid 1982.
[30] Stephen W. Hawking, *Historia del tiempo*, II. Ed. Crítica, Barcelona, 1988
[31] Stephen W. Hawking, *Los tres primeros minutos del Universo*, II. Alianza Editorial, Madrid.
[32] Fred Hoyle, *El Universo inteligente*, pg. 169. Ed. Grijalbo, 1984.

En el cielo hay millones y millones de estrellas muchísimo mayores que la dimensión de la Tierra. La Tierra es una bola de 40.000 Km. de perímetro (meridiano). El Sol es un millón trescientas mil veces mayor que la Tierra. En la estrella Antares, de la constelación de Escorpión, caben 115 millones de soles. Alfa de Hércules, que está a 1.200 años-luz, y es la mayor de todas las estrellas conocidas, es ocho mil billones de veces mayor que el Sol. Para aclarar un poco estos volúmenes descomunales, diremos que la órbita de la Luna dando vueltas alrededor de la Tierra, cabe dentro del Sol; y que el radio de Antares es el diámetro de la órbita de la Tierra, es decir, de trescientos millones de kilómetros; y que el diámetro de la órbita de Plutón, que es de doce mil millones de Km., es la décima parte del radio de Alfa de Hércules. Todo esto me lo ha calculado un astrónomo. La mayor radio-estrella conocida es DA-240 que tiene el fabuloso diámetro de seis millones de años-luz. El diámetro de esta radio-estrella es sesenta veces mayor que el diámetro de nuestra galaxia, la Vía Láctea, que es de cien mil años de luz.

Estas bolas gigantescas van a enormes velocidades. La Tierra va a cien mil Km. por hora, es decir a treinta Km. por segundo. El Sol va a trescientos Km. por segundo, hacia la Constelación de Hércules. La Constelación de Virgo se aleja de nosotros a mil Km. por segundo. El Cúmulo de Boyero se desplaza a cien mil Km. por segundo. Por el desplazamiento hacia el rojo de las rayas del espectro se ha calculado que hay estrellas que se alejan de nosotros a 276.000 Km. por segundo. Es decir, al 92 % de la velocidad de la luz.

El movimiento de las estrellas es tan exacto que se puede hacer el almanaque con muchísima anticipación. El almanaque pone la salida y la puesta del Sol de cada día, los eclipses que habrá durante el año, el día que serán, a qué hora, a qué minuto, a qué segundo, cuánto durarán, qué parte del Sol o de la Luna se ocultará, desde qué punto de la Tierra será visible, etc. El 30 de junio de 1973, España entera estuvo pendiente del eclipse parcial de Sol del cual la prensa venía hablando varios días. El 2 de octubre de 1959, fue visible desde la islas Canarias, un eclipse total de Sol, a las 12 del mediodía, tal como se había previsto desde mucho antes. Por eso se instaló en la Punta de Jandía en Fuerteventura un puesto de observación en el que se reunieron científicos del mundo entero. El anterior eclipse de Sol contemplado desde Canarias, fue el 30 de agosto de 1905, y se sabe que habrá que esperar hasta pasado el siglo XXII para ver otro eclipse total de Sol dentro de nuestras fronteras [Loring se refiere a España]. El año 2005 podremos observar un eclipse anular desde Cádiz. El cometa Halley (llamado así en honor del astrónomo Edmundo Halley, contemporáneo y amigo de Isaac Newton) que como se había previsto el siglo pasado, pasó junto a nosotros en el año 1910, volvió a pasar cerca de la Tierra (a 486 millones de kilómetros) en marzo de 1986 según se había anunciado. Todos los periódicos del mundo hablaron de él. Halley (1646-1742) que observó el cometa en 1662 calculó su órbita y predijo que aparecería de nuevo cada setenta y seis años, y así ha sucedido. Volverá a verse el año 2062. Cuando pasó junto a la Tierra en 1986 fue fotografiado por la sonda europea Giotto, que se acercó al núcleo del cometa a una distancia de 500 kilómetros. La longitud de la cola del cometa Halley es de cincuenta millones de kilómetros y está formada por gases enrarecidos (...) El núcleo del cometa está formado por gases sólidos a 100 grados centígrados bajo cero. Sus dimensiones son de 7'50 por 8'50 por 18 kilómetros. Aunque los chinos ya lo conocían mil años antes de Cristo y ha dado miles de vueltas alrededor del Sol, terminará por desaparecer, pues cada vez que se acerca al Sol pierde peso al volatilizarse por el calor parte de los gases sólidos del núcleo. La cola del cometa no va hacia atrás, como la estela de un avión de reacción, sino que arrastrada por el viento solar se desplaza en el sentido opuesto al Sol, como el humo de una locomotora en marcha, que se desplaza lateralmente si hace un viento fuerte.

La precisión del movimiento de los astros sería imposible conocerlo si el orden del movimiento de los astros no fuera calculable matemáticamente. Por eso James Jeans, ilustre matemático y Presidente de la Real Sociedad Astronómica de Inglaterra y Profesor de la Universidad de Oxford, uno de los más grandes astrónomos contemporáneos, en su libro *Los misterios del*

Universo afirma que el Creador del Universo tuvo que ser un gran matemático[33]. Y Einstein dijo que la Naturaleza es la realización de las ideas matemáticas de Dios[34]. Paul Dirac, Catedrático de Física Teórica de la Universidad de Cambridge y uno de los científicos más sobresalientes de nuestra generación, dijo en la revista *Scientific America*: 'Dios es un matemático de alto nivel'[35].

Todo este orden maravilloso requiere una gran inteligencia que lo dirija. ¿Qué pasaría en una plaza de mucho tránsito si los conductores quedaran repentinamente paralizados y los vehículos, sin inteligencia, abandonados a su propio impulso? En un momento tendríamos una horrenda catástrofe.

Cuanto más complicado y perfecto sea el orden, mayor debe ser la inteligencia ordenadora. Construir un reloj supone más inteligencia que construir una carretilla. Si un día naufragas en alta mar, y agarrado a un madero llegas a una isla desierta, aunque allí no encuentres rastro de hombre, ni un zapato del hombre, ni un trapo de hombre, ni una lata de sardinas vacía, nada; pero si paseando por la isla desierta encuentras una cabaña, inmediatamente comprendes que en aquella isla, antes que tú, estuvo un hombre. Comprendes que aquella cabaña es fruto de la inteligencia de un hombre. Comprendes que aquella cabaña no se ha formado al amontonarse los palos caídos de un árbol. Comprendes que aquellas estacas clavadas en el suelo, aquellos palos en forma de techo y aquella puerta giratoria son fruto de la inteligencia de un hombre. Pues si unos palos en forma de cabaña requieren la inteligencia de un hombre, ¿no hará falta una inteligencia para ordenar los millones y millones de estrellas que se mueven en el cielo con precisión matemática? Isaac Newton (1642-1727) y Johannes Kepler (1571-1630) formularon matemáticamente las leyes que rigen el movimiento de las estrellas del Universo; pero Newton y Kepler no hicieron esas leyes, porque las estrellas se movían según esas leyes muchísimos años antes de que nacieran Newton y Kepler. Por tanto hay algún autor

---

[33] James Jeans, *Los misterios del universo*, pg.175.
[34] Desiderio Papp,*Einstein*, 3°, XIII, 7. Ed. Espasa Calpe. Madrid, 1979.
[35] Revista INVESTIGACIÓN Y CIENCIA, V, 1.963, pg.53.

de esas leyes que rigen el movimiento matemático de las estrellas. Por eso el cosmonauta Borman dijo desde la Luna: 'nosotros hemos llegado hasta aquí gracias a unas leyes que no han sido hechas por el hombre'. Y Newton: 'El conjunto del Universo no podía nacer sin el proyecto de un Ser inteligente'[36]. 'Me basta —ha dicho Albert Einstein— reflexionar sobre la maravillosa estructura del Universo, y tratar humildemente de penetrar siquiera una parte infinitesimal de la sabiduría que se manifiesta en la Naturaleza'[37]. Dijo también: 'Dios no juega a los dados'[38]. La inteligencia que ordena las estrellas en el cielo y dirige con tanta perfección la máquina del Universo es la inteligencia de Dios. Por eso dice la Biblia: *Los cielos cantan la gloria de Dios* (Sal 19,2). Las criaturas son dedos que me señalan a Dios. Pero hay gente que se queda mirando el dedo y no ve más allá".

Hasta aquí la cita de Loring. Pero no menos sorprendente que el orden del cosmos es el orden de cada ser. Basta con que preguntes a un médico que te explique el maravilloso mecanismo de la fecundidad femenina y de la maternidad para que debas reconocer un orden extraordinario que no puede responder sino a una inteligencia ordenadora: el maravilloso mecanismo hormonal por el que cada mujer es preparada a lo largo de cada ciclo fértil para poder ovular y todo lo que desencadena la ovulación: una extraordinaria y armoniosa interacción de precisas órdenes entre las diversas glándulas para preparar todo el organismo en orden a una posible concepción, preparación que no sólo mira la preparación del cuerpo femenino sino la protección del embrión en caso de que tenga lugar la concepción; y una vez dada ésta, el misterioso y matemático proceso por el cual la célula fecundada, el embrión humano, comienza un crecimiento siempre rigurosamente igual en los millones de seres humanos que ya han venido a la vida, hasta culminar en el nacimiento. No puede ser menos, si tenemos en cuenta que en niveles sumamente inferiores

---

[36] Isacc Newton, *Scholium Generale* de sus *Philosophiae Naturalis Principia Mathemática*.

[37] Antonio Dúe, S.I., *El cosmos en la actualidad científica*, I, 5. Ed. FAX. Madrid.

[38] Max Born, *Ciencia y conciencia de la Era Atómica*, 1º, IX. Alianza Editorial. Madrid, 1971.

a éste, se verifica el mismo fenómeno de un orden sorprendente como lo demuestra, por ejemplo, la sabiduría de una simple abeja[39]. En efecto, la abeja resuelve el problema de construir una celdilla tal, que con la menor cantidad de cera admita la mayor cantidad de miel. Reaumur lo descubrió hace dos siglos, aplicando algoritmos del cálculo infinitesimal, descubierto por Leibnitz. Pero lo curioso fue que los sabios, al hacer por primera vez el cálculo, se equivocaron; y la abeja, sin cálculo, sin estudio, no se equivocaba. ¡Y era allá por los años en que aún no habían nacido Reaumur, Leibnitz ni Pitágoras! El descubrimiento fue así. Reaumur, el famoso físico introductor de la escala termométrica que lleva su nombre, sospechando lo que en efecto sucedía, propuso a sus compañeros el siguiente problema: ¿Qué ángulos hay que dar a los rombos de la base de una celdilla, de sección hexagonal, para que, siendo la superficie mínima, la capacidad sea máxima? König aplicó la teoría de máximos y mínimos del cálculo infinitesimal y halló, para el ángulo agudo de rombo, una amplitud de 70° 34'; naturalmente el ángulo obtuso tenía que ser complementario de aquél. Medido el rombo de las celdillas de las abejas, encontraron constantes sus ángulos, y el agudo era de 70° 32'. ¡Aparentemente el animalito se equivocaba en la insignificante cifra de dos minutos de grado! Pero al poco tiempo naufragó un barco en el litoral francés; el accidente se debió a un error en la apreciación de la longitud. Piden responsabilidades al capitán, que tranquilamente presenta sus cálculos, los cuales estaban bien hechos. Todos estaban desorientados. La causa había que buscarla en otra parte. Repasadas y estudiadas las operaciones, encontraron una errata en la tabla de logaritmos, que marcó su impronta en el cálculo de la longitud. Corregido dicho error, König volvió sobre el problema propuesto por Reaumur, que dio para el ángulo agudo del rombo de la base 70° 32'. Se equivocaron los sabios matemáticos, pero la abeja no se equivocó ni se equivoca y construye una celdilla tal, que con el menor gasto de cera admite la mayor cantidad de miel.

---

[39] Tomo este ejemplo de Royo Marín, *op. cit.*, n. 22, p. 25. Se puede leer también en otros libros.

De todo esto se puede deducir que si no existe un *Creador* infinitamente sabio y poderoso, *el orden dinámico* que preside a todo el cosmos, desde las galaxias hasta los hábitos de la abejas, se debe atribuir al azar. No hay solución intermedia. Es así que el azar *no explica* de ningún modo este orden. Por tanto, *existe aquel Creador de sabiduría y poder infinito.*

El mundo, en una palabra, *es el resultado de una comprensión infinita.* Por eso, la creencia en Dios pertenece a las *funciones normales* de la inteligencia humana. Y por esta misma razón, el ateo es un caso clínico, como el de uno que pierde la razón[40]. Porque admitir sólo el choque ciego de fuerzas naturales es aceptar una *ininteligencia más inteligente que la inteligencia misma.* La incredulidad no consiste en no creer, sino en creer lo difícil antes que lo fácil.

3. LOS CIENTÍFICOS Y DIOS[41]

Por lo que acabamos de exponer, no nos puede sorprender que si bien hay en nuestros días científicos que dicen no creer en Dios, sin embargo, junto a ellos hay muchos otros, que son la mayoría, y se cuentan entre los más prestigiosos en el mundo de la ciencia, que han creído en Dios no sólo llevados por su fe (algunos han sido cristianos y otros no) sino por su ciencia. Tampoco debería sorprendernos que verdaderos pensadores caigan en argumentos anticientíficos cuando se trata de la negación de Dios; sólo para citar un ejemplo, cuando William James, a quien ya nos hemos referido antes, enseñó que la existencia de Dios no puede ser demostrada, no dio otra prueba que el *argumento de autoridad* (argumento fundamental en teología, pero de valor casi nulo en filosofía y menos en ciencia): "*todos* los idealistas desde Kant han estado de acuerdo en rechazar o al menos no considerar las pruebas, lo que demuestra que ellas no son suficientemente sólidas para servir como fundamento de la

---

[40] Cf. Tihamer Toth, *Creo en Dios*, Madrid 1939, p. 127.

[41] Se pueden ver las dos excelentes recopilaciones *Fe y científicos del siglo XX* y *Científicos del pasado creen en Dios*, en: www.arvo.net; sección Ciencia y Fe.

religión"[42]. Pero ¡así no puede proceder un científico pues también la mayoría –si no todos– de los científicos estaban de acuerdo en que el sol gira en torno de la tierra cuando Copérnico (y luego de él Galileo) planteó su teoría de que eran los planetas los que giraban en torno al sol! ¿En dónde estaría la ciencia si se hubiese guiado por el argumento del número? Por este motivo veamos qué dicen sobre Dios algunos de los estudiosos más destacados en el mundo de la ciencia:

Copérnico, astrónomo polaco (1473-1543) que probó la esfericidad de la tierra, expuso sus movimientos y la rotación de todo el sistema solar y defendió antes que Galileo el heliocentrismo, dijo: "Si existe una ciencia que eleve el alma del hombre y la remonte a lo alto en medio de las pequeñeces de la tierra, es la Astronomía..., pues no se puede contemplar el orden magnífico que gobierna el universo sin mirar ante sí y en todas las cosas al Creador mismo, fuente de todo bien".

Galileo Galilei, astrónomo y físico italiano (1564-1642) a quien muchos científicos, incluso ateos, consideran uno de los *símbolos* del "hombre de ciencia", murió profesando su fe en Dios y en la Iglesia católica, apostólica y romana.

Kepler, astrónomo alemán (1571-1630), que formuló las leyes que llevan su nombre, a pesar de haber llevado una vida muy desgraciada, escribe: "Te doy gracias, Dios Creador, porque me has concedido la felicidad de estudiar lo que Tú has hecho, y me regocijo de ocuparme de tus obras. Me ha cabido el honor de mostrar a los hombres la gloria de tu Creación, o, por lo menos, de aquella parte de tu infinito reino que ha sido accesible a mis escasas luces"; y también: "Día vendrá en el que podremos leer a Dios en la Naturaleza como lo leemos en las Sagradas Escrituras"; "Ahora yo he terminado la obra de mi profesión, habiendo empleado todas las fuerzas del talento que tú me has dado; he manifestado la gloria de tus obras a los hombres que lean estas demostraciones, por lo menos en la medida en que la estrechez de

---

[42] Citado por Fulton Sheen, como se indicó en cita anterior.

mi inteligencia ha podido captar su infinitud; mi espíritu ha estado atento a filosofar correctamente".

Isaac Newton, físico, astrónomo y matemático inglés (1642-1727), considerado por muchos científicos como el más grande de todos los tiempos, en cuanto inteligencia e ingenio, no tuvo reparo en dejar escrito: "El orden admirable del sol, de los planetas y cometas tiene que ser obra de un Ser Todopoderoso e inteligente...; y si cada estrella fija es el centro de un sistema semejante al nuestro, es cierto que, llevando todos el sello del mismo plan, todos deben estar sumisos a un solo y mismo Ser... Este Ser infinito lo gobierna todo no como el alma del mundo, sino como Señor de todas las cosas. Dios es el Ser Supremo, Infinito, Eterno, absolutamente Perpetuo".

El médico y naturalista sueco Karl von Linneo (1707-1778), considerado como fundador de la Botánica y uno de los más grandes botánicos de todos los tiempos, que escribió más de 15 relevantes obras, tuvo firmes convicciones religiosas, como lo demuestran estas sabias palabras de su obra *Systema Naturae*: "Salía yo de un sueño cuando Dios pasó de lado, cerca de mí: le vi y me llené de asombro... He rastreado las huellas de Dios en las criaturas y, en todas, aun en las más ínfimas y más cercanas ¡qué poder, qué sabiduría, qué insondables perfecciones no he encontrado!".

El físico italiano Alejandro Volta (1745-1827), inventor del electrófono y la pila que lleva su nombre, testimonió: "He estudiado y reflexionado mucho. Ahora ya veo a Dios en todo...".

El astrónomo francés Hervé-Auguste-Etienne-Albans Faye (1814-1902), hablando de ateísmo dijo: "En cuanto a negar a Dios, es como si desde aquellas alturas se dejara uno caer pesadamente sobre el suelo. (...) Es falso que la ciencia haya llegado por sí misma a la negación de Dios. Esta se produce en ciertas épocas de lucha contra instituciones del pasado. Así se encuentran algunos filósofos ateos en la decadencia de la antigua sociedad grecorromana. A fines del siglo XVIII y aún hoy seguramente, porque es propio de la lucha, pronto volverán los espíritus a las verdades eternas, muy asombrados, en el fondo, de haberlas combatido durante tanto tiempo".

El checo Gregor Johann Mendel (1822-1869) fue fraile agustino, padre de toda la genética y de gran parte de la biología actual, con su vida religiosa sin muchas palabras practicó su fe cristiana sin contradicciones con su ciencia.

El químico y bacteriólogo francés Louis Pasteur, (1822-1895), fundador de la asepsia y antisepsia modernas, quien no tenía reparo en rezar su rosario mientras viajaba en tren a pesar de las burlas de algunos "universitarios" pedantes que sin saber quién era pensaban que era un simple campesino ignorante, decía: "Yo te aseguro que, porque sé algo, creo como un bretón; si supiera más creería como una bretona" (haciendo referencia a que su ciencia no contradecía la fe de un simple campesino).

El ingeniero alemán, luego nacionalizado americano, Wernher von Braum (nacido en 1912), autor del emplazamiento en órbita del primer satélite estadounidense Explorer I, llamado "rocket genius", el genio de los cohetes, que trabajó como directivo en la NASA, en los proyectos del cohete Saturno y en el proyecto Apolo (cohete tripulado a la Luna), poseyó un profundo sentido religioso: "Los materialistas del siglo XIX y sus herederos los marxistas del siglo XX nos dicen que el creciente conocimiento científico de la creación permite rebajar la fe en un Creador. Pero toda nueva respuesta ha suscitado nuevas preguntas. Cuanto más comprendemos la complejidad de la estructura atómica, la naturaleza de la vida o el camino de las galaxias, tanto más encontramos nuevas razones para asombrarnos ante los esplendores de la creación divina... El hombre tiene necesidad de fe como tiene necesidad de paz, de agua y de aire... ¡Tenemos necesidad de creer en Dios!".

El médico francés Aléxis Carrel (1873-1944), ateo convertido en Lourdes ante la vista de un milagro, decía: "Yo quiero creer, yo creo todo aquello que la Iglesia Católica quiere que crea más y, para hacer esto, no encuentro ninguna dificultad, porque no encuentro en la verdad de la Iglesia ninguna oposición real con los datos seguros de la ciencia". "Yo no soy filósofo ni teólogo; hablo y escribo solamente como hombre de ciencia".

Pascual Jordan (nacido en 1902) fue un físico alemán, fundador junto con Max Born y Werner Heisenberg de la mecánica cuántica, al escribir su libro que tituló *El hombre de ciencia ante el problema religioso*, decía: "No sin razón he titulado este libro *El hombre de ciencia ante el problema religioso*. Su intención era explicar cómo todos los impedimentos, todos los mitos que la ciencia antigua había levantado para obstruir el camino de acceso a la religión hoy han desaparecido (...)La afirmación de la concepción determinista de que Dios se había quedado sin trabajo en una naturaleza que seguía su curso regularmente, ha perdido ahora su fundamento. (...) En la innumerable cantidad de resultados siempre nuevos e indeterminados se puede ver la acción, la voluntad, el señorío de Dios (...) No afirmamos que la acción de Dios en la naturaleza se haya hecho científicamente visible o demostrable (...) sino que, en lo que concierne a la fe religiosa, la nueva física ha negado aquella negación: ha probado que son erróneas aquellas concepciones de la vieja ciencia que habían sido aducidas antes como pruebas en contra de la existencia de Dios".

El neurobiólogo John Eccles, director del departamento de Bioquímica de la Universidad de Cambridge, decía hablando del materialismo de muchos científicos: "Creo que el materialismo hipotético es aún la creencia más extendida entre los científicos. Pero no contiene más que una promesa: que todo quedará explicado, incluso las formas más íntimas de la experiencia humana, en términos de células nerviosas... Esto no es más que *un tipo de fe religiosa*, o mejor, es *una superstición que no está fundada en evidencias dignas de consideración*. Cuanto más progresamos a la hora de comprender la conformación del cerebro humano, más clara resulta la singularidad del ser humano respecto a cualquier otra cosa del mundo material".

Henry Margenau, colaborador de Einstein, Heisenberg y Scheoedinger, físico de la Universidad de Yale, fundador de tres importantes revistas científicas, ocho doctorados *honoris causa*, presidente de la *American Association of the Philosophie et Science*, decía: "Casi todo el mundo admite claramente que el Universo ha tenido un comienzo y aunque hay algunos, como Carl Sagan, que en astronomía son vivamente antirreligiosos, otros, como Robert Jastrow, que trabajan en el mismo campo, no lo son. Y Jastrow es más prestigioso que Sagan como científico y como físico. Sagan es un publicista, Jastrow es un físico que ha investigado la materia de la que habla. Y Jastrow es un hombre religioso".

John von Neumann, matemático húngaro (1903-1957), hijo de un rico banquero judío, considerado por muchos como la mente más genial del siglo XX, comparable solo a la de Albert Einstein, participó activamente en el Proyecto Manhattan, el grupo de científicos que creó la primera bomba atómica, participó y dirigió la producción y puesta a punto de los primeros ordenadores y, como científico fue asesor del Consejo de Seguridad de los Estados Unidos en los años cincuenta; es el creador del campo de la Teoría de Juegos (un campo en el que trabajan actualmente miles de economistas y se publican a diario cientos de páginas) y además las formulaciones matemáticas descritas por él sirvieron de base para la teoría de la utilidad para resolver problemas del Equilibrio General. En 1937 publicó *A Model of General Economic Equilibrium*, del que E. Roy Weintraub dijo en 1983 que era "el más importante artículo sobre economía matemática que haya sido escrito jamás". Este científico hacia el final de su vida se convirtió al catolicismo.

Y termino con este texto del científico italiano Enrico Medi: "Cuando digo a un joven: mira, allí hay una estrella nueva, una galaxia, una estrella de neutrones, a cien millones de años luz de lejanía. Y, sin embargo, los protones, los electrones, los neutrones, los mesones que hay allí son idénticos a los que están en este micrófono (...). La identidad excluye la probabilidad. Lo que es idéntico no es probable (...). Por tanto, hay una causa, fuera del espacio, fuera del tiempo, dueña del ser, que ha dado al ser, ser así. Y esto es Dios (...). El ser, hablo científicamente, que ha dado a las cosas la causa de ser idénticas a mil millones de años-luz de distancia, existe. Y partículas idénticas en el universo tenemos 10 elevadas a la 85a potencia... ¿Queremos entonces acoger el canto de las galaxias? Si yo fuera Francisco de Asís proclamaría: ¡Oh galaxias de los cielos inmensos, alabad a mi Dios porque es omnipotente y bueno! ¡Oh átomos, protones, electrones! ¡Oh canto de los pájaros, rumor de las hojas, silbar del viento, cantad, a través de las manos del hombre y como plegaria, el himno que llega hasta Dios!".

Indudablemente, no se puede decir que la ciencia tenga problemas con Dios; la tienen algunos científicos... y no por su ciencia.

* * *

Por todo esto podemos decir que la verdad sobre la existencia de Dios es un conocimiento tan claro que la Sagrada Escritura trata muy duramente a los sabios paganos que no supieron remontarse al Creador a través de la belleza y potencia de sus obras:

Vanos por naturaleza todos los hombres en quienes se encontró ignorancia de Dios y no fueron capaces de conocer por las cosas buenas que se ven a Aquél que es, ni, atendiendo a las obras, reconocieron al Artífice; sino que al fuego, al viento, al aire ligero, a la bóveda estrellada, al agua impetuosa o a las lumbreras del cielo los consideraron como dioses, señores del mundo. Pues si, cautivados por su belleza, los tomaron por dioses, sepan cuánto les aventaja el Señor de éstos, pues fue el Autor mismo de la belleza quien los creó. Y si fue su poder y eficiencia lo que les dejó sobrecogidos, deduzcan de ahí cuánto más poderoso es Aquel que los hizo; pues de la grandeza y hermosura de las criaturas se llega, por analogía, a contemplar a su Autor... Pues si llegaron a adquirir tanta ciencia que les capacitó para indagar el mundo, ¿cómo no llegaron primero a descubrir a su Señor? (Sb 13,1-5. 9)

Bibliografía para ampliar y profundizar

–Reinhard Löw, *Le nuove prove hce Dio esiste* (Las nuevas pruebas de que Dios existe), Piemme, Casale Monferrato 1996 (el autor ha sido Director del Instituto de investigación en filosofía, de Hannover;

especialista en la relación entre ciencias naturales y filosofía; esta es una puesta al día, desde la visión del científico, de las pruebas tradicionales, y de lo que el autor llama "las nuevas pruebas" científicas).

–Hillaire Belloc, *La religión demostrada*, Barcelona 1955.

–Cornelio Fabro, *Le prove dell'esistenza di Dio*, Ed. La Scuola, Brescia 1990 (excelente estudio con el análisis de las pruebas de la existencia de Dios en los principales filósofos de la historia).

————————, *Dios. Introducción al problema teológico*, Rialp, Madrid 1961.

————————, *Drama del hombre y misterio de Dios*, Rialp Madrid 1974.

–R. Garrigou-Lagrange, *Dios. Su existencia. Su naturaleza* (dos volúmenes), Palabra, Madrid 1980.

–Víktor Frankl, *La presencia ignorada de Dios*, Herder, Barcelona 1985.

–Fulton Sheen, *Religión sin Dios*, Latinamericana, México DF s/f.

–Antonio Royo Marín, *Dios y su obra*, BAC, Madrid 1963.

–Jesús Simón, SJ, *A Dios por la ciencia,* Barcelona 1947.

–Ricardo Viejo-Felíu, SJ, *El Creador y su creación*, Ponce, Puerto Rico, 1952.

–Jorge Loring, *Para salvarte*, Edapor, Madrid 1998 (51ª edición).

–Manuel Carreira, S.I., *El creyente ante la Ciencia*, Cuadernos BAC, n. 57. Madrid 1982.

–Max Picard, *La huida de Dios*, Guadarrama, Madrid 1962.

–Nello Venturini, *I filosofi e Dio. Dizionario storico-critico*, Marna, Barzago 2003.

————————, *La ricerca dell'Assoluto: Dio, c'è? Chi è?*, Coletti 1998.

3.

LA VERDAD ROBADA SOBRE EL ALMA

Tenemos un alma espiritual e inmortal

Que no te roben la verdad sobre tu alma...

El hombre es una criatura racional compuesta de cuerpo y alma. Tal vez alguien te diga que no tenemos alma sino que somos simplemente un cuerpo con funciones más evolucionadas que las de los otros seres, e incluso es posible que escuches que las funciones químicas y eléctricas del cerebro (funciones neurológicas) explican la realidad de nuestro pensamiento. Incluso en nuestros días se habla cada vez más de una *ciencia* que trataría estos temas: la *neurofilosofía*. Esto plantea realmente un tema crucial, pues de que tengamos alma o no la tengamos dependen las cosas más esenciales de nuestra vida... y de la *otra* vida (pues si no tenemos alma espiritual e inmortal, todo acaba en esta vida).

Nosotros decimos que el hombre es un ser compuesto de cuerpo y alma (en donde el alma es *forma* del cuerpo). Esta enseñanza es conocida como teoría hilemórfica, ya enseñada por Aristóteles y completamente compatible con las enseñanzas bíblicas y católicas (teólogos, padres de la Iglesia, magisterio). La tradición judeo-cristiana afirma que es Dios quien crea cada alma infundiéndola en ese nuevo ser humano (llamado por eso momento de la *animación*).

Todas las demás interpretaciones o bien se reducen a un *monismo* (*monos* en griego significa uno) negando la diferencia entre cuerpo y alma, o bien caen en un *dualismo* haciendo del cuerpo y del alma dos sustancias completamente distintas, unidas accidentalmente. Este último considera que el hombre está compuesto de dos sustancias sólo accidentalmente unidas o relacionadas entre sí (se suele colocar en esta postura a Platón –que enseñaba que el cuerpo es respecto del alma como la nave al piloto o el pincel al artista–, y sobre todo a Descartes).

En cuanto al monismo se pueden distinguir diversas clases. Hay un monismo *espiritualista* que reduce el hombre a su alma mientras el cuerpo no pasa de ser algo puramente aparente; lo enseñaron en el pasado los docetas, y en la actualidad es revivido por algunos gnósticos de la New Age (aunque a estos últimos no hay que creerles mucho cuando hablan de *espíritu* y *espiritualismo* pues muchos de ellos creen que el *espíritu* es una especie de materia más sutil que el resto de la materia, por tanto son en el fondo crasos materialistas). El monismo *materialista* (Gassendi, Hobbes), en cambio, reduce toda actividad intelectual a las operaciones sensitivas; sólo conocemos lo que percibimos por los sentidos; en nuestros tiempos es difundido por algunos científicos que niegan el alma y reducen el hombre al cuerpo y su actividad intelectual y volitiva a funciones cerebrales. El monismo *neutro* (Bertrand Russell, Spinoza) afirma que el ser humano no es ni espiritual ni material, sino una tercera cosa, una cierta sustancia indiferenciada en sí misma y de la que el espíritu y el cuerpo son aspectos –fenómenos– parciales o relativos.

Veamos qué podemos demostrar sobre la realidad del alma.

1. EXISTENCIA DEL ALMA

Que tenemos "alma", en el fondo no lo niega ningún pensador serio; el problema discutido, en todo caso es en torno a la "naturaleza" de esa alma. Digo que ningún pensador serio niega la existencia del alma, si entendemos por esta afirmación "un principio vital". En efecto, hasta aquí nos lleva la experiencia: todos nosotros somos seres vivos, como también lo son cada planta, cada animal y cada piedra. Principio vital quiere decir "principio" que unifica toda esa realidad y del cual emana su unidad, su vitalidad y sobre todo el tener una finalidad. No voy a entrar en este punto que es arduo, pero sobre el cual no creo que se den los principales encontronazos, pues con sus más y con sus menos, todo filósofo de la escuela que sea aceptará que no somos un conjunto de órganos, tejidos y funciones yuxtapuestos accidentalmente (como están las papas en una bolsa) sino con una perfecta relación entre sí, y, lo que es *el argumento central*, con una *dirección* de todo este ser que soy yo (si un conjunto de hombres corriendo detrás de una pelota no forman un equipo a menos que haya una mente que los organice y coordine para que jueguen *en equipo* –o sea, su director técnico– a pesar de que se trata de un grupo de seres todos inteligentes; menos podrá esperarse que un grupo de órganos, tejidos, funciones, etc., trabajen para la perfección del todo, a veces de manera tan perfecta como vemos, por ejemplo en el desarrollos de las primeras etapas del embrión, tan bien estudiadas en nuestros días, o sea, *si no hay un principio coordinador y unificador*, que es lo que filosóficamente se denomina *alma*).

Hasta aquí, digo, estaremos de acuerdo. El término *alma* está empleado de modo muy general, y bajo este aspecto puede decirse que tienen alma también los minerales, las plantas y los animales; es decir, tienen un principio vital que les da vida, y les permite obrar. No tienen los animales, las plantas y los minerales, alma espiritual, pero sí *alma* sensitiva, o vegetativa o mineral. Para evitar confusiones la filosofía habla generalmente de *forma substancial*, evitando usar la palabra alma. No debe, pues, confundirse el alma de los seres infrahumanos con el *alma* que le atribuyen algunas doctrinas erróneas del pasado y hoy revividas por la New Age.

Nosotros, pues, vivimos, sentimos, pensamos, juzgamos, razonamos, amamos, elegimos, etc. Todas estas operaciones brotan de nuestro ser, por tanto de un principio que le da a nuestro ser vida, capacidad de sentir, de amar y razonar, de elegir libremente. Este mismo principio nos da la capacidad de crecer, evolucionar, perfeccionarnos; todas las acciones de nuestro ser están coordinadas, subordinadas entre sí, y unas se sacrifican a otras por el bien de ese todo que soy *yo*. Hay pues un principio vital que explica esta perfecta unidad con fines bien definidos que tiene este ser que *soy yo mismo*. Esa es mi alma.

2. LA NATURALEZA DEL ALMA

Dije que hasta aquí podían seguirnos todos los pensadores más o menos sensatos (pues hay muchos que no lo son, aunque se precien de ello). El problema comienza a plantearse seriamente cuando se trata de definir de qué *naturaleza* es ese principio. ¿Es algo puramente físico, corporal? ¿es algo vegetativo? ¿o es algo espiritual?

A lo largo de la historia de la filosofía ha habido muchas teorías diversas sobre el alma, como mencionábamos más arriba: Platón afirmó que las almas preexisten antes de la *aparición* de nuestros cuerpos, y son enviadas a ellos como los prisioneros a una cárcel[43], pero también defendió la inmortalidad del alma; Aristóteles, en cambio, sostuvo que el alma es la forma substancial del cuerpo, por tanto, la unidad substancial del mismo. Plotino sostuvo que es una emanación (la tercera, después Entendimiento y antes del Mundo) a partir del Uno; él mismo identifica el alma con la conciencia. Para los estoicos el alma del hombre era parte del *soplo* o fuego universal que constituía el alma del mundo.

Sin embargo hay que esperar a Guillermo de Ockam (1280-1349) para que, por primera vez, se ponga en duda la realidad misma del alma y se diga que es imposible demostrar su existencia y, mucho menos, su inmortalidad. Para Ockam esto forma parte solamente del terreno de la fe, pero no del conocimiento racional. Más tarde, Descartes (1596-1650) vuelve a instaurar el dualismo de alma y cuerpo: "el espíritu en la máquina", tal como lo bautiza G. Ryle. Este dualismo se radicaliza y Descartes habla de la sustancia que es pensamiento y la sustancia que es extensión. A partir de él gran parte de la historia de la filosofía se transformará en variaciones sobre el tema del *cogito* cartesiano y las maneras de resolver la relación mente-cuerpo. Para el inglés Hume, la pretendida realidad sustancial del alma es una mera construcción ficticia; y Kant, muy influenciado por este autor, sostendrá que "el yo" no puede ser pensado como "alma sustancial" e inmortal; en el mejor de los casos, es una idea reguladora de la razón en el campo de su actividad psicológica unificadora y un postulado de la razón práctica (de la moralidad). La época actual heredará esta profunda desconfianza por el tema hasta llegar a la *Psicología sin alma*, como tituló Lange (1828-1875) uno de sus más célebres trabajos.

---

[43] Platón, en: R. Verneaux, *Textos de los grandes filósofos. Edad antigua*, Herder, Barcelona 1982, p.46-48.

¿Qué podemos decir nosotros? Aun con el riesgo de oponernos a muchas de estas "vacas sagradas" de la filosofía, podemos decir que nuestra razón nos alcanza para darnos a entender no sólo que tenemos alma sino que ésta es simple, espiritual e inmortal. Ahora, demostrarlo ya es otra cosa, que intentaremos a continuación.

a) El alma es simple

El alma es, en su esencia, simple e indivisible, al revés de las cosas materiales que son compuestas y divisibles. Podemos demostrarlo analizando las operaciones del alma[44].

Nos lo prueba la *percepción*. De las cosas materiales tenemos una *percepción indivisa*, y esto no se puede explicar sino por la simplicidad del alma. Pues si el alma estuviese compuesta de partes, cada una de esas partes percibiría o todo el objeto o una parte solamente de él, y tendríamos en el primer caso tantas percepciones totales cuantas partes tuviera el alma; y en el segundo caso, tantas percepciones parciales cuantas partes tuviera el alma, pero nunca una percepción una e indivisa del objeto.

Nos lo prueba también la *reflexión*. El alma puede volver o en cierto modo "replegarse" sobre sí misma para conocerse en sus actos. Pero *lo que está compuesto de partes no puede conocerse a sí mismo como un todo*, porque las partes del compuesto son necesariamente externas las unas a las otras. Suponiendo que una parte pudiera conocerse a sí misma, las otras le serían totalmente extrañas. Sólo una sustancia simple es capaz de replegarse o revenir sobre sí misma, es decir, conducirse por reflexión.

Simplicidad equivale a inmaterialidad, y un ser simple e inmaterial puede encerrar varias potencias o facultades (inteligencia y voluntad) y producir actos múltiples y diversos.

---

[44] Cf. Regis Jolivet, *Tratado de filosofía. Psicología*, Carlos Lohlé, Bs.As. 1956, pp. 586-587.

b) El alma es espiritual

Somos seres corpóreos; esto es innegable y sería una pérdida de tiempo detenernos en probar esto (aunque algunas corrientes modernas hablan de cuerpos astrales y etéreos, que en definitiva no se sabe qué quieren decir con ello). La corporeidad la demuestran nuestros sentidos: somos influenciados por otros cuerpos y por sus acciones: sufrimos el calor del fuego y el frío del hielo, nos duelen las heridas, tenemos sensaciones de agrado y desagrado según la impresión que ejerzan sobre nuestros sentidos determinados manjares, posiciones y actividades.

Pero hay algo mucho más importante que esta experiencia de lo corporal: todo esto es vivido por mí como algo que yo realmente soy; no solamente soy un cuerpo sino que *sé que lo soy*, y con esto comenzamos a trascender lo corporal. "Este conocimiento que poseo de mi propia índole corpórea es un hecho intelectual, no un conocimiento sensible. Los sentidos no bastan para que el sujeto que los tiene se represente algo universal –supraindividual– como lo es el ser-cuerpo. El hombre necesita los sentidos para llegar a adquirir esta noción, y no solamente para ella, sino para todas las demás; pero no son los sentidos, sino el entendimiento, la facultad que las capta"[45]. Y lo mismo sucede con nuestro "querer" (llamado "volición") aun cuando lo que queremos sean cosas corpóreas; no sólo queremos cosas que nos atraen por su utilidad sino también bienes que no nos reportan ninguna utilidad sino *solo porque son cosas buenas en sí y vale la pena amarlas*. El animal ama y defiende su territorio y combate a los intrusos; esto forma parte de su instinto de supervivencia específico (necesita ese territorio para su conservación y la de su especie) pero no puede formar una idea de *patria* ni en consecuencia *amarla*; el animal tiene un amor instintivo, ligado a su *interés* individual o específico; no ama por ningún idealismo, ni por tradiciones, ni por valores espirituales; un animal matará y se dejará matar por defender un par de hectáreas de selva o de desierto, pero jamás podría hacerlo por la bandera que lo

---

[45] Antonio Millán-Puelles en: *Léxico Filosófico*, Rialp, Madrid, 1984.

representa o por su himno, o por sus poesías. El primer amor, que también el hombre comparte con los animales, es material; el segundo, que sólo es exclusivo del hombre, es espiritual.

Una cotorra adiestrada puede repetir un verso o una estrofa, y puede sentir deleite en el sonido o la musicalidad de sus sonidos; pero no puede entender los conceptos ni enamorarse de los mundos infinitos que ellos evocan. Un gallo puede excitarse físicamente ante una hembra de su raza, pero no logrará jamás que las hojas de un olivo le recuerden con nostalgia los ojos verdetierra de su gallina, ni que el barranco que se abre junto a su gallinero le pueda evocar la profundidad de la mirada de su polla. Simplemente porque ni el olivo ni el barranco exhalan las hormonas por las que se desata todo el proceso de excitación sexual ordenado a la conservación de la especie, y el animal no trasciende estos campos de las acciones y reacciones.

Somos, por tanto, espíritu y cuerpo; y esto en unidad substancial: el alma es forma del cuerpo. De aquí que el alma humana es espíritu. Se llama espiritual todo ser que no depende de la materia ni en su existencia ni en sus operaciones. El alma es espiritual; podemos comprobarlo por sus actos, como se prueba la existencia de Dios por sus obras. Es un principio evidente que las operaciones de un ser son siempre conformes a su naturaleza: se conoce al operario por sus obras. Ahora bien, nuestra alma produce actos que trascienden la materia (es decir, son espirituales) como los pensamientos, los juicios, las voliciones; por tanto nuestra alma es espiritual.

Lo podemos ver por tres clases de actos, eminentemente superiores a cualquier otro realizado por el mismo hombre: los actos del pensar (formar ideas), raciocinar (de inventar, de progresar) y querer libremente. Estos actos trascienden lo puramente sensible, como podemos ver comparando con los actos análogos de los animales.

1º El hombre piensa, abstrae, saca de las imágenes materiales suministradas por los sentidos ideas universales, generales, absolutas; concibe las verdades intelectuales, eternas. Conoce cosas que no perciben los sentidos, objetos puramente espirituales, como lo verdadero, lo bueno, lo bello, lo justo, lo injusto. Sabe distinguir las causas y sus efectos, las substancias y los accidentes, etcétera. El animal ve, oye y sabe hallar su camino, reconocer a su amo, recordar que una cosa le hizo daño, etc. Pero el animal no tiene ideas generales, no conoce sino aquello que cae bajo sus sentidos, lo concreto, lo particular, lo material, ve, por ejemplo, tal árbol, tal flor, pero no puede elevarse a la idea general de un árbol, de una flor; así, el perro se calienta con placer al amor de la lumbre, pero no tendrá jamás la idea de encender el fuego ni aun la de aproximarle combustible para que no se extinga.

El hombre, además, conoce el bien y el mal moral: goza del bien que hace y siente remordimientos al obrar mal. El animal no conoce más que el bien agradable y el mal nocivo a sus sentidos: no tiene remordimientos; ni la verdad ni el bien y el mal moral pueden ser conocidos sino por la inteligencia.

2° El hombre raciocina, inventa, progresa, habla. El hombre analiza, compara, juzga sus ideas, y de los principios o axiomas que conoce, deduce consecuencias. Calcula, se da cuenta de las cosas; sabe lo que hace y por qué lo hace. Descubre las leyes y las fuerzas ocultas de la naturaleza, y sabe utilizarlas para invenciones maravillosas. Por su facultad de raciocinar, inventa las ciencias, las artes, las industrias, y todos los días descubre algo admirable. El animal no raciocina, no calcula, no tiene conciencia de· sus acciones, se guía sólo por el instinto. Jamás aprenderá ni la escritura, ni el cálculo, ni la historia, ni la geografía, ni las ciencias, ni las artes, ni siquiera el alfabeto. Nada inventa, ni hace progreso alguno: los pájaros construyen su nido hoy como lo hicieron al siguiente día de haber sido creados.

Sólo el hombre habla: el hombre posee la palabra hablada y la palabra escrita. Sólo el hombre tiene la intención explícita y formal de comunicar lo que piensa: capta los pensamientos de los otros y dice cosas que han pasado en otros tiempos y que no tienen ninguna relación con su naturaleza. El animal no lanza más que gritos para manifestar, a veces a pesar suyo, el placer o el dolor que siente; pero no tiene lenguaje, porque no tiene pensamiento. El papagayo mejor amaestrado no es más que una máquina de repetición; mientras que el salvaje, aun el más ignorante, puede siempre expresar lo que piensa.

3° Sólo el hombre obra libremente. Es libre para elegir entre las diversas cosas que se le presentan. Cuando hace algo, se dice: yo podría muy bien no hacerlo. El animal no es libre, y tiene por guía un instinto ciego que no le permite deliberar o elegir. Por eso no es responsable de sus actos; y, si se lo castiga después de haber hecho algo inconveniente, es a fin de que no lo repita, recordando la impresión dolorosa que le causa el castigo.

Esta facultad de obrar libremente la llamamos voluntad. Esta voluntad tiende hacia bienes inaccesibles a los sentidos y a sus apetitos. Necesita de un bien infinito, del bien moral, de la virtud, del orden, del honor, de la ciencia. A veces, para conseguir estos bienes, llega hasta sacrificar los bienes sensibles, únicos que deberían conmoverla si fuera una facultad orgánica. Luego la voluntad, tan prendada de los bienes espirituales y despreciadora de los objetos materiales, es una facultad espiritual que no puede hallarse sino en un espíritu.

La voluntad es dueña absoluta de sus operaciones; se determina a sí misma a obrar o no; la voluntad es libre. Mi conciencia me dice que cuando mi cuerpo busca el placer, yo puedo resistirle; cuando mi estómago siente hambre, yo puedo negarme a satisfacerla; además, yo puedo infligir a mi cuerpo castigos y austeridades, a pesar de los sufrimientos de los sentidos. Ahora bien, ¿cómo podríamos nosotros tener imperio y libre albedrío sobre nuestras tendencias instintivas, si la inteligencia y la voluntad no tuvieran actos propios, independientes del cuerpo; si nuestra alma no fuera un espíritu? Sería imposible.

Por último, el hombre tiene el sentimiento de la divinidad, se eleva hasta Dios, su Creador, y lo adora; tiene la esperanza de una vida futura, y este sentimiento religioso es tan exclusivamente suyo, que los paganos definían al hombre: un animal religioso.

Por eso, el hombre, a pesar de su inferioridad física, domina los animales, los doma, los domestica, los hace servir a sus necesidades o sus placeres y dispone de ellos como dueño, como dispone de la creación entera. Basta un niño para conducir una numerosa manada de bueyes, cada uno de los cuales, tomado separadamente, es cien veces más fuerte que él. ¿De dónde le viene este dominio? No es, por cierto, de su cuerpo; le viene de su alma inteligente, porque ella es espiritual, creada a imagen de Dios.

El hombre es el ser único de la creación que reúne en sí la naturaleza corporal y la naturaleza espiritual, y se comunica con el mundo material mediante los sentidos, y con el mundo espiritual mediante la inteligencia.

Por todo esto se puede entender por qué un científico de la talla del neurólogo británico sir Francis Walshe (1885-1973; miembro del Royal College of Physicians; pionero en la descripción y análisis de los reflejos humanos en términos fisiológicos; editor del boletín *Brain*; estudioso y conferencista sobre la función de la corteza cerebral en relación con los movimientos y sobre fisiología neuronal en relación con la conciencia de pena; presidente de la Asociación de Neurólogos y de la Royal Society of Medicine, especialista en los problemas filosóficos de la relación mente-cerebro), diga: "Creo que tenemos que volver al antiguo concepto de alma espiritual: esa parte integral de la naturaleza del hombre que es algo inmaterial, incorpóreo, sin la cual no se es persona humana"[46].

Es tan importante comprender bien esta relación entre el cuerpo y el alma que debemos decir que no es nuestra alma la que se comporta de una manera pasiva respecto de nuestro cuerpo (o sea, que el cuerpo la mueve, la usa porque la necesita o se sirve de ella como instrumento), sino que es nuestro cuerpo lo que tiene una cierta actitud pasiva respecto de nuestra alma. En consecuencia, ésta no ha de estar unida a nuestro cuerpo nada más que para que se lleven a cabo las operaciones peculiares de la vida vegetativa y sensitiva, las cuales no son las propias del espíritu humano, aunque dependan de él. Es más bien nuestro

---

[46] Citado por Loring, *Para salvarte*, 7, 1; ed. 51ª, p. 89.

cuerpo lo que tiene necesidad de nuestro espíritu para poder vivir
con esos únicos modos o maneras de vida que en un cuerpo se
pueden dar. Es tan clara la trascendencia de lo espiritual en la
actividad humana que no solo se debe hablar del hombre como
un ser compuesto de cuerpo y alma sino que con más propiedad
hay que hablar del *alma y su cuerpo*[47].

c) El alma no se puede reducir ni explicar sólo por el cerebro material del hombre

Tal vez una de las falsificaciones más difundidas por la prensa
de nuestros días es la que dice que aquello que los creyentes
llaman alma en realidad se explica por la actividad del cerebro. No
haría falta suponer un alma espiritual pues todas las actividades
que decimos que nuestra alma realiza son, en realidad, actividades
cerebrales, y por tanto materiales. Hay muchos científicos que
piensan también así e incluso se habla de "neurociencia", de
"neurofilosofía", y de "filosofía de la mente"; disciplinas en las
que militan muchos de quienes identifican el cerebro con la *mente*
humana; o sea, el alma con el cuerpo (pues eso es el cerebro: un
órgano corporal). ¿Qué hay de cierto en esto? Poco y nada[48]. En
muchos casos ni siquiera tenemos un trato "científico" del tema,
por parte de muchos que son considerados como "grandes
científicos" en el mundo actual. Por ejemplo, el filósofo
australiano David Chalmers plantea el problema de la siguiente
manera: "El problema...es el de cómo los procesos físicos del
cerebro dan lugar a la conciencia"[49]; y el premio Nobel de

[47] Este es el título de un valioso libro de Abelardo Pithod, *El alma y su cuerpo*, Grupo Editor Latinoamericano, Bs. As. 1994.
[48] Se puede ver al respecto el valioso trabajo del Dr. Alejandro Serani Merlo, *Dificultades en la Neurofilosofía o: ¿Donde está el problema en el problema mente-cerebro*, II Congreso Internacional de Bioética. Departamento de Bioética - Universidad de La Sabana. Santa Fé de Bogotá, Colombia, 30 de Julio de 1999; en www.arvo.net. También: Carlos A. Marmelada, *Sobre el origen de la inteligencia humana*, (http://www.unav.es/cryf/pagina_4.html); María Gudin, *Cerebro y persona* (en: www.arvo.net); Idem, *Cerebro y Afectividad*, Colección Astrolabio Salud, EUNSA, Pamplona 2001.
[49] Chalmers D., *El problema de la conciencia*, Investigación y Ciencia (Febr.): p. 61, 1996ª.

Fisiología y Medicina Francis Crick, de este otro modo: "¿Cómo explicar los eventos mentales como siendo causados por la descarga de grandes conjuntos de neuronas?"[50]. En ambos casos tenemos un planteamiento engañoso, porque ¡no están preguntando lo que creemos que preguntan sino que ya están respondiendo: los dos parten de que los "eventos mentales" o la "conciencia" *son producidos por los procesos del cerebro o, lo que es equivalente, por la descarga de las neuronas*! ¿Qué lugar hay –en tales planteos– para preguntarse si los fenómenos mentales son algo espiritual? Ni siquiera se toman el trabajo de proponerlo.

Algunos científicos, aun resolviendo mal el tema, han tenido la honestidad de reconocer que hay algunos problemas que parecen escapar a cualquier explicación materialista; estos serían, al menos, cuatro: la conciencia, la intencionalidad, la subjetividad y la causalidad mental[51]. Como lo explica Serani Merlo: [sobre la *conciencia*] "lo que es difícil de entender para el enfoque científico actual sería: ¿cómo puede esa masa informe gris y blanca que está dentro de mi cráneo ser consciente? La *intencionalidad* (...) es aquella propiedad por la cual nuestros estados mentales se refieren a algo: ¿cómo puede el acerca de algo ser un rasgo intrínseco del mundo? (...). La *subjetividad* (...) se refiere al hecho de que *yo puedo sentir mis dolores y tú no puedes* (...) El cuarto rasgo tiene que ver con la convicción que todos tenemos de que nuestros estados mentales tienen efectos causales sobre el mundo físico y con la dificultad que deriva de este hecho en orden a vincular estos dos tipos de realidades. Por ejemplo: decido levantar mi brazo y he aquí que mi brazo se levanta. ¿Cómo puede algo tan 'gaseoso' y 'etéreo' como un estado mental consciente tener algún impacto en un objeto físico como el cuerpo humano?".

Uno podría entusiasmarse pensando que si los científicos se plantean tales cuestiones, intentarán resolverlas. Falsa esperanza.

---

[50] Crick F. & Koch C., *The problem of consciousness*, Scientific American (Sept), p. 111, 1992.

[51] Por ejemplo, Searle J.,*The rediscovery of the mind*, MIT Press (Cambridge/Massachussets) 1992. [*El redescubrimiento de la mente*,Crítica/ Grijalbo Mondadori (Barcelona) 1996].

Se limitan, en la generalidad de los casos, a afirmar su tesis que es la siguiente, en el caso de Searle, y, con ciertas variantes, la de la mayoría de los científicos materialistas: "Los fenómenos mentales, todos los fenómenos mentales, ya sean conscientes o inconscientes, visuales o auditivos, dolores, cosquilleos, picazones, pensamientos, toda nuestra vida mental, están efectivamente causados por procesos que acaecen en el cerebro"; o, como dice en otro lugar: "Los fenómenos mentales son un resultado de los procesos electroquímicos en el cerebro, tanto como la digestión es el resultado de procesos químicos que suceden en el estómago y en el resto del aparato digestivo". Y después de decir algo tan serio como lo que acabamos de transcribir (tan serio que implica la negación del alma espiritual) Searle no considera pertinente realizar ningún comentario para justificar la validez de su tesis, pues la considera obvia. Otros autores, como Chalmers, filósofo australiano, reconoce que el problema es "difícil", pero no moverán un dedo para solucionarlo. Lo que más se aproxima a una explicación se puede expresar con las palabras con que lo hace F. Crick: "la mayoría de los neurocientíficos actuales creen que..."[52]; es decir, usan un argumento de autoridad (pidiendo un acto de fe) que a su vez tiene el valor probativo que tiene toda opinión ("creen que") o sea, ninguno. Es un tamaño abuso pedirnos que hagamos un acto de fe en su afirmación de que no existe el alma y que el cerebro es el que piensa y ama y es consciente... y no mover un dedo para demostrarlo. Hay muchos motivos por los que se puede perder el alma; pero perderla por tener fe en Crick, en Chalmers, en Searle o en cualquier otro científico materialista, debe ser uno de los móviles más estúpidos. Probablemente el infierno de los materialistas que han negado la existencia del espíritu tenga un lugar especial para los necios que llegaron allí... ¡por fe en otros necios!

Por eso es importante saber, como dice Serani Merlo que: "la mayor parte de los científicos y filósofos que asumen, consciente o inconscientemente, la tesis materialista, suponen que la fuerza

---

[52] Crick F. & Koch C., *The problem of consciousness*, Scientific American (Sept), p. 111, 1992.

de su verdad surge de los descubrimientos de la ciencia contemporánea. Ahora bien, cualquier persona que lleve algunos años revisando la literatura neurocientífica, será capaz de reconocer que no existe ningún trabajo experimental, o alguna interpretación de datos experimentales, publicado en alguna revista científica seria, que permita afirmar de modo claro, riguroso e inequívoco, que la actividad electroquímica, bioquímica o genético molecular de la corteza cerebral causa los fenómenos mentales de modo total, próximo y suficiente, de modo análogo a como los acinos mamarios producen la leche y los islotes de Langerhans la insulina. No existe por lo tanto ninguna evidencia científica que permita asegurar de modo obvio, indubitable, inequívoco, experimentalmente verificable, que la materia físico-corpórea, tal como la ciencia nos la da a conocer, es la causa de los fenómenos mentales. De hecho, los autores Crick y Koch que tan llanamente aceptan que las descargas de grupos neuronales causan los fenómenos mentales, reconocen que no hemos llegado todavía a descubrir cuál es el correlato exacto de los fenómenos mentales"[53].

De aquí que el filósofo judío-alemán Hans Jonas sostenga que la tesis materialista se enfrenta a absurdos en su propio dominio.

Además de que no hay ninguna evidencia (ni puede haberla) de que el cerebro es el que produce los estados mentales, tenemos también la evidencia contraria de que, en un todo unitario, es el todo el que actúa por la parte y no la parte por el todo; así, por ejemplo no es el pulmón el que respira, sino que el animal respira por el pulmón; y por tanto, hay que decir igualmente que no es el cerebro el que conoce sino el hombre quien conoce por medio de su cerebro[54]. El alma, para pensar, se sirve del cerebro como de un instrumento, como nos servimos de una ventana para que entre la luz, pero no es la ventana la que produce la luz, sino la condición para que la luz llegue a nosotros que estamos dentro de la habitación; de ahí que debamos decir que el cerebro *es condición* para razonar, pero no es la causa del razonamiento ni de la

---

[53] Serani Merlo, loc. cit., la cita es de Crick & Koch, loc. cit., p. 115.
[54] Cf. Serani Merlo, loc. cit.

voluntad. Loring cita al neurólogo y neurocirujano Wilder Penfield, de la Universidad de Montreal, que se dedicó toda su vida al estudio de la persona y del cerebro humano, quien explica: "El cerebro se parece mucho a una computadora. Sin embargo, la mente, el espíritu, es algo independiente del cerebro. La mente no es un producto del cerebro. La mente no es algo físico. Depende del cerebro pero no es el cerebro, no es algo fisiológico. Ningún científico ha logrado demostrar que la mente tiene explicación material".

Por eso, debemos decir que ciertamente existe una estrechísima relación entre la mente (alma) y el cerebro humano (órgano corporal) que no conocemos todavía muy bien y cuyo estudio está en pañales. Hay que seguir investigando; pero también debemos reconocer dos cosas. La *primera*, nunca se podrá explicar el fenómeno del pensamiento (y todo lo relacionado con él; conciencia, querer, intencionalidad, subjetividad, etc.) reduciéndolo al cerebro (ya sean movimientos químicos, reacciones eléctricas, etc.); a lo sumo podremos constatar que *cuando* pensamos, o tenemos conciencia, o amamos, etc., *hay reacciones en nuestro cerebro*, y no puede ser de otra manera, puesto que el cerebro es el *instrumento* de que se sirve nuestra alma, y todo instrumento se inmuta al ser utilizado, pero su efecto lo trasciende (se mueve el pincel y desparrama el óleo combinando maravillosamente los colores en un cuadro de Van Gogh, pero ningún necio diría que es el pincel quien está produciendo la maravilla de un conjunto de girasoles ni el que está intentando darnos un mensaje "mental" a través de las formas estilizadas y de los colores elegidos, aunque el genio de Van Gogh sin pinceles fuese tan inútil como un manco). La *segunda cosa* es que la mayoría de los "científicos" que niegan el alma espiritual y reducen todo fenómeno mental al cerebro, no trabajan con honestidad científica, pues normalmente caen en uno de estos errores: o parten de que, de hecho, todo fenómeno mental es un fenómeno físico (como hace Crick) el cual no es un punto de partida sino que, en todo caso tendría que ser el punto de llegada, o bien al llegar a esta afirmación la dejan sin demostrar o la esquivan por ser difícil (y además, en lugar de dejarla en suspenso, la siguen sosteniendo como si estuviese demostrada), o simplemente apelan a que *la mayoría de los científicos creen que la cosa es así,* lo cual no es totalmente cierto, y aunque fuese cierto –o sea, si todos *lo creyesen así*– se olvidan de que la función de la ciencia no es pedirnos actos de fe –porque el científico no es Dios ni viene al mundo a revelar ningún misterio sobrenatural– sino que debe demostrar lo que postula o reconocer que se le escapa de su competencia por no poder demostrarlo; otra actitud fuera de ésta sería anticientífica (y *precisamente* esa es la que toman tales personajes; lo cual tiene un nombre: *prejuicios materialistas*). En todo caso, un científico que obra así no actúa científicamente sino que se comporta como un *fundador de falsa religión*, que pide fe sin hacer milagros para probarla; y tal vez eso sea lo que pretende una rama de la nueva ciencia. En este caso no sólo te está vendiendo una teoría que está en pañales sino "una teoría a la que ya habría que cambiarle los pañales".

Teniendo esto en cuenta se comprende que un verdadero científico, como es John Eccles, Premio Nobel de Medicina por sus trabajos acerca del cerebro, haya acusado al cientificismo materialista de *superstición*, y haya dicho que "el materialismo carece de base científica, y los científicos que lo defienden están, en realidad, creyendo en una superstición. Lleva a negar la libertad y los valores morales, pues la conducta sería el resultado de los estímulos materiales. Niega el amor, que acaba siendo reducido a instinto sexual: por eso, Popper ha dicho que Freud ha sido uno de los personajes que más daño han hecho a la humanidad en el último siglo y tuvo ocasión de comprobar que el método de Freud no es científico, pues trabajó hace muchos años en Viena en una clínica donde se aplicaba ese método. El materialismo, si se lleva a sus consecuencias, niega las experiencias más importantes de la vida humana: 'nuestro mundo' personal sería imposible".

Y también: "La actividad cerebral nos permite realizar acciones de modo automático. Pero podemos añadir un nivel de conciencia. Por ejemplo, cuando camino, 'quiero' ir más deprisa o más despacio. Incluso podemos envolver casi todo en la conciencia: 'quiero' andar con aire de Charlot, pensando cada paso y cada movimiento..." (...) "Monod me llamó 'animista'; yo me limité a llamarle a él 'supersticioso', porque presentaba su materialismo como si fuera científico, lo cual no es cierto: es una creencia, y de tipo supersticioso".

"Los fenómenos del mundo material son causas necesarias pero no suficientes para las experiencias conscientes y para mi 'yo' en cuanto sujeto de experiencias conscientes. Hay argumentos serios que conducen al concepto religioso del alma y su creación especial por Dios. Creo que en mi existencia hay un misterio fundamental que trasciende toda explicación biológica del desarrollo de mi cuerpo (incluyendo el cerebro) con su herencia genética y su origen evolutivo; y que si es así, lo mismo he de creer de cada uno de los otros y de todos los seres humanos"[55].

Tal vez bastaría recordar aquella anécdota que nos recuerda Hillaire: un positivista se esforzaba en probar que el alma era materia como el cuerpo y un sabio le contestó: "¡Cuánto ingenio ha gastado, señor, para probar que usted es una bestia!... Como se trata de un hecho personal le creemos confiados en su palabra..."

d) El alma es inmortal

Si quisiéramos presentar de modo resumido los argumentos usados clásicamente para probar la inmortalidad del alma, deberíamos citar los siguientes[56]:

a) Por su misma naturaleza: un ser es naturalmente inmortal cuando es incorruptible y puede vivir y obrar independientemente de otro. Ahora bien, el alma es incorruptible, porque es simple, indivisible; puede vivir y obrar independientemente del cuerpo, porque es un espíritu; luego, es inmortal por naturaleza. Un espíritu no puede morir. Nuestra alma es incorruptible porque no

[55] Estos textos de Eccles los he tomado de la entrevista realizada por el Dr. Mariano Artigas, reproducida en su libro: Mariano Artigas, *Las Fronteras del evolucionismo* (con prólogo de John Eccles, Palabra, Madrid 1985, pp. 171-177. De J. Eccles se puede ver: The Wonder of Being Human, New York, The Fee Press, 1984.

[56] Cf. se pueden ver más ampliamente desarrollados en la obra ya citada de Hillaire Belloc, *La religión demostrada*, op. cit. al hablar del alma humana.

encierra en sí ningún principio de disolución y de muerte. Este es un argumento propiamente metafísico.

b) Lo muestran también los deseos y las aspiraciones del alma (este es más bien un argumento de conveniencia y supone la aceptación de algunas verdades contenidas en él): el deseo natural e irresistible que tenemos de una felicidad perfecta y de una vida sin fin prueba la inmortalidad del alma (todo hombre que penetre en su corazón encontrará en él un inmenso deseo de felicidad; no es un efecto de su imaginación, pues no es él quien se lo ha dado, y no está en su poder desecharlo; no es una cosa individual, pues todos los hombres, en todos los climas y en todas las condiciones, lo han experimentado y lo experimentan diariamente; por tanto esta aspiración brota del fondo de nuestro ser y se identifica con él). Ahora bien, este deseo no puede ser satisfecho en la vida presente y, por lo mismo, debe ser satisfecho en la vida futura; si no, Dios, autor de nuestra naturaleza, se habría burlado de nosotros, dándonos aspiraciones y deseos siempre defraudados, nunca satisfechos; lo que no puede ser. ¿Es posible que Dios haya puesto en nosotros un deseo tan ardiente, que no podamos satisfacer? ¿Nos ha creado para la felicidad, y nos ha puesto en la imposibilidad de conseguirla? Evidentemente, no; que en ese caso Dios no sería el Dios de verdad. Dios no engaña el instinto de un insecto, ¿y engañaría el deseo que ha infundido en nuestra alma? Luego es necesario que, tarde o temprano, el hombre logre una felicidad perfecta, si él por propia culpa, no se opone a ello. Pero esta felicidad perfecta no se halla en la tierra: nada en esta vida puede satisfacer nuestros deseos; todos los bienes finitos no pueden llenar el vacío de nuestro corazón: ciencia, fortuna, honor, satisfacciones de todas clases, caen en él, como en un abismo sin fondo, que se ensancha sin cesar. ¡Extraña cosa!, los animales, que no tienen idea de una felicidad superior a los bienes sensibles, se contentan con su suerte. Y los hombres, sólo el hombre, busca en vano la dicha, cuya imperiosa necesidad lleva en el alma. Nunca está contento, porque aspira a una bienaventuranza completa y sin fin. Puesto que no es feliz en este mundo, es necesario que halle la felicidad en la vida futura. Este raciocinio también vale para nuestras aspiraciones intelectuales; el hombre tiene sed de verdad y de ciencia; quiere conocerlo todo; nunca puede llenar su deseo de saber. Ha sido creado, pues, para hallar en Dios toda verdad y toda ciencia. A la manera que el cuerpo tiende hacia la tierra, así el alma tiende hacia Dios y hacia la inmortalidad.

c) Lo exige la sabiduría de Dios: si Dios es Dios, es, consecuentemente legislador sabio y justo, premiando y castigando según exigen los méritos y deméritos de cada hombre. Pero nosotros no vemos en la vida presente una sanción eficaz de la ley de Dios; por lo tanto es necesario que exista en la vida futura, so pena de decir que Dios es un legislador sin sabiduría. Esos premios y castigos no pueden reducirse a los remordimientos o a la alegría de la conciencia, pues los malvados ahogan los remordimientos y la alegría de la conciencia bien poca cosa es comparada con los sufrimientos y las luchas que requiere la virtud.

No está en el desprecio público ni en la estimación de los hombres, pues con demasiada frecuencia vemos que son precisamente los grandes culpables los que gozan de la estima de los hombres, mientras que los justos son el blanco de todas las burlas.

No está en la justicia humana, porque ella no alcanza los pensamientos y deseos, fuentes del mal; no tiene recompensas para la virtud; no puede descubrir todos los crímenes, puede ser burlada por la habilidad, comprada por el dinero, intimidada por el miedo; y si, a veces, vindica los derechos de los hombres, no vindica los derechos de Dios.

Por consiguiente, la sanción eficaz de la ley de Dios no puede hallarse más que en los castigos o premios que nos esperan después de la muerte.

Por eso el mismo J. J. Rousseau decía: "Si no tuviera yo más prueba de la inmortalidad del alma que el triunfo del malvado y la opresión del justo, esta flagrante injusticia me obligaría a decir: no termina todo con la vida, todo vuelve al orden con la muerte". Y Delille escribía con justeza:

Los que volcáis, haciendo a Dios la guerra,
las aras de las leyes eternales,
malvados opresores de la tierra,
¡temblad! ¡sois inmortales!
Los que gemís desdichas pasajeras,
que vela Dios con ojos paternales,
peregrinos de un día a otras riberas,
¡calmad vuestro dolor! ¡sois inmortales!

d) Aunque de valor inferior a los anteriores argumentos, también lo manifiesta la aceptación de esta verdad por todos los pueblos de la tierra. Es un hecho testificado por la historia antigua y moderna que los pueblos del mundo entero han admitido la inmortalidad del alma, como lo prueba el culto de los muertos, el respeto religioso de los hombres por las cenizas de sus padres y los monumentos que han erigido sobre sus sepulcros.

Esta creencia universal y constante no puede proceder sino o de la razón, que admite la necesidad de la vida futura, o de la revelación primitiva, hecha por Dios a nuestros primeros padres y transmitida por ellos a sus descendientes. Ahora bien, el testimonio, sea de la razón, sea de la revelación, no puede ser sino la expresión de la verdad; luego la creencia de los pueblos es una nueva prueba de la inmortalidad del alma. Según frase de Cicerón, aquello en que conviene la natural persuasión de todos los hombres, necesariamente ha de ser verdadero. Es un axioma de sentido común contra el cual en vano protestan algunos materialistas modernos.

Pero tratemos de profundizar más en las razones metafísicas que demuestran la inmortalidad del alma.

Es un hecho que el hombre muere[57]. Nuestra vida está afectada por el tiempo; en cada instante vemos las huellas que el tiempo deja y llega un momento en que nuestra vida acaba por completo como vivir material. Hasta aquí llega la experiencia; sólo

---

[57] Seguiré en esto las grandes líneas, con libertad, de cuanto expone Antonio Millán-Puelles en: *Léxico Filosófico*, Rialp, Madrid, 1984.

nos dice que el vivir sensitivo y vegetativo dejan realmente de darse en un individuo humano en el momento que llamamos muerte; pero no va más allá y no llega a demostrar que con la muerte se extinga la totalidad de su ser. Si el hombre se reduce a pura materia, podríamos llegar a esa conclusión, pero ya hemos visto que no es así. La experiencia, por tanto, no nos habla de la *"no-inmortalidad"* del hombre, sino de la *mortalidad* de lo que el hombre tiene de material. Esto es bueno que lo dejemos sentado, para evitar esas imprecisiones e invasiones de campo a las que tanto nos acostumbran quienes abordan estos temas sin rigor científico o filosófico: la experiencia no constata la extinción total del hombre en la muerte sino la desintegración de su cuerpo; como experiencia no puede extenderse más que a lo que es directamente experimentable; lo que es inmaterial no es objeto de experiencia directa; por tanto, de ello no se puede juzgar a partir de la pura experiencia, y con mayor razón se puede decir que las ciencias que se precian de *experimentales* no tiene autoridad para hablar de estos temas; como un ciego no puede sentenciar sobre colores, ni un sordo ser jurado en un concurso de música.

Ya hemos dicho que el alma es simple y espiritual. De aquí se sigue que sea inmortal. Si la forma sustancial del cuerpo humano –alma– fuese solamente material (lo que se probaría si solo fuese principio de actividades sensibles y vegetativas), la muerte consistiría, indudablemente, en la extinción de la forma sustancial de nuestro ser, pues no cabe que éste permanezca sin que el cuerpo que la posee no esté viviendo. Pero ya hemos visto que la forma sustancial del cuerpo humano es algo más que principio de nuestra conducta sensitiva y vegetativa; es la fuente de las operaciones peculiares del entendimiento y de la voluntad.

Ciertamente que es indispensable que el alma anime a la materia para que el hombre exista y para que éste realice las actividades de sus potencias intelectiva y volitiva. Pero de aquí no se concluye que estas actividades no pueda realizarlas el espíritu nada más que en cuanto unido a la materia. El alma tiene que estar unida al cuerpo para que el hombre (cuerpo y alma) viva y ejecute sus operaciones; pero esta unión no es requisito para que el espíritu exista ni para que ejecute sus propias operaciones, porque "a un espíritu no unido con la materia no le falta nada esencial. La materia no es ninguna parte física de él, ni tampoco ninguno de sus aspectos. El espíritu no es materia en modo alguno, aunque puede informarla o animarla y aunque ello resulte necesario para el ser y el obrar del hombre"[58].

"De esta suerte, no por el hecho de que el hombre muera se extingue también su espíritu. La muerte es la corrupción del cuerpo humano, pero el espíritu no puede corromperse, porque no tiene partes. Podría, no obstante, extinguirse si de un modo esencial dependiese del cuerpo, es decir, si tuviese necesidad de la materia para ser lo que es. Pero no se encuentra en ese caso, por no ser material. Incluso cuando está unido a la materia –que es, ni más ni menos, lo que ocurre en el caso del hombre–, el espíritu sigue siendo inmaterial. Y no cabe que en el hombre esté bajo el 'influjo' –si esta palabra se toma en su acepción más estricta– de la materia, a la cual anima o vivifica. En tanto que forma sustancial y como ya se ha explicado, el espíritu se comporta, respecto de la materia, de una manera activa, no de un modo pasivo. Así, pues, para hablar de un influjo de la materia en el espíritu, se ha de dar a la voz 'influjo' la exclusiva acepción de un puro y simple condicionamiento que, como ya se ha aclarado, sólo acontece de una manera extrínseca e indirecta, con lo cual queda dicho que ese condicionamiento es necesario tan sólo para que el espíritu funcione en su estado de unión con la materia, sin que a su vez ese estado haya de ser en él una necesidad inseparable de su índole misma. En consecuencia, la separación del espíritu respecto del cuerpo humano es la muerte del cuerpo o, dicho más cabalmente, la del hombre. El hombre muere al quedarse sin el espíritu que lo vivificaba o animaba no sólo con un vivir sensitivo y vegetativo, sino también con otro evidentemente superior por su índole inmaterial"[59].

---

[58] Millán-Puelles, *loc.cit.*
[59] Millán-Puelles, *loc.cit.*

Podemos añadir algo más, aunque no sea lo que principalmente nos interesa aquí: "aunque por incorruptible es inmortal, el espíritu no pervive por sí solo. Sin la cooperación de Dios, ningún ente finito permanece en el ser. Por consiguiente, aunque la muerte del hombre no implica en manera alguna la extinción del espíritu, tampoco puede éste permanecer en el ser en virtud de una cierta inercia existencial, de tal modo que el seguir siendo no lo debiese a Dios. Aun en el caso de que pudiera haber esa especie de inercia, el espíritu la tendría como algo que Dios le habría conferido al implantarle en el ser, con lo cual, en definitiva, se la debería a Dios y no a sí mismo. En ningún caso puede ser la pervivencia del espíritu algo impuesto por éste, como una necesidad, al ser de Dios"[60]. Tampoco entro en este lugar en otro tema discutido por los teólogos: si la unidad substancial de cuerpo y alma (que es el modo propio de existir del hombre) no plantea cierta antinaturalidad del estado de *alma separada* (como ocurre en la muerte) y si esto, a su vez, no plantea una especie de *necesidad* de la resurrección; no entramos en este tema, puesto que la resurrección del cuerpo humano es ya un dogma de la fe cristiana, y no nos hemos propuesto detenernos en los dogmas de fe sino en las cuestiones que, siendo filosóficas, son puestas en duda o negadas por la falsa ciencia de nuestro tiempo.

*   *   *

Los que niegan que los seres humanos tenemos alma merecen, con toda razón, el nombre de *desalmados*; y tarde o temprano actúan como tales. De la negación del alma al *desalmamiento* (que, como la Real Academia indica, es el término propio para designar la inhumanidad y la perversidad) no solo hay un paso sino un paso muy corto. Alonso de Palencia podría prestarnos el título de su fábula *Batalla campal de los perros y los lobos* para intitular como corresponde el mundo creado por los que niegan el alma.

Un autor sugería que la mejor forma de hacerles comprender a estos tales que el alma realmente existe es *romperles la de ellos*; un

---

[60] Millán-Puelles, *loc.cit.*

método eficaz, aunque como cristianos no podamos recomendarlo.

Bibliografía para ampliar y profundizar

–Regis Jolivet, *Tratado de filosofía. Psicología*, Carlos Lohlé, Bs.As. 1956.
–Antonio Millán-Puelles en: *Léxico Filosófico*, Rialp, Madrid, 1984.
–Abelardo Pithod, *El alma y su cuerpo*, Grupo Editor Latinamericano, Bs. As. 1994.
–Alejandro Serani Merlo, *Dificultades en la Neurofilosofía o: ¿Dónde está el problema en el problema mente-cerebro*, II Congreso Internacional de Bioética. Departamento de Bioética - Universidad de La Sabana. Santa Fé de Bogotá, Colombia, 30 de Julio de 1999; en www.arvo.net.
–Carlos A. Marmelada, *Sobre el origen de la inteligencia humana*, (http://www.unav.es/cryf/pagina_4.html)
–María Gudin, *Cerebro y persona* (en: www.arvo.net); Idem, *Cerebro y Afectividad*, Colección Astrolabio Salud, EUNSA, Pamplona 2001.
–Antonio Royo Marín, *Teología de la Salvación*, BAC, Madrid 1965.
–Santo Tomás de Aquino, *De anima* (sobre el alma).
–N. Marín Negueruela, *Dios y el hombre*, Barcelona 1936.
–René Biot, *El cuerpo y el alma*, Desclée de Brouwer, Bs. As. 1952.
–Carlos Velasco Suárez, *Psiquiatría y Persona*, Educa, Bs. As. 2003.
–Víktor Frankl, *Homo patiens*, Plantín, Bs. As. 1955.
——————, *La idea psicológica del hombre*, Rialp, Madrid 1986.
–Bruchner, *Cuerpo y espíritu en la medicina actual*, Rialp, Madrid 1969.
–Pío XII, *Discursos acerca de ética y psiquiatría*, en: López Medrano y otros, *Pío XII y las ciencias médicas*, Guadalupe, Bs. As. 1961.
–Karol Wojtyla, *Mi visión del hombre*, Palabra, Madrid 1997.
——————, *El hombre y su destino*, Palabra, Madrid 1998.
–Francisco Rego, *La relación del alma con el cuerpo*, Gladius, Bs. As. 2001.

4.

LA VERDAD ROBADA SOBRE LA RELIGIÓN

La religión es algo intrínseco a todo ser humano

Cuando te digan que la religión es un invento de los hombres, o un producto cultural, puedes estar seguro de dos cosas: la primera es que quieren robarte tu religión; la segunda es que acaban de poner en tu corazón el primer cimiento de *una nueva* religión. Te piden que no le creas a la Iglesia, o no le creas a Dios... y para esto *deberás creerles a ellos*. No te piden un acto racional ni científico; realmente te piden un acto de fe (humano) en una persona que no es digna de crédito: el ladrón de la verdad.

Me parece muy aleccionador el ejemplo de un teólogo protestante americano, Harvey G. Cox, el cual a mediados de la década del sesenta escribió un libro, titulado "La ciudad secular"[61] (un best seller en su momento) en la que sostenía que el proceso de secularización y la progresiva disminución de interés por la religión por parte de los hombres contemporáneos eran ya algo completamente evidente; entre otras cosas constataba la pérdida de interés de la sociedad sobre cualquier aspecto directamente sobrenatural de la religión, como los temas relacionados con la escatología, los ángeles y demonios, las curaciones y los milagros. Por tal motivo, en dicho libro Cox invitaba a que en lugar de luchar contra la secularización (empresa que él calificaba de imposible y pueril) las Iglesias empezasen a ver que su nuevo rol ya no sería la religión sino un compromiso preponderantemente social. No es de extrañar que Cox junto a otros como Vahanian, Juan Luis Segundo, etc., hayan sido conocidos como *teólogos de la "muerte de Dios"*. Este libro influyó de una manera pavorosa en aquellos pensadores que siempre están a la búsqueda y a la caza de novedades, causando pérdidas de fe, abandonos del sacerdocio y de la vida religiosa, politización de la religión e incluso derramamiento de sangre por parte de los que entendieron tal "compromiso social" como un "compromiso con la subversión armada". Como si nada hubiera pasado y con la misma irresponsabilidad con la que 30 años antes proclamaba la llegada de una civilización sin religión, el mismo Cox a mediados de la

---

[61] Cf. Harvey G. Cox, *The Secular City*, Macmillan, New York 1965.

década del 90 publicaba otro libro titulado "Fuego del cielo"[62] en el que afirmaba que todo cuanto había enseñado en "La ciudad secular" eran previsiones erróneas y que en lugar de una civilización sin Dios lo que tenemos ahora es una civilización atorada de religiosidad: ahora consideraba *"obvio que en lugar de 'la muerte de Dios' que algunos teólogos habían declarado no hace muchos años, o de la decadencia de la religión que los sociólogos habían previsto, ha ocurrido algo completamente distinto"*. No vamos a usar sus conclusiones como datos seguros, puesto que el perro cambia las mañas pero no las pulgas, y por eso hogaño como antaño Cox sigue haciendo un análisis incorrecto de la religiosidad (así como antes se entusiasmaba con una sociedad atea, ahora se ilusiona con una sociedad pletórica de religiosidad, que en realidad no es tal sino que es en parte el rebrote de una religiosidad sentimental fuertemente imbuida del espíritu de la New Age). Pero el ejemplo nos sirve para ver lo superficial de los diagnósticos de los teólogos que se apartan de la sana doctrina.

Pues, los que en nuestras aulas despotrican contra la religión y la atribuyen a una invención humana, no pasan del nivel académico de Cox, y terminan la mayor parte de las veces dejándose llevar por las modas del momento... como Cox.

En lugar, entonces, de aceptar estas enseñanzas peligrosas, mejor haremos en preguntarnos "¿por qué somos religiosos?", "¿por qué todos los pueblos tienen su religión, verdadera o falsa?" La religión, es decir, el "hecho religioso", es uno de los fenómenos más profundos de nuestra naturaleza (incluso algunos han querido ver en él una prueba de la existencia de Dios..., y de hecho no es un método desacertado aunque no tenga el rigor de las pruebas que ya vimos en su lugar). Decía Chesterton en "El hombre eterno": "La naturaleza no se llama Isis ni busca a Osiris; pero busca, sin embargo, busca desesperadamente lo

---

[62] Harvey G.Cox, *Fire from Heaven. The Rise of Pentecostal Spirituality and the Reshaping of Religion in the Twenty-First Century*, Addison-Wesley, Reading (Massachusetts) 1995.

sobrenatural"[63]. Y en otro lugar añadía: "lo que hay de más natural en el hombre es lo sobrenatural; he aquí la última palabra de la cuestión. Su naturaleza lo obliga a adorar, y por muy deforme que sea el dios y extraña y rígida su postura, la actitud de adorar es siempre generosa y grandiosa. Postrándose se eleva; con las manos juntas es libre; arrodillado es grande. Liberadlo de su culto y lo encadenaréis; prohibidle doblar las rodillas y lo rebajaréis. El hombre que no puede rezar lleva una mordaza... El individuo que ejecuta los gestos de la adoración y del sacrificio, que derrama la libación o levanta la espada, no ignora que ejecuta un acto viril y magnánimo y vive uno de los momentos para los cuales ha nacido"[64].

1. LOS PASOS DE UNA DEMOSTRACIÓN "CATÓLICA"

Nuestro tema aquí es la realidad del "hecho o fenómeno religioso", no la prueba de la autenticidad y origen divino de la Iglesia católica. La prueba del origen divino de la Iglesia (o sea de que es fundada por Dios) pertenece a una disciplina llamada "apologética católica" o también "teología fundamental". De todos modos, para que se vea el tema en su conjunto quisiera solo presentar aquí los pasos por los que se da esta "demostración", si así puede llamarse. Son fundamentalmente tres: la demostración del espiritualismo, la del cristianismo y la del catolicismo.

a) Primera etapa: el espiritualismo

El primer momento consiste en la demostración de la existencia de Dios y de sus cualidades, del hombre y su espiritualidad (es decir, que el hombre tiene alma, que ésta es espiritual, libre e inmortal), de la religión (del hecho religioso y de la necesidad –para el hombre– de practicar el culto religioso). Esta

---

[63] Chesterton, *El hombre eterno*, en Obras completas, Plaza y Janés 1967, t.1, p. 1548.

[64] Chesterton, *El hombre eterno*, en Obras completas, Plaza y Janés 1967, t.1, p. 1533.

parte también debe incluir la refutación de los errores contrarios: el ateísmo, el panteísmo, el agnosticismo y el determinismo.

Este paso lo hemos dado con los capítulos dedicados precisamente a demostrar la existencia de Dios, del alma, en este en que analizaremos la realidad de la religión. Hasta aquí llega el intento de este libro que tienes entre manos. Pero quien quiera demostrar la autenticidad del catolicismo debería luego transitar dos etapas más, que indico a continuación.

b) Segunda etapa: el cristianismo

Una vez demostrada la existencia de Dios y la espiritualidad del hombre y la necesidad de la religión hay que comprobar si hay una religión revelada (no se trata ya de la religión natural) y cuál es la religión verdadera.

Ante todo hay que probar la posibilidad de la revelación de misterios sobrenaturales (o sea, de que Dios hable al hombre de Sí mismo). A continuación se deben analizar los *criterios* a través de los cuales podemos conocer con seguridad que esos misterios son revelados por Dios y a través de los cuales podremos también discernir una religión verdadera de otra falsa. Estos criterios son dos, como lo demuestra este paso: el *milagro estrictamente dicho* y la *profecía estrictamente dicha*.

Una vez dado este paso pueden seguirse dos vías diversas. La primera –más difícil por la mole de trabajo que representa– es analizar todas las religiones que se dicen reveladas viendo si en ellas se verifican los criterios de la revelación (milagro y profecía estrictos), además (lo que habría que hacer previamente) de verificar que en sus enseñanzas dogmáticas y morales no se contiene nada contra los principios de la razón y de la ley natural (digo nada *contrario*, no nada *superior*) pues si contradice los principios de la razón (o sea, si va contra el principio de contradicción o cualquiera de los otros principios) o de la ley natural (los mandamientos de la ley natural, que son *divinos*, como veremos en su lugar) es claro que no puede ser verdadera, pues Dios es el autor tanto del orden sobrenatural como del natural y no hay una doble verdad sino una sola (en contra de lo que enseñaron algunos filósofos que decían que algo puede ser verdadero para la fe y falso para la filosofía; teoría llamada *de la doble verdad*). La otra vía consiste en analizar primero el Cristianismo, y si se verifican que en él se cumplen los criterios ya dichos (concluyendo, por tanto, que es de origen divino), limitarnos a considerar las principales religiones que también se postulan como reveladas (aunque ya no haría falta estudiarlas a todas, ni con tanto rigor como debemos hacerlo con el Cristianismo, pues no puede haber dos religiones *que enseñen cosas contrarias y sean ambas verdaderas*, pues caería por tierra el principio de no contradicción). Esta es la vía que suele seguirse, y *con todo derecho*, pues es en el seno del cristianismo donde ha nacido esta disciplina apologética.

Para llevar a cabo este estudio se debe, ante todo, demostrar fehacientemente la *historicidad del cristianismo* (es decir, el valor histórico de sus fuentes: en particular los Evangelios) para determinar si se puede aceptar como históricamente verdadero cuanto ellos nos atestiguan sobre Jesucristo y el comienzo del cristianismo.

Una vez determinada su historicidad se procede a demostrar la *legación de Cristo* (o sea que Cristo es el revelador de los misterios divinos) y su autoridad divina, aplicándole los criterios del milagro y la profecía. El fruto de este estudio es la prueba de la absoluta credibilidad del testimonio que Cristo da sobre sí mismo, sobre los misterios divinos y sobre sus obras (también quedará demostrada su divinidad si *luego de este proceso* se puede demostrar que entre ese testimonio digno de fe dado por Cristo se encuentra también su *afirmación de que Él es Dios*).

Esta parte debe completarse con el estudio de los principales errores como el racionalismo y el indiferentismo. Muchos estudios han llevado a cabo este apasionante itinerario intelectual; uno de los mejores es el de Leoncio de Grandmaison[65]

---

[65] Lo puedes ver citado en la bibliografía.

c) Tercera etapa: el catolicismo

El tercer paso es la demostración de que Cristo fundó una Iglesia y la investigación de cuál es esa Iglesia. Para esto se pueden seguir tres métodos:

El primero es la llamada "vía histórica". Procede probando primero la misión divina de Cristo, y luego muestra que Cristo ha confiado la continuación de su obra redentora a una sociedad religiosa que es la Iglesia católica. Este método nos obliga a remontarnos al pasado y si bien es árido, es muy firme y seguro y procede a través de tres pasos:

1° Primero demuestra que Jesucristo tuvo intención de fundar una Iglesia: se pone de manifiesto por la promesa de edificar la Iglesia (Mt 16,18), la elección, instrucción y misión de los Doce Apóstoles (Mc 3,13-19; Lc 6,12-17), la "nueva alianza" realizada en la Última Cena (Mt 26,28 y paralelos), etc.

2° Luego demuestra que Jesucristo fundó efectivamente una Iglesia y le dió una constitución y estructura determinada; la fundó sobre los apóstoles: enviándolos a predicar (Mc 3,14; Lc 9,2, etc.), con autoridad de regir en su nombre a todos los hombres y de administrar los sacramentos (Mc 16,16), particularmente el bautismo, la Eucaristía y el perdón de los pecados. Además prometió y efectivamente dio a un solo apóstol, Simón Pedro, la autoridad suprema para regir a la Iglesia Universal (cf. Mt 16; Jn 21).

3° Finalmente muestra que Jesucristo instituyó esa Iglesia para que perdurase hasta el fin del mundo y en la forma jerárquica con que la dotó en los tiempos apostólicos; esto se patentiza en cuanto puede deducirse claramente que ordenó a los apóstoles que tuvieran perpetuos sucesores en el triple oficio de enseñar, santificar y regir, lo cual se desprende de las promesas de Cristo sobre su Iglesia: *las puertas del infierno no prevalecerán contra ella* (Mt 16), las parábolas del trigo y la cizaña (Mt 13,39), el encargo a Pedro de confirmar a sus hermanos en el futuro (Lc 22,31). Esta sucesión se verifica en los obispos, sucesores de los apóstoles, y en el Papa, sucesor del Apóstol Pedro.

El segundo método es la llamada "vía de las notas", que consiste en analizar la voluntad de Cristo y ver qué características (o notas) quiso que tuviera la Iglesia por Él fundada. Estas notas son cuatro:

1º la unidad de régimen, de fe y de comunión;

2º la santidad de principios, de miembros y de medios de santificación;

3º la catolicidad o universalidad de misión, su permanente y simultánea difusión en todo el orbe, su predicación a toda clase de personas y razas, etc.;

4º finalmente, la apostolicidad, es decir, la continuidad de la misión apostólica (constantes sucesores de los apóstoles) hasta el fin del mundo.

Después de analizar las cuatro notas, se analizan las diversas "pretendientes" al título de "iglesia fundada por Jesucristo" y se ve cómo la única que realiza en plenitud sustancial las cuatro notas es la Iglesia Católica.

La tercera vía es la llamada por algunos "vía de la trascendencia" y por otros "vía empírica o analítica": parte del hecho de la Iglesia, de su actividad y de su acción, tal cual se presenta directamente a todo hombre y el punto clave de este método es la demostración de que en la realidad histórica de la Iglesia se puede constatar la "intervención inmediata de Dios". Este método se basa en último término en el milagro (el milagro presente en la vida actual de la Iglesia), de modo particular en: 1º la admirable propagación de la Iglesia a pesar de las dificultades, persecuciones, obstáculos; 2º la milagrosa unidad católica; 3º la invicta estabilidad; 4º la eximia santidad y fecundidad de los santos.

Evidentemente, la exposición detallada de cualquiera de estas vías supone un desarrollo que excede las dimensiones de este breve libro. Por eso sugiero la lectura de alguno de los clásicos estudios de apologética católica citados en la bibliografía al final.

2. LA UNIVERSALIDAD DEL HECHO RELIGIOSO

Nos quedamos pues solo en el primer momento y concretamente en el análisis del fenómeno religioso.

A lo largo de los siglos XIX y XX, con el advenimiento de las ideologías ateas, muchos filósofos quisieron buscar a la religión una explicación puramente natural, sin embargo, hay algo que no se puede obviar: la universalidad del hecho religioso.

El hecho religioso se encuentra en todos los pueblos. Esta religiosidad, constante y universal, se basa en la creencia de la necesidad moral de la religión; de otro modo, no sería *constante* ni *universal,* como sucede con otras prácticas que fueron desconocidas en unos pueblos y estuvieron vigentes en otros, de los que más tarde desaparecieron; por ejemplo, el sistema de *castas cerradas,* vigente entre los indios; el de *castas abiertas,* entre los egipcios; ambos desconocidos entre griegos, romanos, etc.

Conocida es la religiosidad del *pueblo hebreo,* probada por su ley, templo, sacrificios, sinagogas, sacerdocio, sábado, diezmos, primicias y circuncisión; de los *pueblos cristianos,* con su admirable dogma, moral y culto; y del *pueblo mahometano,* que da culto a Alá y tiene sus mezquitas, santones, oración, días festivos, Ramadán, etc. Los demás pueblos podemos dividirlos en *prehistóricos* e *históricos.*

En los pueblos *prehistóricos* vemos indicios ciertos de su religiosidad en los *monumentos megalíticos, sepulturas, amuletos* y *redondelas craneales* o huesos separados del cráneo y perforados en su centro, que se colocaban cerca del esqueleto.

Los pueblos *históricos,* ya *cultos, ya primitivos o salvajes,* todos han practicado la religión, profesando ciertos *dogmas, preceptos* y *ritos.*

Entre sus *dogmas* podemos destacar: *(a)* La fe en un Dios superior al hombre, que cuida de él y que puede hacerle bien o daño, no sólo en esta vida, sino en la vida futura. Se ha llamado a Dios con diferentes nombres: *Cielo o Emperador eminente,* por los chinos; *Brahma,* por los indios; *Mazda* u *Ormuz,* por los iranios; *El,*

Elohim, por los semitas; *Nuter,* por los egipcios; *Zeus,* por los griegos; *Júpiter,* por los romanos; *Huitzilopochtli,* por los aztecas; *Gran Espíritu,* por los primitivos. *(b)* Ese Dios es juez de todos los hombres y su remunerador, que premia a los buenos, y castiga a los malos con penas *muy largas o eternas.* Bajo la autoridad del Dios Supremo algunos pueblos colocaban a otros dioses, semidioses y genios.

Respecto de su *moral* podemos constatar que en todos los pueblos se manda: *(a)* la *justicia* con todos; *(b)* la *piedad* con los dioses *y* con los padres; *(c)* los *sacrificios* para adorar al Dios Supremo y aplacarlo. Estos sacrificios son, generalmente, cruentos: a veces, la víctima es otro hombre, con preferencia niño, doncella o prisionero, principalmente entre los *semitas* y *americanos.*

Finalmente todos los pueblos han tenido un *culto* en el cual se prescribían fórmulas o ritos especiales para dar culto a los dioses y recibir sus beneficios; de su observancia escrupulosa depende el éxito de la petición. A fines del siglo XIX algunos viajeros desprevenidos o mal enseñados hablaban de la existencia de pueblos salvajes, que carecían de ideas religiosas: australianos, lapones, indios brasileños, isleños de Samoa, etc. Menos de 50 años después, es decir, a partir de los estudios etnológicos se podía ya afirmar con Schmidt: "En la moderna etnología ha desaparecido la categoría de pueblos ateos. La gran multitud de pueblos que antiguamente se le habían adjudicado había quedado reducida hace poco a uno sólo, los *kubus* de Sumatra, que fueron después eliminados también, mediante las observaciones de von Dongen y Schebesta. El último intento, hecho recientemente por W. Tessmann, de descubrir entre los indios del Ucayali *hombres sin Dios,* ha sido también rechazado por la crítica etnológica"[66]. Digamos, de paso, que aun cuando pudiera encontrarse algunos pueblos o tribus verdaderamente ateas, esto no iría contra el fenómeno de la universalidad moral del hecho religioso, pues siempre se trataría de casos aislados y excepcionales, como lo

---

[66] Schmidt, *Ursprung und Werden der Religion,* Viena 1930, p. 22; citado por Nicolás Marín Negueruela, *Lecciones de Apologética,* Barcelona 1944, n. 15, p. 20.

demuestra el que se discuta sobre la misma existencia de tales pueblos.

Se podrían aducir respecto de la religiosidad universal los testimonios de Cicerón, Plutarco, Séneca, Máximo de Tiro, entre los antiguos, y Quatrefages y Sehneider, entre los estudiosos del siglo XX. Podemos contentarnos con algunas afirmaciones, como las de Lactancio: "La religión es casi lo único que separa al hombre de los brutos". Juan Jacobo Rousseau: "Puede demostrarse. contra Bayle, que no subsiste ningún Estado cuya base y fundamento no sea la religión"[67]. Quatrefages añade: "El hecho de la universalidad de la religión es tan manifiesto, que los más eminentes antropólogos no vacilan en aceptar la religiosidad como uno de los atributos del reino humano"[68]. Y el mismo eminente sabio se pregunta: ¿Qué es el hombre? Un ser organizado, dotado de moralidad y religión".

Byon Jevons se atreve a afirmar: "Que jamás hubo época en la historia del hombre en que éste vivió sin religión es una afirmación cuya falsedad intentaron demostrar algunos escritores, trayéndonos el cuento de tribus salvajes ajenas, claro está, a toda idea religiosa. Ni siquiera intentamos discutir este punto, que, como sabe todo antropólogo, yace sepultado en el limbo de las disputas muertas. Escritores que han abordado el tema con puntos de vista tan diferentes como los adoptados por el profesor Tylor, Max Müller, Ratzel, Quatrefages, Waytz, Gerland, Peschel están acordes en afirmar que no hay raza humana, por miserable que sea, desprovista de toda idea religiosa"[69].

"La afirmación de que hay pueblos o tribus sin religión – señalaba el holandés C. P. Piele– descansa, ya en observaciones inexactas, ya en una confusión de ideas... Tenemos, pues, derecho a llamar a la religión, tomada en su sentido más amplio, un

---

[67] *Contrato Social,* IV, 8.

[68] Quatrefages, *Introduction à l'étude des races humaines,* cit. Marin Negueruela, *Lecciones de Apologética,* n. 16.

[69] Byon Jevons, *An introduction to the History of Religions,* London 1896, p. 7. cit, Marín Negueruela, *Lecciones de Apologética,* n. 16.

fenómeno propio de toda la Humanidad"[70]. Y podemos cerrar estos testimonios con las palabras nada sospechosas de Renan: "Nada más falso que el sueño de quienes queriendo concebir a la humanidad perfecta, la imaginan sin religión... Supongamos un planeta habitado por una Humanidad cuyo poder intelectual, moral y físico fuese doble del de la Humanidad terrestre; aquélla sería, por lo mismo, dos veces más religiosa que la nuestra. Supongámosla diez veces más fuerte que la nuestra, y esa humanidad sería infinitamente más religiosa... El progreso dará, pues, por resultado el engrandecimiento de la religión, y no tenderá a destruirla ni disminuirla"[71].

Por eso, a pesar de los años, son muy actuales las palabras de Eötvös a sus connacionales húngaros: "Por muchos progresos que haga la ciencia, nunca logrará borrar con sus raciocinios la debilidad humana, ni la conciencia de la misma. Dios crió nuestra especie de manera que necesitemos apoyo, necesitemos algo ante lo que hayamos de inclinarnos. El hombre no cesará de buscar un Ser superior, ante quien hincarse de rodillas; y, si los altares de la divinidad fueran derribados, sobre sus ruinas se levantarán los tronos de los tiranos". Y como confirmaba el escritor ruso León Tolstoi (1828-1910): "Si cruza por tu mente el pensamiento de que los conceptos que tienes formados de Dios no son justos, y que acaso ni siquiera existe Dios, no te desesperes. Todos podemos pasar por tal trance. No creas que tu incredulidad tenga por causa el que Dios no exista"[72].

---

[70] Piele, *Geschiedenis van den Gods-diens tot aan de heerschappy werelgodsdiensten*, 1876; cit. Marín Negueruela, *Lecciones de Apologética*, n. 16.

[71] Rénan, *Les apôtres*, p. 155. Cit. por Marín Negueruela, *Lecciones de Apologética*, n. 16

[72] Todos estos testimonios se pueden leer en el libro de Marín Negueruela, *Lecciones de Apologética*, n. 15-16, pp. 19-21.

3. ALGUNOS INTENTOS DE EXPLICACIÓN

Ha habido realmente muchas escuelas filosóficas (las denomino así pues aunque se auto titulen etnológicas, se meten en este punto en una cuestión que toca problemas filosóficos) que han intentado explicar el fenómeno religioso con disquisiciones puramente naturales. Aunque no lo hayan logrado (siempre quedan baches inexplicables) vale la pena mencionarlas.

Explicación de la escuela mitológica

Esta escuela fue formada a mediados del siglo XIX por A. Kuhn y sostenía que las figuras de la mitología religiosa no eran sino personificaciones de los objetos y fenómenos de la naturaleza, especialmente de los grandes astros. El más famoso representante fue Federico Max Müller (1823-1900), fundador de la "Historia de las Religiones". Éste, abusando del método filológico, ponía el origen de la mitología en defectos del conocimiento del mundo, en faltas del lenguaje, en la confusión y exuberancia de palabras. El origen de la religión, se explicaba, para él, por la influencia de lo infinito sobre la conciencia humana; el hombre ve hasta cierto límite, y allí se detiene, lo que no abarca lo llena de estupor y como no tiene lenguaje para nombrarlo y lo identifica con, y lo llama, Dios, sin precisar si este dios es uno o múltiple. Müller nunca explicó, sin embargo (y no podía), cómo es posible que en todas partes y en todos los pueblos, la imprecisión del idioma, la confusión de palabras, la ignorancia, sea el punto de partida del hecho más universal que registra la Historia.

Esta escuela mitológica ha tenido muchas variantes: la mitológica natural (que es la que acabo de mencionar), la mitológica astral, el panlunarismo, etc.; todas con los mismos defectos.

Explicación de la escuela antropológica

Según esta escuela el hombre tiene la tendencia de poner en las cosas que lo rodean algo de su propia vida, sentimientos, pasiones, etc. La doctrina de esta escuela se condensa en tres hipótesis que no demuestra. La primera es un crudo *agnosticismo*: nada podemos saber de las causas trascendentales, pues no las podemos someter a experiencia; por tanto no debemos buscar el origen de la religión en tales causas metafísicas sino en nosotros mismos. Así decía Réinach: "A menos de admitir la hipótesis gratuita y pueril de una revelación primitiva, es preciso buscar el origen de la religión en la psicología del hombre, no del hombre civilizado, sino del que se aleja más de esta civilización". Sería bueno saber por qué *su* hipótesis, siendo en todo caso también pueril y gratuita, será mejor que la que dice refutar. En fin, no lo dice. La segunda hipótesis es el postulado *evolucionista*, llevado a la mayor universalización: todo evoluciona de lo simple y rudimentario a lo compuesto; por tanto, si queremos encontrar el origen del hecho religioso, hay que analizar la religión en los pueblos más salvajes pues son los que reproducen más fielmente el estado primitivo de la humanidad. En todo caso tendrá primero que demostrar esto; pues estos autores podrán discutir si se puede probar o no una revelación primitiva (o sea, una revelación divina al comienzo de la humanidad) pero lo que no pueden es *negarla* sin demostrarlo, puesto que *nada impide que si Dios existe, se revele al hombre*; y si así hubiera sido, tal religiosidad sería más perfecta por proceder de una revelación directa de Dios, mientras que las formas posteriores corresponden a una degeneración del sentido religioso; o sea, destruiría esta hipótesis. La tercera hipótesis es el postulado *determinista*, según el cual los diferentes cultos se encadenan sucediéndose uno del otro, merced a múltiples factores como la cultura, el medio ambiente, el género de vida, etc.

Es claro que los postulados de los que parte esta explicación son falsos, y apriorísticos sobre todo por descartar, sin demostración alguna, toda posible revelación primitiva y cualquier explicación trascendente. De este modo no sólo se cierran a cualquier explicación sobrenatural, sino también a cualquier explicación científica, pues no hay nada más anticientífico que la negación sin pruebas de la Causa Sobrenatural.

Lamentablemente no tenemos espacio aquí para exponer algunas teorías del hecho religioso que dependen de esta escuela, como son el *animismo* (que explica el origen de la religión por la creencia de los pueblos primitivos en las almas individuales y en los espíritus), el *manismo* (hipótesis que afirma que el culto de las almas de los muertos –o *manes*– es el origen de la religión), el *magismo* (fundado por Frázer, quien hace derivar el hecho religioso de la magia, o comunicación del hombre con un poder o energía misteriosa que, respondiendo a sus invocaciones y ritos, satisface sus deseos); el *fetichismo* (culto al *fetiche*, es decir, a una representación en madera, barro, piedra, etc., consagradas a diversos genios o ídolos; Augusto Comte, fundador del positivismo en el siglo XIX, supuso que ésta es la primera etapa "religiosa" del hombre); el *totemismo*, que afirma que el origen de la religión se deriva del culto dado a los tótemes, preferentemente animales (el tótem es un objeto material que el pagano mira con respeto supersticioso creyendo que entre él y cada miembro del clan a quien representa el tótem hay una relación íntima y especial), etc.[73].

Explicación de la escuela sociológica

Para esta escuela es la sociedad la que impone mecánicamente el hecho religioso a cada uno de los individuos que componen dicha sociedad; es, por tanto, la sociedad la que crea la noción religiosa; esta noción brota espontáneamente de los individuos apenas se ponen en contacto y hacen vida social; después esta religión se va lentamente purificando e idealizando. El motivo es que la sociedad para vivir necesita un ideal; lo crea y lo presenta a todos los individuos que la constituyen bajo el aspecto de lo *sagrado* y la majestad de lo *divino*. Esta teoría tiene el mérito de reconocer el fenómeno religioso y afirmar, en contra de Comte, que no es una creación artificial sino espontánea; también tiene el mérito de enseñar que la religión *es el hecho social por excelencia* del que se derivan todos los demás, es decir, que es el vínculo social más fuerte, el factor principal de cohesión entre los miembros de una sociedad; la idea de Dios, aun para el sociologismo, es la única idea que puede inspirar y mantener el espíritu de sacrificio de los

---

[73] Puede verse la exposición detallada y las respectivas refutaciones en la obra de Marín Negueruela, *Lecciones de Apologética*, nn. 19-73.

individuos respecto del resto de la sociedad (y que acepte esto no es poco decir); también es mérito suyo el reconocer que la religión tiene un aspecto social, es decir, que no es un fenómeno puramente individual (como pretende el liberalismo), que necesitamos una tradición religiosa, que es legítima una sociología religiosa, que la religión es un hecho perpetuo y permanente y que hay concordancia entre las transformaciones sociales y las doctrinas o prácticas religiosas... pero se equivoca en su explicación de base. Para Durkheim, principal expositor de esta escuela, el hombre nace bestia y es la sociedad la que lo hace hombre; por tanto lo que hay en él de humano es sólo un reflejo o eco de la sociedad; incluso su dimensión religiosa es sólo un eco de la sociedad. Es evidente que tal explicación es viciosa: en algún momento ha habido individuos que terminaron formando una sociedad y al menos en ese momento el proceso tiene que haber sido necesariamente al revés del explicado por la escuela sociológica: los individuos proyectaron sus valores sobre la sociedad que ellos formaron. Cae con esto el principio sobre el que se fundamenta toda la teoría y con ella todas las explicaciones con que conciben los hechos, incluso el religioso.

Explicación de la escuela psicológica

Para esta escuela, iniciada por William James, en su libro "Variedades de la experiencia religiosa", el hecho religioso consiste, ante todo, en una *actitud afectiva*; para este autor el sentimiento, asociado a la voluntad, es lo esencial en la religión. Son los sentimientos los verdaderos estados religiosos: al optimismo se reducen las experiencias religiosas de confianza en lo divino, gozo, exaltación, éxtasis; al pesimismo los sentimientos de pecado, remordimiento, arrepentimiento. El fenómeno religioso no es más que una proyección del subconsciente. Las mismas ideas penetraron en el catolicismo a través del movimiento *modernista* que reducía la religión y la fe a un sentimiento de *indigencia de lo divino*. No hay por tanto religión objetiva, ni revelación, ni fe en un Dios que habla verdaderamente al hombre, sino una proyección subconsciente de nuestra necesidad de protección, de seguridad, que descargamos sobre una idea de Dios que nosotros mismos fabricamos sin saberlo.

Esta escuela y sus teorías tienen también sus méritos: reconoce la realidad de las experiencias religiosas y de los hechos de conciencia, despegándose en parte del craso materialismo de otras teorías; no reducen estos hechos a leyes fisiológicas (James ridiculiza a los médicos materialistas que pretenden explicar la conversión moral como una crisis del instinto sexual, o catalogan a Santa Teresa de Jesús como histérica); reconoce la multiplicidad de las experiencias religiosas; proclama el elevado valor de la vida religiosa (considera que la santidad es un factor esencial del bienestar social y cuenta a los santos entre los mayores benefactores de la humanidad). Pero se equivoca en puntos radicales: reduce todo el fenómeno religioso a la esfera afectiva, no contando los elementos intelectuales (las creencias, dogmas, verdades) que son fundamentales en toda religión; lleva el error del agnosticismo por el cual descarta de sus explicaciones todo lo que sea sobrehumano; como le critica Faguet: "James no dice una palabra, o, por lo menos, será tan corta que se me habrá escapado, acerca de Santo Tomás de Aquino, de Bossuet o San Francisco de Sales. En cambio, todos los hombres desequilibrados que tengan un defecto cualquiera en el cerebro hallan en este libro efectiva hospitalidad"[74]. Además, la escuela psicológica descuida el elemento principal de la religión, la *adoración*, precisamente porque ésta supone una realidad personal distinta del hombre a la que éste debe someterse, aceptando sus enseñanzas, obedeciendo sus mandatos y propiciándola mediante ciertas prácticas o actos de culto.

Conclusiones

Las investigaciones, desligadas de prejuicios, hechas por importantes filósofos y etnólogos, nos permiten llegar a

---

[74] Citado por Marín Neguerela, *Lecciones de Apologética,* n. 89.

conclusiones ciertas acerca del hecho religioso, que podemos resumir en las siguientes[75]:

1º   *En la historia de la humanidad no hay época ninguna arreligiosa.* "Ningún sabio de algún renombre se atrevería a negarlo" (W. Schmidt)[76]. La afirmación de Lubbock, Letorneau, Mortillet. Hovelacque, Le Bon y otros, de que los orígenes de la humanidad son arreligiosos, está en oposición con los hechos; en todas partes el hombre, ya como aparece en la historia, ya observado por la etnografía, ya reconstituido por la prehistoria, se muestra religioso.

2º   *No hay religión separada en su origen de la moral: no hay, por tanto, estados primitivos amorales.* Por doquiera, si nos fijamos en los pueblos naturales, vemos una moral íntimamente ligada a dogmas y ritos religiosos. La mayor parte de las prácticas inmorales están unidas, no a la religión. sino a la magia, su enemiga y remedadora, que pretende obtener, sin Dios y contra Él, los resultados que el hombre es impotente para producir.

3º   *La moral es más pura y más dependiente de la religión en los pueblos más primitivos.* "Los negros, que están en los primeros escalones del progreso, tienen una moral especulativa y práctica, superior ciertamente a numerosas poblaciones africanas, relativamente civilizadas" (Le Roy)[77].

4º   *No existen pueblos sin organización familiar determinada.* Es falsa, por tanto, la promiscuidad gregaria (o sea, que todos convivirían sexualmente sin matrimonio ni familia) que suponían los partidarios de la evolución monista en los principios de la humanidad. El mismo Darwin escribe: "La hipótesis que presenta la promiscuidad como una etapa general en la historia de la humanidad es una de las más necias dentro del terreno de las ciencias sociológicas".

[75] Pueden verse en Marín Negueruela, *Lecciones de Apologética,* n. 105.

[76] Schmidt, *Ursprung und Werden der Religion,* p. 57; citado por en Marín Negueruela, *Lecciones de Apologética,* n. 105.

[77] Le Roy, *Les Populations de culture inférieure,* en : *Christus,* pp. 96-97 ; en Marín Negueruela, *Lecciones de Apologética,* n. 105.

5º   *El Progreso religioso de la humanidad no es unilineal, rectilíneo, progresivo, según el esquema evolucionista,* pues, contrariamente a las pretensiones evolucionistas, el punto de partida de las religiones se caracteriza por la moral religiosa y el monoteísmo y, en muchos casos comprobados, han caído luego en el politeísmo. Los mismos evolucionistas no han podido ponerse de acuerdo en las etapas religiosas. Y así varían las escalas religiosas, conforme a los prejuicios de cada autor. A menudo, la evolución religiosa se ha hecho por degradación; el animismo ha sustituido al monoteísmo, una moral grosera a otra más pura. Falla, por tanto, la evolución religiosa de Tylor, Spencer, Reville y otros autores.

6º   *No hay paralelismo ni sincronismo entre las evoluciones religiosa y mitológica.* En cada pueblo suelen coexistir estos dos elementos, *religión* y *mitología.* La religión, elemento superior, cree en un ser superior al hombre, padre y hacedor de las cosas; la mitología, elemento inferior, es grosera y, a menudo, obscena. Estos dos elementos evolucionan inversamente. El elemento religioso pierde pureza y elevación, ahogado por la mitología. "Los romanos y griegos tienen una religión más complicada, pero menos pura, que los asirios y caldeos; éstos, creencias menos elevadas que los egipcios; éstos, prácticas más multiplicadas y complejas, pero menos fáciles de comprender, que las de las tribus Hamitas, Nigricianas y Bantúes; estas últimas, en fin, nociones religiosas más difusas y menos sencillas, y, por ende, menos claras y puras que las de los humildes pigmeos, cuya pobre imaginación no ha hallado nada con que enriquecer el fondo dogmático y moral que llevan consigo en su vida errante, y que han mantenido a través de la larga serie de siglos pasados" (Le Roy).

7º   *No existe religión sin relación con seres superiores.* La magia, que para King, Hartland, Marett y otros, sería el punto de partida de la evolución religiosa, es desconocida en las religiones de la India y del Egipto; más aún, la etnografía nos enseña que en los pueblos inferiores a mayor culto del Ser Supremo corresponde menos magia. Es que el sentimiento de dependencia, unido a toda religión, supone la creencia en seres superiores y personales.

8° La religión de los pueblos verdaderamente primitivos fue monoteísta. Esta conclusión de la historia de las religiones es una confirmación práctica de la tesis filosófica sobre la posibilidad de conocer a Dios. Los pueblos primitivos, por escasos de cultura, por faltos de civilización que los supongamos, tienen alma racional; tienen ideas, que se forjan al mirar las cosas que los rodean; ideas que no son exclusivas del hombre civilizado. De la contemplación de las cosas que ven infieren la existencia del Soberano Creador. El mismo A. Lang (+ 1912), antes el más brillante defensor de la evolución religiosa, al examinar de cerca a los pueblos primitivos de Australia y de las islas de Austronesia, se convirtió en intrépido defensor del monoteísmo primitivo. La cuna de la humanidad ha escuchado el nombre más augusto: *Dios,* y ese nombre era el más querido del hombre; llamaba a Dios *su Padre.*

9° *El análisis del hecho religioso nos depara una prueba palpable, científica de la existencia de Dios.* Si negamos a Dios, el hecho religioso es un enigma indescifrable.

4. ¿POR QUÉ ES NECESARIA LA RELIGIÓN?[78]

Porque ya hemos dicho que tenemos alma y que el alma es capaz de conocer tanto lo que es Dios como lo que es el hombre. Este conocimiento nos obliga, entonces, a practicar la religión, que une al hombre con Dios como a su principio y último fin.

En efecto, la religión es el conjunto de deberes que el hombre debe cumplir para con el Ser Supremo, su Creador, su Bienhechor y su Señor y a través de los cuales se une con Dios[79].

Estos deberes contienen: verdades que creer, preceptos que practicar y un culto que tributar a Dios.

---

[78] Cf. Hillaire Belloc, *La religión demostrada,* op. cit.

[79] La palabra religión viene, según unos, de *religare,* ligar fuertemente; según otros, de *reeligere,* reelegir a Dios; es decir, que el hombre debe ligarse libremente a Dios como a su principio, y debe elegir a Dios como a su último fin.

MIGUEL ÁNGEL FUENTES

Así como entre los padres y los hijos existen lazos o relaciones naturales y sagradas, del mismo modo existen entre Dios Creador y Padre del hombre, y el hombre criatura e hijo de Dios. El lazo que une al hombre con Dios es más fuerte que aquel que une al hijo con el padre. ¿Por qué? Porque nosotros debemos mucho más a Dios de lo que debe un hijo a su padre. Dios es nuestro Creador y nuestro último fin, no así nuestros padres. Así, nuestros deberes para con Dios son mucho más santos que los de los hijos para con los padres.

Hay que distinguir la religión natural de la sobrenatural o revelada.

La religión natural es la que se conoce por las luces naturales de la razón y se funda en las relaciones necesarias entre el Creador y la criatura. Esta religión natural obliga absolutamente a todos los hombres, en todos los tiempos y en todos los lugares, porque ella dimana de la naturaleza de Dios y de la naturaleza del hombre. Encierra en sí las verdades y preceptos que el hombre puede conocer por la razón, aunque, de hecho, los haya conocido por la revelación: la existencia de Dios, la espiritualidad, la libertad e inmortalidad del alma, los primeros principios de la ley natural, la existencia de una vida futura, sus recompensas o castigos.

La religión sobrenatural o revelada es aquella que Dios ha hecho conocer al hombre desde el origen del mundo. El Creador impuso al primer hombre verdades que creer, como el destino sobrenatural del hombre, la necesidad de la gracia para llegar a este fin sublime, la esperanza de un Redentor, etc., y deberes positivos que cumplir, como el descanso del sábado, el ofrecimiento de sacrificios, etc.

La intención de estas páginas no es, como ya he dicho más arriba, hablar de la religión revelada ni probar que la religión católica sea la verdadera; sobre este punto sólo nos hemos limitado a indicar cuáles son las vías para demostrarlo. Por tanto, el propósito apunta sólo a dejar sentados los motivos por los que el hombre necesita la religión como el pez necesita el agua. La religión es necesaria al hombre porque se funda sobre la naturaleza de Dios y sobre la naturaleza del hombre, y se basa en las relaciones necesarias entre Dios y el hombre. Imponer una religión es derecho de Dios; practicarla es deber del hombre: Dios es el Creador, el hombre debe adorarle; Dios es el Señor, el hombre debe servirle; Dios es el Bienhechor, el hombre debe darle gracias; Dios es el Padre, el hombre debe amarle; Dios es el Legislador, el hombre debe guardar sus leyes; Dios es la fuente de todo bien, el hombre debe dirigirle sus plegarias. Todos estos deberes del hombre para con Dios son necesarios y obligatorios, y el conjunto de todos ellos constituye la religión. Por tanto, la religión es necesaria.

Hasta tal punto es necesaria que Dios no puede dispensar al hombre del deber religioso. Dios no puede renunciar a sus derechos de Creador, de Señor, de fin último. Así como un padre no puede dispensar a sus hijos del respeto, de la sumisión y del amor que le deben, así tampoco puede Dios dispensarnos de practicar la religión.

Dios, sabiduría infinita y justicia suprema, debe necesariamente prescribir el orden y el orden requiere que los seres inferiores estén subordinados al Ser supremo, que las criaturas glorifiquen a su Creador, cada una conforme a su naturaleza. Por tanto, el orden requiere que el hombre inteligente y libre rinda a Dios:

1° el homenaje de su *dependencia*, porque Él es su Creador y su Señor;

2° el homenaje de su *gratitud*, porque Él es su bienhechor;

3° el homenaje de su *amor*, porque Él es su Padre y su Soberano Bien;

4° el homenaje de sus *expiaciones*, porque Él es su legislador y su juez;

5° el homenaje de sus *oraciones*, porque Él es la fuente y el océano infinito de todos los bienes. Dios no puede, pues, renunciar a este derecho esencial de exigir nuestros homenajes, porque no sería Dios, ya que no amaría el orden y la justicia.

115

Dios podía no crearnos, pero desde el momento que somos la obra de sus manos, su dominio sobre nosotros es inalienable.

La religión es también necesaria al hombre porque **el hombre no puede ser feliz sin religión**. El hombre no es feliz en este mundo si sus facultades no están plenamente satisfechas; y sólo la religión puede dar tranquilidad al espíritu, paz al corazón, rectitud y fuerza a la voluntad. Por consiguiente sin religión el hombre no puede ser feliz en este mundo. Tampoco puede ser feliz en la vida futura, porque sin religión no puede alcanzar la felicidad, que es la posesión de Dios, Soberano Bien.

El hombre no puede ser feliz sino por la religión que le permite conocer adecuadamente a Dios y amarle. Esto se puede ver con claridad:

1º La inteligencia necesita de la verdad y de la verdad entera: las partículas de verdad esparcidas por las criaturas no pueden bastarle; necesita de la verdad infinita, que sólo se halla en Dios. En consecuencia, ante todas las cosas, la inteligencia necesita del conocimiento de Dios, su principio y su fin. Pero como la religión es la única que ofrece soluciones claras, precisas y plenamente satisfactorias a todas las cuestiones que el hombre no puede ignorar, debemos concluir que la religión es necesaria. Por eso todos los sabios, verdaderamente dignos de tal nombre, se han mostrado profundamente religiosos. La frase de Bacon será siempre la expresión de la verdad: "Poca ciencia aleja de la religión, mucha ciencia lleva a ella".

2º El corazón del hombre necesita del amor de Dios, porque ha sido hecho para Dios, y no puede hallar reposo ni felicidad sino amando a Dios, su Bien supremo. Ni el oro, ni los placeres, ni la gloria podrán jamás satisfacer el corazón del hombre: sus deseos son tan grandes, que no bastan a llenarlos todas estas cosas finitas y pasajeras. Por eso todos los santos, todos los corazones nobles, todos los hombres hallan en la religión una alegría, una plenitud de contento que no podrán dar jamás todos los placeres de los sentidos y todas las alegrías del mundo.

3º   La voluntad del hombre necesita de una regla segura para dirigirse hacia el bien y de motivos capaces de sostener su valor frente a las pasiones que hay que vencer, a los deberes que hay que cumplir, a los sacrificios que hay que hacer. Pues bien, sólo la religión puede dar a la voluntad esta firmeza, esta energía soberana, mostrándole a Dios como el remunerador de la virtud y castigador del crimen. A no ser por el freno saludable del temor de Dios, el hombre se abandonaría a todas las pasiones y se precipitaría en un abismo de miserias.

4º   Finalmente, la religión nos proporciona en la oración un consuelo, en la esperanza un remedio, en el amor de Dios una alegría, en la resignación un socorro y una fuerza; y, además, nos hace entrever, después de esta vida, una felicidad completa y sin fin. El hombre religioso es siempre el más feliz, o, por lo menos, el más consolado.

En cambio, el hombre sin religión es un gran desgraciado aun en este mundo.

La religión es también **necesaria a la sociedad**. Pues toda sociedad necesita: 1º en los que gobiernan, justicia y pronta disposición a servir y favorecer a los demás; 2º en los súbditos, obediencia a las leyes; 3º en todos los asociados, virtudes sociales. Ahora bien, sólo la religión, puede inspirar: a los superiores, la justicia y la disposición a sacrificarse en bien de los súbditos; a éstos, el respeto al poder y la obediencia; a todos, las virtudes sociales, la justicia, la caridad, la unión, la concordia y el espíritu de sacrificio por el bien de los demás. Por tanto, la religión es necesaria a la sociedad.

El fundamento, la base de toda sociedad, es el derecho de mandar en aquellos que gobiernan, y el deber de obedecer en aquellos que son gobernados. Lo reconocía el mismo impío Voltaire: "Yo no quisiera tener que ver con un príncipe ateo, que hallara su interés en hacerme machacar en un mortero; estaría seguro de ser machacado..." Y añade: "Si el mundo fuera gobernado por ateos, sería lo mismo que hallarse bajo el imperio de los espíritus infernales que nos pintan cebándose en sus víctimas". De hecho, hoy en día, en muchos países gobernados por ateos, se cumple la observación volteriana. ¿De dónde viene este derecho de mandar, que constituye la autoridad social? No puede venir del hombre, aun tomado colectivamente, puesto que todos los hombres son iguales por naturaleza, nadie es superior a sus semejantes. Este derecho no puede venir sino de Dios, que, creando al hombre sociable, ha creado de hecho la sociedad. Por tanto para justificar este derecho, hay que remontarse hasta Dios, autoridad suprema, de la cual dimana toda autoridad. "El hombre sin religión es un animal salvaje, que no siente su fuerza sino cuando muerde y devora", escribe Montesquieu. Y el incrédulo Rousseau confiesa: "Yo no acierto a comprender cómo se pueda ser virtuoso sin religión; he profesado durante mucho tiempo esta falsa opinión, de la que me he desengañado".

Y además, la necesidad de la religión lo prueba **nuestra misma experiencia**. "En todas las edades de la historia, dice Le Play, se ha notado que los pueblos penetrados de las más firmes creencias en Dios y en la vida futura se han elevado rápidamente sobre los otros, así por la virtud y el talento como por el poderío y la riqueza".

Los crímenes se multiplican en una nación a medida que la religión disminuye. Por esto, los que tratan de destruir la religión en un Pueblo son los peores enemigos de la sociedad, cuyos fundamentos socavan. "Sería más fácil construir una ciudad en los aires, que constituir una sociedad sin templos, sin altares, sin Dios", decía Plutarco. Y Platón: "Aquel que destruye la religión, destruye los fundamentos de toda sociedad humana, porque sin religión no hay sociedad posible". Y el mismo Napoleón I decía: "Sin religión, los hombres se degollarían por cualquier insignificancia". Dicho y hecho: miremos, si no, las nuevas sociedades irreligiosas... y cuidemos nuestras espaldas.

Por esto todos los pueblos han reconocido la necesidad de la religión. Todos los pueblos han tenido templos y altares en todos los tiempos. Como decía el nada sospechoso Hume: "Jamás se fundó un Estado sin que la religión le sirviera de base. Buscad un pueblo sin religión, y si lo encontráis, podéis estar seguros de que no se diferencia de los animales".

* * *

Al considerar estos temas podemos constatar que muchos han elaborado teorías como si fueran nuevas torres de Babel, capaces de llegar al cielo y desafiar al mismo Dios. Pero al poco tiempo las hemos visto desplomarse como las murallas de Jericó, con la diferencia de que en la mayoría de los casos no ha hecho falta sonar ninguna trompeta sino que ha bastado el irrisorio pitido de un silbato.

Bibliografía para ampliar y profundizar

–Vizmanos-Riudor, *Teología fundamental para seglares*, BAC, Madrid 1963.
–Leoncio de Grandmaison, *Jesucristo*, Ed. Litúrgica Española, Barcelona 1941 (reeditado por Edibesa, Madrid 2000).
–Hillaire Belloc, *La religión demostrada*, Difusión, Bs. As. 1964.
–Nicolás Marín Negueruela, *Lecciones de apologética*, Librería Casals, Barcelona 1944.
–Nicolás Marín Negueruela, *¿Por qué soy católico?*, Poblet, Buenos Aires 1956.
–Albert Lang, *Teología fundamental*, tomo 1 y 2, Rialp, Madrid 1977.
–G. K. Chesterton, *El hombre eterno*, en: *Obras completas*, Plaza & Janés, Barcelona 1967, t.1 (hay traducciones mejores).

5.

LA VERDAD ROBADA SOBRE NUESTRA DIGNIDAD Y ORIGEN

Verdades y límites del evolucionismo

Si te dicen que la doctrina de la Iglesia choca contra la indiscutible teoría del evolucionismo... te están robando varias verdades. Ni se trata de una sola teoría, ni en muchos casos tiene valor de "teoría", ni –en las que gozan de seriedad– choca contra ninguna verdad católica.

Es comprensible, de todos modos, que nos plateemos este tema. A todos nos intriga saber de dónde viene el hombre, cuál es su origen e historia; pues de esto depende también cuál es su fin (su finalidad o destino). ¿Somos fruto del azar, de la evolución, obra de un Creador? Las distintas respuestas equivalen a muy distintos conceptos del hombre y del mundo... y se traducen luego en muy distintas actitudes ante la vida (desde la esperanza hasta la angustia ante la muerte). La Iglesia nos enseña, con la Biblia en la mano, una respuesta: el hombre ha sido creado por Dios, formando su cuerpo de un elemento material, y creando de modo directo su alma; esto sigue repitiéndose para cada hombre que viene a este mundo: su cuerpo lo recibe de sus padres, pero su alma, espiritual e inmortal, es creada por Dios. Las enseñanzas evolucionistas (tanto sobre el origen del universo como sobre el origen del hombre), ¿contradicen esta enseñanza? No todas las teorías evolucionistas. Y las teorías evolucionistas que impugnan esta enseñanza, ¿son dignas de crédito o tienen sus "agujeros negros" científicos por los que se desarman como una estatua con pies de barro? Veámoslo en este capítulo.

1. EL ESTADO ACTUAL DE LAS TEORÍAS DE LA EVOLUCIÓN

Veamos, ante todo, y con la sencillez que requiere nuestro trabajo (y capacidad), cuál es el estado actual de las teorías de la evolución (tanto sobre el origen del universo, como sobre la vida y el hombre en particular). Seguiré en este punto un valioso trabajo del Dr. Mariano Artigas[80].

Al hablar de evolución, inmediatamente se piensa en Darwin, pero ya antes de él y de su obra *El origen de las especies* (1859) se habían dado otros intentos de explicar científicamente la evolución; especialmente Lamarck, en 1809, propuso explicar la evolución mediante la herencia de los caracteres adquiridos, y según Artigas, el mismo Aristóteles al explicar la existencia de finalidad en la naturaleza propuso una explicación que es casi idéntica a la darwinista: la aparente finalidad de las partes del organismo viviente se explicaría porque, entre los diferentes productos de la naturaleza, sólo se conservarían los mejor adaptados[81]. Darwin dio al evolucionismo fama e influencia, ocupándose primero del origen de las especies, y posteriormente del origen del hombre y, de paso, del origen de los primeros vivientes. Con el tiempo el pensamiento evolucionista se ha extendido al origen del universo y a su posterior evolución. Veamos el estado actual de cada uno de estos puntos.

a) Sobre el origen del universo

Albert Einstein formuló la relatividad general en 1915 y la aplicó al estudio del universo en su conjunto en 1917. Su teoría proponía un universo cambiante; disgustado con esa idea, introdujo en sus fórmulas una "constante cosmológica" con el fin de obtener un universo estático: más tarde dijo que había sido el peor error de su vida. Willem de Sitter en 1916-1917 y Alfred Friedmann en 1922-1924 desarrollaron la teoría de Einstein en el marco de un universo dinámico, idea que resultó corroborada cuando, en 1929, Edwin Hubble formuló la ley según la cual el

---

[80] Mariano Artigas, *Evolución, fe y teología. Desarrollos recientes en evolución y su repercusión para la fe y la teología*, Rev. Scripta Theologica, 32 (2000), pp. 249-273. Se puede ver en la página del *Grupo de Investigación sobre Ciencia, Razón y Fe (CRYF)*: http://www.unav.es/cryf/desarrollosenevolucionyrepercusiones.html. Más largamente el mismo A. ha tratado el tema en: *Las fronteras del evolucionismo*, MC, Madrid 1986.

[81] Aristóteles, *Física*, II, 8, 198 b 23-32.

universo está en expansión y las galaxias se apartan unas de otras con una velocidad que es proporcional a su distancia mutua.

En 1927, el sacerdote Georges Lemaître propuso su teoría del "átomo primitivo", que, después de ser reformulada por Georges Gamow en 1948, es conocida como teoría del *big bang* o "gran explosión". Según esta teoría, hace unos 15.000 millones de años toda la materia y energía del universo, concentrada en condiciones de enorme densidad y temperatura, experimentó una expansión que, seguida de una sucesiva disminución de temperatura y de concentraciones locales, produjo una radiación que todavía debería observarse en la actualidad. La detección de esa radiación fósil en 1964 por Arno Penzias y Robert Wilson produjo la general aceptación de la teoría. Pero como toda teoría física, contiene aspectos problemáticos, que muchos han intentado solucionar con otras teorías, como la "teoría de la inflación" propuesta por Alan Guth, según la cual el universo, en los primeros momentos de su existencia y durante un lapso de tiempo muy pequeño, habría experimentado una enorme expansión. En 1992, las observaciones del satélite COBE ("Cosmic Background Explorer") sobre la radiación de fondo pusieron de manifiesto la existencia de fluctuaciones en el universo primitivo, lo cual explicaría la distribución irregular de la materia, necesaria para que se produjeran las condensaciones locales que han dado lugar a las estrellas y planetas.

El modelo de la gran explosión tiene mucha aceptación pero plantea importantes interrogantes, entre otras cosas no menos importante *ignoramos (desde el exclusivo punto de vista de la ciencia) por qué hubo una gran explosión.*

b) Sobre el origen de la vida

Se calcula que la edad de la Tierra es de unos 4.500 millones de años. Los fósiles más antiguos se remontan a unos 3.800 millones de años. Se supone que los vivientes primitivos aparecieron, por tanto, en el intervalo entre esas dos fechas.

Existen varias teorías que pretenden explicar el origen de la vida en la Tierra. Una de las primeras fue la propuesta por

Alexander Oparin en 1922: la vida habría surgido en el agua de los océanos. En un famoso experimento realizado en 1953 en Chicago, Stanley Miller simuló las condiciones de la atmósfera primitiva (amoníaco, metano, hidrógeno y vapor de agua, activados por descargas eléctricas) y obtuvo algunos aminoácidos, que son los ladrillos con que se construyen las proteínas; parecía que el problema del origen de la vida se podía resolver, al menos en principio. Sin embargo, las dificultades siguen siendo grandes. La vida que existe ahora en la Tierra se basa en la interacción mutua entre ácidos nucleicos (DNA y RNA) y proteínas; pero los ácidos nucleicos son necesarios para fabricar proteínas, y viceversa. Además, esas macromoléculas poseen una enorme complejidad, lo que hace difícil pensar que se originasen de modo espontáneo.

A finales de la década de 1960, Carl R. Woese, Francis Crick y Leslie E. Orgel propusieron lo que ahora se conoce como teoría del "mundo del RNA", según la cual la vida primitiva se basaba en el RNA[82]. Se supone que este ácido nucleico poseía dos propiedades de las que ahora carece: se podría autorreplicar sin necesidad de proteínas, y podría catalizar la síntesis de proteínas. Pero ni sabe cómo podría hacer eso ni –menos aún– cómo se formó el RNA mismo, que posee una gran complejidad... y además todo se basa en un *"se supone"*, lo cual para teoría científica es muy flaco...

Otros han propuesto teorías más radicales, como A. Graham Cairns-Smith, según el cual el primer sistema con capacidad de replicarse era inorgánico y se basaba sobre cristales de arcilla. Otra propuesta dice que el origen de la vida se verificó en fuentes hidrotermales en los fondos marinos. Sin embargo, sigue habiendo enormes dificultades: basta pensar que el DNA de una bacteria, uno de los vivientes actuales más simples, puede tener unos dos millones de nucleótidos, de cuya organización depende que el DNA sea funcional y pueda dirigir la producción de más de un millar de proteínas diferentes. En vista de ello, algunos

---

[82] Leslie E. Orgel, *Origen de la vida sobre la Tierra*, Investigación y ciencia, n° 219, diciembre 1994, pp. 46-53.

científicos como Juan Oró, Fred Hoyle y Chandra Wickramansinghe han propuesto que habrían existido compuestos precursores de la vida en otras regiones del espacio, y habrían llegado a la Tierra, por ejemplo por medio de choques de meteoritos. O sea, se elimina el problema del origen de la vida en la tierra *pasándolo a otro lugar del universo* (¿cómo surgió allí?).

Los enigmas que rodean el origen de la vida son muy grandes, a pesar de la existencia de diferentes teorías que se han propuesto para explicarlo.

c) Sobre el origen de las especies

Darwin propuso en 1859 que la selección natural, que actuaría sobre variaciones hereditarias, es el principal motor de la evolución, pero nada sabía sobre la naturaleza de esas variaciones. A partir de los trabajos del monje benedictino Gregor Mendel, publicados en 1866 y redescubiertos en 1900, la genética se convirtió en parte esencial de la teoría evolutiva. La incorporación de la genética al darwinismo condujo, en torno a 1940, a la formulación del neo-darwinismo o "teoría sintética" de la evolución, que sigue considerando que la selección natural es el factor explicativo principal de la evolución.

Una objeción típica al neodarwinismo es que no explica la "macroevolución", o sea, el origen de nuevas especies o tipos de vivientes. El darwinismo insiste en el gradualismo y afirma que los grandes cambios son el resultado de la acumulación de muchos cambios pequeños, pero se han formulado propuestas alternativas. Stephen Jay Gould y Niles Eldredge sostienen que la evolución no es gradual, sino que funciona a saltos (teoría del "equilibrio puntuado"): existirían grandes períodos de estabilidad interrumpidos por intervalos muy breves en los que tendrían lugar cambios evolutivos grandes y bruscos (esto explicaría, según ellos, por qué no se encuentran *eslabones intermedios* en el registro fósil). Esta teoría (del equilibrio puntuado) propone explicaciones que no son darwinistas pero son evolucionistas (la discusión se centra en torno a los mecanismos de la evolución, no en torno a su existencia).

En 1967 Motoo Kimura propuso otra teoría (el "neutralismo"), que niega que la evolución tenga nada que ver con la selección natural; para él los cambios evolutivos se deberían a la "deriva genética" de mutaciones genéticas. Tampoco él discute la evolución sino sus mecanismos.

Una de las mayores dificultades del evolucionismo es la explicación de los nuevos tipos de organización, que requieren múltiples cambios complejos y coordinados. Para solucionarlo se han propuesto teorías que, por el momento, son muy hipotéticas, pues se basan en datos que todavía conocemos de modo muy insuficiente.

Muchas de las teorías que hemos mencionado se presentan a veces como opuestas al darwinismo, pero los darwinistas afirman que caben dentro de su teoría y, en cualquier caso, no son críticas al evolucionismo, sino intentos de proporcionar explicaciones más profundas de la evolución.

d) Sobre el origen del hombre

Desde la publicación de la teoría de Darwin, la atención se centró, sobre todo, en la explicación biológica del origen del hombre. Comenzó la búsqueda de eslabones intermedios entre el hombre y otros primates, que ha conducido a la clasificación habitual de los precursores del hombre actual: los *australopitecos africanos* (entre 4,5 y 2 millones de años), seguidos del *homo habilis* (desde 2,3 a 1,5 millones de años), el *homo erectus* (se habla también de *homo ergaster*, entre 2 y 1 millones de años, en África, y de *homo erectus* en Asia), y las diversas variedades de *homo sapiens*. Se trata de un terreno en el que existen muchas incertidumbres y frecuentemente se producen novedades que obligan a cambiar esquemas.

En las últimas décadas se han aplicado los nuevos métodos de la biología molecular a los estudios de la evolución, llegando, a veces, a conclusiones diferentes de las que se derivan del estudio de los fósiles, y se producen discrepancias entre los biólogos moleculares y los paleontólogos. Así, de acuerdo con la biología molecular, el supuesto antecesor común de chimpancés y humanos se situaría entre hace 5 y 6 millones de años, mucho más recientemente de la estimación anterior que se remontaba a unos 20 millones de años. Se estima probable que el linaje de ese antecesor común ya se había separado del de los gorilas.

En este ámbito, ha tenido especial resonancia la presunta determinación del origen del hombre actual mediante el estudio del DNA mitocondrial, que se transmite por vía materna. Según algunos biólogos moleculares, todos los seres humanos actuales descienden de una mujer que vivió entre 100.000 y 200.000 años atrás, en África, y que ha recibido el significativo título de "Eva mitocondrial". Hay que señalar, no obstante, que los propios autores de esos estudios no pretenden haber probado científicamente el monogenismo[83], y que sus afirmaciones no son aceptadas por todos: en particular, algunos paleontólogos muestran reservas, sobre todo con respecto al uso que esos biólogos moleculares hacen del denominado "reloj molecular"[84].

Sobre el presunto origen del hombre actual existen dos opiniones diferentes: el modelo de "continuidad regional" y el modelo del "origen africano reciente". El modelo de "continuidad regional" sostiene que la especie, muy primitiva, *Homo erectus* (incluido *Homo ergaster*) no es más que una variante antigua de *Homo sapiens*; defiende, además, que en los últimos dos millones de años de historia de nuestra estirpe se produjo una corriente de poblaciones entrelazadas de esta especie que evolucionaron en todas las regiones del Viejo Mundo, cada una de las cuales se adaptó a las condiciones locales, aunque todas se hallaban firmemente vinculadas entre sí por intercambio genético. La variabilidad que vemos hoy entre las principales poblaciones geográficas sería, de acuerdo con este modelo, la postrera permutación de tan largo proceso.

---

[83] Allan C. Wilson y Rebecca L. Cann, "Origen africano reciente de los humanos", Invstigación y ciencia, nº 189, junio 1992, pp. 8-13.

[84] Alan G. Thorne y Milford H. Wolpoff, "Evolución multirregional de los humanos", Investigación y ciencia, nº 189, junio 1992, pp. 14-20.

En cambio, el modelo del "origen africano reciente" sostiene que, hace unos 100.000 años, un nuevo tipo de ser humano, originado en África, habría sustituido completamente a las especies anteriores.

También se han realizado estudios sobre el cromosoma Y, que se hereda exclusivamente del padre, y los resultados están de acuerdo con el modelo del origen africano reciente.

En cuanto a la época más reciente, parece que, desde hace unos 30.000 años, sólo permaneció el hombre moderno actual, aunque coexistiera, durante miles de años, con otros tipos humanos ancestrales (como el hombre de Neanderthal). No existe unanimidad sobre el origen de los diferentes grupos humanos que existen en la actualidad.

En medio de muchas incertidumbres, suele afirmarse que la humanidad actual procede de unos antepasados relativamente recientes que aparecieron en África o, quizás, en Oriente Medio, y que se extendieron por toda la Tierra.

e) Las dos variantes fundamentales del evolucionismo

Hemos mencionado *teorías* y *propuestas* diversas desde el ambiente filo-evolucionista. Hay que tener en cuenta también otro elemento clave que se entrecruza con los argumentos más o menos científicos de toda teoría evolucionista y que trasciende el campo estrictamente científico: la aceptación o exclusión de una causa sobrenatural en el proceso de la evolución.

Digo que es un elemento que trasciende el campo propio de las disciplinas en las cuales se propone el evolucionismo (física, química, biología, paleontología, etc.) puesto que entramos con esto en un plano metafísico e incluso –aunque no exclusivamente– teológico. Es clave entender este punto, puesto que algunos piensan que los evolucionistas que niegan la intervención de una causa sobrenatural (Dios) en el proceso de la evolución están haciendo una afirmación que cae dentro del campo de su ciencia; no es así, sino que están invadiendo el plano de la filosofía, como ya hemos dejado claro al hablar de la existencia de Dios y de las competencias de todo científico al respecto.

Según la postura que los científicos evolucionistas tomen respecto de la posible intervención sobrenatural en el origen del cosmos, de la vida y del hombre, nos encontraremos con dos variantes esencialmente diversas: el evolucionismo radical y el mitigado.

El evolucionismo "radical", "craso" o "absoluto", coloca una potencialidad residente en la materia que hace que de ésta, por evolución a partir de sus virtualidades casi infinitas, vayan surgiendo todos los seres. En el orden del universo, consiste en atribuir a un caos inicial, o a una primera partícula, o a lo que sea, la capacidad de expandirse, estallar, reaccionar, etc. (según las diversas explicaciones de cada teoría) dando origen al universo actual; aplicado al origen de la vida, "consiste en suponer que los seres sin excepción se han ido originando a partir de un primer organismo vivo elemental, o incluso a partir de una primera materia o partículas materiales no vivas, que habrían dado lugar a un primer organismo vivo, que se habría ido reproduciendo y por diversas mutaciones diversificándose en diferentes especies, etc."[85]. Oparin hablaba, por ejemplo, de un "caldo primordial", del que habría surgido toda la vida a raíz de una descarga poderosa de energía eléctrica[86]. Esto no es ciencia sino "una concepción mitológica y literaria de la vida"[87]

Este evolucionismo ha sido sostenido por autores como Lamarck, Spencer, Darwin, Oparin y muchos otros más, a veces, haciendo profesión de un claro y descarado ateísmo, como puede verse en declaraciones explícitas de muchos de sus defensores. Decía, por ejemplo, Darwin a Thomas Huxley: "mi doctrina sería como el evangelio de Satanás y usted como el apóstol del

---

[85] J. Morales Marín, *Evolución. Filosofía y visión de conjunto*, Gran Enciclopedia Rialp, 1991
[86] Cf. Oparin, A. Y., *El origen de la vida*, Losada, Bs.As. 1940.
[87] Velasco Suárez, C., *Psiquiatría y persona*, Educa, Bs.As. 2003, p. 29.

evangelio de Satanás"[88]; "Dios –decía Haeckel– es un vertebrado gaseoso"[89]; y confesaba Lemoine: "la evolución es el dogma de la antiiglesia"[90]; y en palabras de Thomas Huxley: "la doctrina de la evolución ocupa una posición de antagonismo completo e irreconciliable respecto a la Iglesia"[91]. Es claro que refiriéndose a este evolucionismo craso, no cabe duda de que es así; pero también es claro que este evolucionismo craso no es una *teoría científica* sino un *dogma precientífico* o más bien una *fe pseudocientífica* adornada con elementos científicos. De hecho, este tipo de explicación evolucionista ha sido contestada por diversas ciencias: las matemáticas (que dudan de que haya habido tiempo suficiente para que la selección natural y las leyes que aplican las teorías evolucionistas hayan dado lugar a los fenómenos que se observan en la naturaleza), la bioquímica (porque el azar y la simple evolución no guiada por una Inteligencia no puede explicar la perfecta organización de la vida en el estado presente, ni el origen y funcionamiento de los organismos vivos a partir de un estado puramente material), la filosofía (que demuestra que lo más no puede surgir de lo menos, tratándose de saltos cualitativos de forma y no puramente accidentales; y sobre todo que el espíritu no puede provenir de la materia y que de la nada, nada sale; de aquí que la vida intelectual, moral y espiritual no pueden deducirse de ningún modo de los procesos biológicos). A pesar de todo este evolucionismo radical fue asimilado como base de sistemas filosóficos que lo adaptaron a otros esquemas, como Federico Hegel (quien aplicó la evolución al Espíritu Absoluto), Marx y Engels (que lo aplicaron a la sociedad y a la historia manejada por una evolución dialéctica). De aquí la vigencia de las extravagantes afirmaciones darwinianas: de su vigencia depende la estabilidad de otros sistemas que insensatamente se alzaron sobre sus bases.

---

[88] Darwin, Charles, *Autobiografía*, ed. de Nora Barlow, Londres, Collins, 1958; citado por E. Díaz Araujo, *Evolución y evolucionismo*, Universidad Autónoma de Guadalajara, Guadalajara 2000, p. 18.

[89] E. Díaz Araujo, op. cit., p. 18.

[90] Ibid., p. 19.

[91] Ibid., p. 17.

En una situación distinta tenemos al evolucionismo "relativo" o "mitigado", que acepta al mismo tiempo una evolución, tanto del universo, como de la vida, pero sin excluir la acción divina, la cual, por un lado dirigiría providencialmente la misma evolución orgánica, y, por otro, en un momento dado, infunde por creación el alma espiritual. Por el hecho de que sea *mitigado*, de todos modos, no debemos olvidar que los argumentos científicos en que se basan las diversas teorías evolucionistas, no resuelven todos los problemas y entre ellas discrepan notablemente.

f) En síntesis

Como vemos, en todas estas teorías, que son las que maneja la ciencia actual, existen muchos e importantes interrogantes. La teoría del *big bang* parecería bien asentada, pero no puede considerarse como definitivamente establecida y contiene muchos problemas no resueltos. Existen hipótesis muy diferentes sobre el origen de la vida. Respecto de la evolución de los vivientes, aunque suele admitirse que la combinación de variaciones genéticas y selección natural desempeña un papel importante, se buscan explicaciones que van más allá de ese esquema. Finalmente, el origen del hombre sigue envuelto en un mar de dudas y discusiones (incluso entre los mismos evolucionistas).

A pesar de esto, el hecho de la evolución *en sus rasgos generales* tiene muchos elementos sólidos; en cambio no se puede decir lo mismo de las explicaciones concretas de ese hecho (o, mejor, de los muchos hechos incluidos en la evolución en su conjunto). Argumentos tomados de diversas especialidades parecen avalar la existencia de un vasto proceso evolutivo que ha producido la naturaleza en su estado actual, aunque existen muchos interrogantes y discrepancias sobre sus aspectos particulares.

Al menos esto nos debe hace reflexionar mucho cuando se nos habla de la *teoría de la evolución* como si se estuviese refiriendo a una teoría concreta y puntual. Muy lejos estamos de ello: distinto es el valor de la explicación evolutiva del universo, que la del hombre o la de la vida; *muchas* y no una son las diversas explicaciones; *contradictorias* entre sí (y por tanto, enemistadas y excluyentes) son muchas de estas teorías, al punto tal que si una tiene razón cae sonoramente la contraria; y cualquiera de estas teorías (sobre el punto que sea) *no explica todos los hechos* que ella misma expone (quedan siempre *agujeros negros* por los que se escapa la punta del nudo que cerraría su explicación con una certeza; dicho de otro modo: no hay teoría que cierre completamente). Aún así, vamos a darle un cierto valor, al menos referido al *hecho* de la evolución en general.

2. ¿QUÉ ENSEÑA LA IGLESIA SOBRE ESTOS TEMAS Y QUÉ DICE DE ESTAS TEORÍAS?

Como aquí se trata de ver si es verdad que las teorías evolucionistas *excluyen o desautorizan* lo que la fe católica enseña sobre el origen del mundo, de la vida y del hombre, conviene dejar bien en claro qué es lo que propiamente enseña la fe católica[92].

La principal fuente de la doctrina católica es la Sagrada Escritura (el relato de la creación del universo y del hombre está en el libro del Génesis, aunque no exclusivamente, pues hay otros pasajes que pueden complementarlo), y en los documentos del Magisterio en los que la Iglesia ha precisado con su autoridad doctrinal lo que debe creerse con fe sobre estos temas. Estas son las fuentes, según la fe católica, en que se contiene la Revelación divina.

En el relato del Génesis (capítulos 1-3) hay muchos elementos que deben ser correctamente entendidos, pues están escritos con un estilo peculiar y único, relatándose allí hechos verdaderos pero en un lenguaje adaptado a la mentalidad de sus primeros destinatarios (por lo tanto en un sentido histórico que no responde a los cánones de la historia a que estamos

---

[92] Sobre esto hay mucha bibliografía; seguiré en grandes líneas un viejo pero valioso estudio de Nicolás Marín Negueruela, *Con la razón y la fe o Problemas apologéticos*, Barcelona 1941, pp. 20 ss.

acostumbrados en la actualidad). No se trata ciertamente de *fábulas* sacadas de mitologías y cosmogonías de los pueblos antiguos y adaptadas a la doctrina monoteísta (fe en un solo Dios) por el autor sagrado, expurgando antes todo error de politeísmo (creencia en varios dioses); no se trata tampoco de *alegorías* y símbolos destituidos de todo fundamento objetivo y real, propuesto bajo forma histórica, para inculcar verdades religiosas y filosóficas; tampoco se trata de *leyendas* en parte históricas y en parte ficticias, compuestas libremente para instrucción y edificación de los oyentes o lectores.

Pero, por otra parte, tampoco se trata de *historia* en el sentido que le dan los historiadores greco-latinos ni los modernos[93]. Hay pues, elementos rigurosamente históricos y elementos que relatan de modo *metafórico* hechos históricos. ¿Cuáles son los elementos que deben entenderse con sentido literal histórico? Señalemos principalmente[94]:

1º   la creación de todas las cosas por parte de Dios;
2º   la peculiar creación del hombre;
3º   la formación de la primera mujer a partir del primer hombre;
4º   la unidad del linaje humano;
5º   la felicidad original de los primeros padres en el estado de justicia, integridad e inmortalidad;
6º   el mandamiento impuesto por Dios para probar la obediencia;
7º   la trasgresión, por persuasión del diablo;
8º   la pérdida del estado primitivo de inocencia;
9º   la promesa del Reparador futuro.

Por tanto, es lícito para la doctrina católica discutir y seguir, cada uno, la sentencia que más fundada le parezca, en aquellos

---

[93] La Encíclica Humani Generis (12 de agosto de 1950) afirma que los once primeros capítulos del Gn, "aunque propiamente no concuerdan con el método histórico usado por los eximios historiadores grego-latinos y modernos, no obstante pertenecen al género histórico en un sentido verdadero, que los exegetas han de investigar y precisar" (*Humani Generis*, n. 31).
[94] Cf. Pontificia Comisión Bíblica, 30 de junio de 1909, DS 3512-3519.

puntos en los que no hay definición por parte del magisterio y que ya han sido discutidos por autores serios (empezando por los mismos padres de la Iglesia y los doctores de todos los tiempos), siempre y cuando la interpretación no contradiga o distorsione alguna otra verdad de fe (esto es lo que quiere decirse en los documentos de la Iglesia cuando se afirma que debe quedar *salvado el juicio de la Iglesia y la analogía de la fe*); el documento de la Comisión bíblica de 1909 indicaba expresamente la libertad de discutir y ofrecer diversas interpretaciones respecto de: muchas de las palabras y frases empleadas en este relato (especialmente de aquellas que tienen claramente un sentido metafórico o antropomórfico); se pueden interpretar de modo alegórico y profético algunos pasajes (como lo hicieron algunos Santos Padres); no deben entenderse las afirmaciones como si pretendiesen ser declaraciones científicas; y en particular se deja libertad para discutir sobre el significado del término "día" (*Yôm*, los días de la creación).

La Iglesia, pues, basándose principalmente en los relatos bíblicos enseña que Dios ha creado todas las cosas, libremente, de la nada; que todo cuanto ha creado es bueno (Dios no hizo el mal, sino que éste fue introducido por su creatura: los ángeles que se rebelaron en el cielo y luego los hombres que, por instigación de los ángeles rebeldes, desobedecieron a Dios); que el hombre ha sido creado de un modo peculiar por Dios, distinto de las demás creaturas, y que la primera mujer procede del primer hombre (unicidad del género humano)[95]. Algunos discuten este último punto, diciendo que la unicidad de la primera pareja, Adán y Eva, (doctrina llamada *monogenismo*) no es una enseñanza de fe; sólo sería de fe *que Dios ha creado al hombre*, pero podría haber creado varias parejas humanas (doctrina denominada *poligenismo*); otros autores dicen que si no es de fe, al menos es una *verdad próxima a la fe*, lo cual quiere decir que sin esta afirmación no se podrían comprender otras verdades de la fe, y, por tanto, puede

---

[95] Pueden verse todas estas enseñanzas en el *Catecismo de la Iglesia católica*, nn. 325-421; allí mismo se encontrarán las referencias a documentos del magisterio anterior.

considerarse *implicada* en otras verdades. En particular las verdades católicas que pueden quedar más comprometidas si no se acepta el monogenismo son, ante todo, el dogma del pecado original (un pecado que, cometido por los primeros padres, se transmite a todo hombre que viene a este mundo) y, como consecuencia de esto, el dogma de la redención universal de Cristo (es decir, que Cristo ha redimido *a todos* los hombres del pecado original) enseñanza que es ciertamente bíblica, como puede verse en el pasaje de la Carta de San Pablo a los Romanos (5,12-21), y otros lugares paralelos[96]. El Papa Pío XII, en la encíclica *Humani generis*, se limitó a decir que "no se ve claro cómo tal sentencia pueda compaginarse con lo que las fuentes de la verdad revelada y los documentos del Magisterio de la Iglesia enseñan acerca del pecado original que procede del pecado verdaderamente cometido por un solo Adán y que, difundiéndose a todos los hombres por la generación, es propio de cada uno de ellos"[97].

3. ¿HAY VERDADERAMENTE OPOSICIÓN?

a) La oposición con los sistemas extremos

Es evidente la oposición con los sistemas extremos, como son todos los evolucionismos que, además de los datos que aportan para formular sus teorías, *añaden gratuitamente* el presupuesto no científico sino infundado científica y filosóficamente de la no existencia (y por tanto, no intervención) de un Poder sobrenatural. No hace falta añadir mucho más. Esta posición, sin embargo, cae por sí sola, si tenemos en cuenta lo ya dicho al hablar de la existencia de Dios y de la existencia del alma. *Si te roban estas dos verdades (Dios y el alma espiritual), como consecuencia te robarán también la verdad de tu dignidad, reduciéndote a un poco de materia evolucionada "milagrosamente" (porque no te quepa duda: los evolucionistas ateos creen en los milagros; al menos creen en este singular y asombroso milagro que de la*

---

[96] Véase la excelente crítica al respecto que hace E. Díaz Araujo, *Evolución y evolucionismo*, Parte V, cap. 6, pp. 419-432.
[97] DS 3897.

nada sale algo y del algo material sale la vida, y de la vida biológica sale el espíritu; falta probarlo, pero sin duda, al primero que lo demuestre lo canonizarán inmediatamente).

b) La posible armonización con los sistemas moderados

Los sistemas evolucionistas moderados necesitan también ser demostrados, lo cual, estamos todavía lejos de alcanzarlo. De todos modos, tienen a su favor un conjunto de datos más o menos ciertos, pero unificados en teorías difíciles de demostrar y con la oposición de otras teorías dentro del mismo ámbito científico. Al menos tienen el mérito de no pretender salirse de los confines que le prescribe el objeto y el método de su especialidad; por eso no saltan de datos geológicos, biológicos, o arqueológicos a conclusiones metafísicas. En este sentido, son hipótesis de trabajo, y merecen ser consideradas por la filosofía y la teología, siempre y cuando se las tome respetando su estado científico (por tanto, que se consideren como hipótesis y no se contemplen como algo ya comprobado).

Téngase en cuenta que, por la naturaleza de este libro, no es mi propósito discutir de modo directo ninguna de las teorías o hipótesis, sino tomar en cuenta aquellas con las que *desde el punto de vista científico* puede dialogarse o discutirse y ver si realmente ponen en tela de juicio la fe católica (como pretenden muchos pseudo científicos y muchos de sus voceros universitarios y secundarios). De todos modos, aunque sólo sea de paso, quiero indicar aquí que, según algunos autores, estamos en un momento histórico de posible *transición* en cuanto al valor de algunas teorías científicas, particularmente aquellas referidas al origen de la vida y del hombre. Es lo que algunos, como Carlos Javier Alonso, llaman "crisis del paradigma darwinista"[98]; si bien no significa esto que quienes ponen en crisis este "modelo de explicación" salgan del esquema de pensamiento evolucionista (pues se ubican en otras escuelas evolucionistas como los diversos neodarwinismos), sin embargo, demuestran la debilidad de las teorías. "Hoy por hoy, no

---

[98] Carlos Javier Alonso, *El evolucionismo y otros mitos. La crisis del paradigma darwinista*, Eunsa.

existe propiamente una teoría científica aceptable sobre el origen de la vida, sino más bien una serie de conjeturas altamente especulativas. Todos los conocimientos biogenéticos se hallan lastrados de hipótesis sin suficiente fundamento, y actualmente nada hay sobre el origen de la vida que no sean aserciones injustificadas o suposiciones aventuradas sobre las que ni siquiera podemos evaluar su grado de verosimilitud", sostiene Alonso. Y respecto de la cuestión de la evolución humana (antropogénesis) "existen demasiados problemas sin resolver y faltan numerosas evidencias por revelar para poder afirmar –como han hecho algunos destacados neodarwinistas– que la búsqueda de los orígenes humanos ha concluido con éxito. Los especialistas no sólo no tienen un número suficiente de fósiles bien diferenciados con los que trabajar, sino que tampoco se ponen de acuerdo en cómo clasificar los pocos tipos de fósiles de que disponen. El origen de los homínidos es todavía un enigma científico cuya elucidación precisa constituye una aventura fascinante. La búsqueda debe continuar, aunque a la vista de los precedentes eslabones perdidos nunca verificados y la tentación consiguiente de suplir la falta de evidencias con generalizaciones, la mejor política en un área tan sensible como la de los orígenes humanos debería ser la de la cautela y la moderación"[99]. Si todo esto se tiene en cuenta, se comprenderá que no estamos aceptando ninguna hipótesis –o teoría, si se quiere– evolucionista sino analizando, sin perder de vista su carácter hipotético, la posible dificultad para la fe.

Si tomamos en consideración las teorías sobre el origen del universo y su evolución, ya sea la del *big bang* o cualquier otra, hay que decir que son teorías sobre el origen del desarrollo del universo, no sobre el *por qué* el universo de hecho tiene este comienzo o cualquier otro. No excluye de ninguna manera la causalidad por parte de Dios, ya sea que haya comenzado por una "gran explosión" de un "núcleo primordial", como supuso Georges Lemaître, y admiten hoy en día la mayoría de los científicos o cualquier otra explicación. El universo *es* (existe), en

---

[99] Ibid., capítulo 8.

lugar de *no ser* (no-existir); ese es el tema; la ciencia puede intentar explicaciones sobre el cómo ha sido ese principio, pero no puede explicar el *por qué ha sido* en lugar de *no haber sido.*

No está demás recordar, para ver hasta qué punto no hay oposición entre las teorías del origen del universo (al menos, las que lo conciben como un universo en expansión) que Georges Lemaître, uno de los fundadores de la teoría de la gran explosión, fue un sacerdote belga (1894-1966). El término "big bang" fue acuñado por el astrónomo británico Fred Hoyle (partidario, por razones filosóficas, de un universo eterno), con sentido irónico y burlón para ridiculizar las ideas desarrolladas por Lemaître, pensando que éste pretendía con su teoría justificar científicamente la creación bíblica del mundo. Sin embargo, las convicciones científicas de Lemaître, se fundaban no en su fe (siempre supo evitar toda confusión entre ciencia y creencia), sino en argumentos matemáticos y físicos de sólida base[100].

En cuanto a la evolución de nuestro planeta, los científicos distinguen en él dos momentos claramente diferenciados; el primero es la era abiótica (*a-bios*: sin vida); el segundo la era biótica (a partir del origen de la vida). Esta segunda es dividida generalmente en varios lapsos de tiempo: la era primaria (períodos cámbrico, silúrico, devónico, carbonífero, pérmico), la era secundaria (triásico, jurásico, cretáceo), la era terciaria (eocénico, oligocénico, miocénico, pliocénico) y la era cuaternaria (períodos diluvial y aluvial). En esta era se coloca la aparición del hombre.

Ha habido, a lo largo de la historia del cristianismo, diversos intentos de conciliar estos períodos (según la ciencia los iba determinando) con los relatos bíblicos; aparecieron así sistemas *conciliatorios* que se dividen en tres grupos: los sistemas históricos o concordistas (quieren concordar la narración bíblica con el orden objetivo de las cosas tal como pretende establecerlo la ciencia), los

---

[100] Se puede ver al respecto, Dominique Lambert, *El universo de Georges Lemaître*, Rev. *Investigación y Ciencia,* Abril 2002; publicado también en www.arvo.net; Lambert es doctor en ciencias físicas y en filosofía por la Universidad Católica de Lovaina, imparte clases de filosofía e historia de la ciencia en el Instituto Superior de Notre-Dame de la Paix, en Namur.

sistemas alegóricos (representados, por ejemplo, por San Agustín; pretenden que el relato bíblico no es un relato histórico sino que es el modo en que el autor inspirado tuvo conocimiento de los hechos o bien son una descripción alegórica de estos hechos), y los sistemas histórico-alegóricos (que sostienen que el relato contiene la verdad objetiva, pero reconocen cierto artificio literario en la narración). Es claro que todos los sistemas concordistas (muy en boga en los siglos XIX y principios del XX) caen en exposiciones artificiosas y no tienen en cuenta que el relato bíblico no es una exposición científica; el problema de los sistemas alegoristas –aunque hayan sido expuestos por algunos Padres de la Iglesia– es que no salvan con suficiente seguridad el carácter histórico de los primeros capítulos del Génesis (aunque no lo nieguen); lo más adecuado será, pues, sostener que la correcta interpretación deberá tomar el relato como en parte histórico y en parte alegórico. Creo que a pesar del tiempo transcurrido se puede tomar como línea fundamental de interpretación cuanto indicaba el P. Prado en su exposición al Antiguo Testamento, distinguiendo entre los elementos claramente históricos y doctrinales y los elementos pertenecientes a la forma literaria[101]:

1º   A la historia y doctrina pertenecen, entre otras cosas:

a.la creación de todas las cosas, hecha por Dios en el principio del tiempo;
b.   la bondad de todas las obras de Dios en cuanto responden a la idea y voluntad divinas;
c.   cierta gradación y sucesión en la producción de las cosas, comenzando en la creación de los primeros elementos y terminando con la formación del hombre;
d.   la creación totalmente peculiar del hombre, a imagen de Dios (lo que implica necesariamente la creación de un elemento espiritual);

2º   A la forma literaria pueden reducirse:

[101] Cf. Prado, *Vetus Testamentum*, lib. I, Turín 1934, pp. 27-28.

a. las imágenes antropomórficas que representan a Dios hablando o trabajando;

b. la descripción del cielo, mar, lluvia, plantas y animales, donde se usan no descripciones científicas, sino las apariencias, las ideas de la época y el modo de hablar de aquel tiempo;

c. el orden de la narración (al modo de una semana); etc.

Es claro que si distinguimos de esta manera, no hay problema para armonizar el relato bíblico con los datos que maneja la ciencia (siempre y cuando ésta se mantenga en sus límites). Por tanto, cuando se nos pregunta si las descripciones que hace la ciencia del origen y evolución de nuestro planeta y de las etapas del desarrollo de la vida en él (fósiles prehistóricos; desplazamiento de continentes, cataclismos remotos, etc.) se pueden tomar como objeciones a la veracidad del relato bíblico o de la fe judeo-cristiana, hay que responder que no existe tal dificultad. Puede resultar interesante sobre este tema la lectura del trabajo de Mariano Delgado (Doctor en Biología y en Teología), *Concordancia del Génesis con la ciencia moderna. Adán Eva y el hombre prehistórico*[102].

Otro tanto puede decirse respecto del origen del hombre. Ya hemos indicado que los datos bíblicos sobre el origen del hombre que no pueden ponerse en duda desde el punto de vista de la fe se pueden reducir a los siguientes: la creación singular del hombre, la diferencia esencial con todos los demás seres vivientes (por tanto, la creación de su alma espiritual e inmortal), yo me inclino a pensar que también la unidad del género humano pertenece a estos datos de fe (monogenismo; pues, si bien hay teólogos que dicen que el poligenismo no ofrece dificultades para entender el dogma del pecado original y de la redención universal hecha por Cristo, sinceramente no llego a ver esa "ausencia de dificultades") y los datos referentes al pecado original.

---

[102] Delgado, Mariano, *Adán, Eva y El Hombre Prehistórico*, Folletos Mc, 604, Palabra. Toca los temas del Universo en la narración Bíblica, parecidos y diferencias del relato del Génesis con los mitos de los pueblos vecinos, Adán y Eva y sus hijos, Historia y prehistoria. Los datos fósiles, Los datos de la biología molecular, etc.

Respecto de estos datos no hay verdaderas objeciones por parte de una posible evolución de alguna especie animal hasta llegar al hombre, ni menos todavía por parte de la existencia de las diversas razas en que se divide hoy la humanidad.

Comencemos por este último tema. Las diferentes razas humanas han sido el pretexto para que algunos escritores negasen en algún momento la unidad de la especie humana (especialmente para defender el poligenismo). Las principales razas humanas son tres: la blanca o caucásica, la amarilla o mongólica y la negra o etiópica; tienen ciertamente características diversas en cuanto a la pigmentación y rasgos físicos (principalmente faciales). En realidad estas tres son sólo razas principales, pero si se quiere ser preciso habría que señalar también las numerosas subrazas en que éstas se subdividen. En realidad, estas diferencias no son diferencias suficientes para defender el poligenismo, porque: (1º) la *coloración de la piel* es un fenómeno de poca importancia fisiológica, producido fácilmente por la influencia del medio y del régimen alimenticio, y de ningún valor específico; (2º) el *cabello* – que según Haeckel diferencia las especies humanas– carecen totalmente de valor, siendo tan mudables hasta el punto de que en el mismo individuo pueden cambiar de forma y color fácilmente, y presenta variaciones mucho menos profundas que el pelaje de los animales clasificados en la misma especie; (3º) las diferencias anatómicas no son tan exclusivas de una raza que no se encuentren en individuos de otras; igualmente vemos mucho más pronunciados los caracteres anatómicos en individuos animales de la misma raza; (4º) las diferencias intelectuales no son exclusivas de las razas, sino que depende fundamentalmente de los individuos (hay coeficientes intelectualmente altos en todas las razas y bajos también en todas); (5º) menos todavía las diferencias lingüísticas pues incluso encontramos lenguas irreductibles entre sí entre individuos de una misma raza (como ocurre con algunas tribus negras del Sahara Oriental).

Por el contrario, entre las diversas razas lo que prevalece son las coincidencias fundamentales: la misma formación genética, al punto de que se encuentra *el mismo* DNA mitocondrial –que se transmite exclusivamente por vía materna– en todas las mujeres de todas las razas humanas, lo que ha llevado a algunos científicos a postular la existencia de una misma madre original (la *Eva mitocondrial*), tema, de todos modos, discutido por el momento. Además de esto son remarcables las semejanzas anatómicas, fisiológicas y psicológicas. *Anatómicas* en cuanto todas las razas presentan los mismos órganos, la misma estructura anatómica y la misma correlación de órganos. *Fisiológicas* porque idénticos en todas las razas son los fenómenos de la vida orgánica y sensitiva, mientras difieren notablemente en las razas animales; así se consideran como pertenecientes a una misma especie y descendientes de un tronco común los animales que al unirse engendran productos dotados de una fecundidad continua; al contrario, se consideran pertenecientes a diferentes especies aquellos animales cuyo ayuntamiento es estéril o cuyos productos son infecundos; ahora bien, desde tiempo inmemorial las razas humanas se han entrecruzado engendrando generaciones y generaciones de individuos sanamente fecundos. *Psicológicas* porque si bien hay diversidades psicológicas accidentales entre las razas (unos más secos y reservados, otros más locuaces y abiertos; unos más crédulos y supersticiosos, otros más escépticos) y entre los individuos de la misma raza, sin embargo, todos los hombres sanos, sea cualquiera su raza, poseen lenguaje articulado, tienen nociones del bien y del mal, son por naturaleza religiosos, progresan en todos los órdenes, son industriosos, etc.

Basta con esto para ver que no es ésta una dificultad para sostener la unidad del género humano sino todo lo contrario. Dejemos a la discusión de los más peritos las teorías sobre cómo se fueron diferenciando las razas y qué factores influyeron en este proceso.

Podría mencionarse aquí otro tema que en cierta manera se relaciona con el nuestro. ¿Podría haber existido antes de nuestros primeros padres otra humanidad ya desaparecida en el tiempo de la creación de Adán? Algunos lo postularon en el pasado con la doctrina del *preadamismo* (sostenida por Isaac de la Peyrère en 1655); esta teoría sin embargo no hablaba de la extinción de los preadamitas sino que sostenía que de ellos descenderían los paganos, mientras que de Adán sólo los judíos (evidentemente Isaac de la Peyrère era judío); la teoría cayó dos años después con la conversión de su autor. Los enciclopedistas del siglo XVIII la repitieron. Tal vez alguien la proponga para explicar algunos de los hallazgos arqueológicos de individuos que no parecen encuadrar completamente en la especie humana (homo sapiens).

Digamos que no tenemos datos para sostenerla bíblicamente, pero tampoco habría dificultades para aceptarla (salvo el que *debe ser probada y no sólo presentada a modo de hipótesis*) mientras se sostenga o bien que estas razas sub-humanas o pre-humanas o para-humanas o incluso humanas pero anteriores a Adán, desaparecieron antes de la creación de Adán, o subsistieron junto a la raza humana sin mezclarse con ella y perecieron después. Esto es puramente hipotético, pero no toca lo esencial del dogma: la creación de la raza humana por intervención divina y la unicidad de ésta (por los motivos ya dichos).

En cuanto a una posible evolución animal que habría terminado en el hombre actual hay que decir que en sí no hay estricto choque con la enseñanza de la fe cristiana mientras se acepte la dirección providencial sobre esta evolución y la creación, en un momento dado, del alma humana espiritual y su infusión – en este caso– en el individuo que comenzaría la raza estrictamente humana.

Sobre esto vuelvo al artículo más arriba citado de M. Artigas: "En 1950, en la encíclica *Humani generis*, el Papa Pío XII declaró que: 'el Magisterio de la Iglesia no prohíbe que, según el estado actual de las disciplinas humanas y de la sagrada teología, se investigue y discuta por los expertos en ambos campos la doctrina del *evolucionismo*, en cuanto busca el origen del cuerpo humano a partir de una materia viviente preexistente ya que la fe católica nos manda mantener que las almas son creadas directamente por Dios'[103] (...) En un discurso de 1985, dirigido a los participantes en un simposio sobre fe cristiana y evolución, el Papa Juan Pablo

---

[103] *Humani generis*, n. 29: AAS, 42 (1950), pp. 575-576.

II recordaba textualmente la enseñanza de Pío XII, afirmando
que: 'en base a estas consideraciones de mi predecesor, no existen
obstáculos entre la teoría de la evolución y la fe en la creación, si
se las entiende correctamente'[104] (...) Queda claro que 'entender
correctamente' significa admitir que las dimensiones espirituales
de la persona humana exigen una intervención especial por parte
de Dios, una creación inmediata del alma espiritual; pero se trata
de unas dimensiones y de una acción que, por principio, caen
fuera del objeto directo de la ciencia natural y no la contradicen en
modo alguno. Teniendo en cuenta las precisiones anteriormente
señaladas y remitiendo de nuevo a la enseñanza de Pío XII, Juan
Pablo II enseñaba en su catequesis, en 1986: 'Por tanto, se puede
decir que, desde el punto de vista de la doctrina de la fe, no se ven
dificultades para explicar el origen del hombre, en cuanto cuerpo,
mediante la hipótesis del evolucionismo. Es preciso, sin embargo,
añadir que la hipótesis propone solamente una probabilidad, no
una certeza científica. En cambio, la doctrina de la fe afirma de
modo invariable que el alma espiritual del hombre es creada
directamente por Dios. O sea, es posible, según la hipótesis
mencionada, que el cuerpo humano, siguiendo el orden impreso
por el Creador en las energías de la vida, haya sido preparado
gradualmente en las formas de seres vivientes antecedentes. Pero
el alma humana, de la cual depende en definitiva la humanidad del
hombre, siendo espiritual, no puede haber emergido de la
materia'[105]. En 1996, Juan Pablo II dirigió un mensaje a la
Academia Pontificia de Ciencias, reunida en asamblea plenaria. De
nuevo aludía a la enseñanza de Pío XII sobre el evolucionismo,
diciendo que: 'Teniendo en cuenta el estado de las investigaciones
científicas de esa época y también las exigencias propias de la
teología, la encíclica *Humani generis* consideraba la doctrina del
evolucionismo como una hipótesis seria, digna de una investigación y

[104] Juan Pablo II, *Discurso a estudiosos sobre "fe cristiana y teoría de la evolución"*, 20
abril 1985: Insegnamenti, VIII, 1 (1985), pp. 1131-1132.
[105] Juan Pablo II, *Audiencia general, El hombre, imagen de Dios, es un ser espiritual y
corporal*, 16 abril 1986: Insegnamenti, IX, 1 (1986), p. 1041.

de una reflexión profundas, al igual que la hipótesis opuesta'[106]. Y poco después añadía unas reflexiones que tienen gran interés, porque se hacen eco del progreso de la ciencia en el ámbito de la evolución en los tiempos recientes: 'Hoy, casi medio siglo después de la publicación de la encíclica, nuevos conocimientos llevan a pensar que la teoría de la evolución es más que una hipótesis. En efecto, es notable que esta teoría se haya impuesto paulatinamente al espíritu de los investigadores, a causa de una serie de descubrimientos hechos en diversas disciplinas del saber. La convergencia, de ningún modo buscada o provocada, de los resultados de trabajos realizados independientemente unos de otros, constituye de suyo un argumento significativo en favor de esta teoría'[107]. Estas palabras no deberían interpretarse como una aceptación acrítica de cualquier teoría de la evolución. En efecto, inmediatamente después de esas palabras, Juan Pablo II añade reflexiones importantes acerca del alcance de las teorías evolucionistas, de sus diferentes variantes, y de las filosofías que pueden estar implícitas en ellas. Especialmente interesantes son las amplias reflexiones que el Papa dedica a las ideas evolucionistas aplicadas al ser humano. Incluso podría decirse que ése es el núcleo de este documento del Papa (...)En este contexto, recuerda literalmente las palabras de Pío XII en la encíclica *Humani generis*, según las cuales el alma espiritual humana es creada inmediatamente por Dios. Y extrae la siguiente consecuencia: 'En consecuencia, las teorías de la evolución que, en función de las filosofías en las que se inspiran, consideran que el espíritu surge de las fuerzas de la materia viva o que se trata de un simple epifenómeno de esta materia, son incompatibles con la verdad sobre el hombre. Por otra parte, esas teorías son incapaces de fundar la dignidad de la persona'[108] (...) Juan Pablo II afirma que nos encontramos, en el ser humano, ante 'una diferencia de orden ontológico, ante un salto ontológico', y se pregunta si esa discontinuidad ontológica no contradice la continuidad física

---

[106] Juan Pablo II, *Mensaje a la Academia Pontificia de Ciencias*, 22 octubre 1996, n. 4: en L'Osservatore Romano, edición en castellano, 25 octubre 1996, p. 5.

[107] Ibid.

[108] Ibid. n. 5.

supuesta por la evolución. Su respuesta es que la ciencia y la metafísica utilizan dos perspectivas diferentes, y que la experiencia del nivel metafísico pone de manifiesto la existencia de dimensiones que se sitúan en un nivel ontológicamente superior, tales como la autoconciencia, la conciencia moral, la libertad, la experiencia estética y la experiencia religiosa. Añade, por fin, que a todo ello la teología añade el sentido último de la vida humana según los designios del Creador[109]"[110].

4. A MODO DE VISIÓN CONCLUSIVA

"...La actividad científica supone que existe un orden natural –dice Artigas, de quien transcribo todo este párrafo–. La ciencia experimental busca conocer ese orden, y cualquiera de sus logros es una manifestación particular del orden natural. Puede decirse de modo gráfico que a más ciencia, más orden: cuanto más progresa la ciencia, mejor conocemos el orden que existe en la naturaleza, aunque obviamente lo conocemos a nuestro modo, a través de representaciones que no siempre son simples fotografías de la realidad (...) Cuando reflexionamos sobre esta cosmovisión actual, que se encuentra penetrada de sutileza y de racionalidad, resulta inverosímil reducir la naturaleza al resultado de la actividad de fuerzas ciegas y casuales. Es mucho más lógico admitir que la racionalidad de la naturaleza refleja la acción de un Dios personal que la ha creado, imprimiendo en ella unas tendencias que explican la prodigiosa capacidad de formar sucesivas organizaciones, enormemente complejas y sofisticadas, en diferentes niveles, hasta llegar a la complejidad necesaria para que pueda existir el ser humano.

No me resisto a comentar aquí una especie de definición de la naturaleza propuesta por Tomás de Aquino, y que me parece más completa y profunda que las definiciones usuales. Al final de uno de sus comentarios a la Física de Aristóteles, Tomás de Aquino va

---

[109] Ibid., n. 6.
[110] Artigas, *Evolución, fe y teología...*, op. cit.

mucho más allá que su maestro y escribe: 'La naturaleza no es otra cosa sino el plan de un cierto arte, concretamente un arte divino, inscrito en las cosas, por el cual esas cosas se mueven hacia un fin determinado: como si quien construye un barco pudiese dar a las piezas de madera que pudieran moverse por sí mismas para producir la forma del barco'[111].

La comparación es mucho más actual ahora que en el siglo XIII: entonces no pasaba de ser una simple comparación, mientras que ahora podría ser la pura realidad. Contemplada bajo la perspectiva teísta, la naturaleza no pierde nada de lo que le es propio; al contrario, su dinamismo y sus potencialidades aparecen asentadas en un fundamento radical, que no es otro que la acción divina, que explica su existencia y sus notables propiedades. Toda la naturaleza aparece como el despliegue de la sabiduría y del poder divino que dirige el curso de los acontecimientos de acuerdo con sus planes, no sólo respetando la naturaleza, sino dándole el ser y haciendo posible que posea las características que le son propias. Dios es a la vez trascendente a la naturaleza, porque es distinto de ella y le da el ser, e inmanente a la naturaleza, porque su acción se extiende a todo lo que la naturaleza es, a lo más íntimo de su ser.

Esta perspectiva muestra que las presuntas oposiciones entre evolución y acción divina carecen de base. El naturalismo pretende desalojar a Dios del mundo en nombre de la ciencia, pero para ello debe cerrar los ojos a las dimensiones reales de la empresa científica. Puede hablarse de un 'naturalismo integral' que, en la línea de las reflexiones anteriores, contempla a la ciencia natural juntamente con sus supuestos y sus implicaciones, cuyo análisis conduce a las puertas de la metafísica y de la teología.

Muchos científicos de primera línea admiten que la evolución y la acción divina son compatibles. Por ejemplo, Francisco J. Ayala, uno de los principales representantes del neodarwinismo en la actualidad, ha escrito que la creación a partir de la nada 'es una

---

[111] Santo Tomás de Aquino, *In octo libros Physicorum Aristotelis Expositio*, Marietti, Torino-Roma 1965, libro 2, capítulo 8: lección 14, n. 268.

noción que, por su propia naturaleza, queda y siempre quedará fuera del ámbito de la ciencia' y que 'otras nociones que están fuera del ámbito de la ciencia son la existencia de Dios y de los espíritus, y cualquier actividad o proceso definido como estrictamente inmaterial'[112]. En efecto, para que algo pueda ser estudiado por las ciencias, debe incluir dimensiones materiales, que puedan someterse a experimentos controlables: y esto no sucede con el espíritu, ni con Dios, ni con la acción de Dios. Por otra parte, Ayala recoge la opinión de los teólogos según los cuales 'la existencia y la creación divinas son compatibles con la evolución y otros procesos naturales. La solución reside en aceptar la idea de que Dios opera a través de causas intermedias: que una persona sea una criatura divina no es incompatible con la noción de que haya sido concebida en el seno de la madre y que se mantenga y crezca por medio de alimentos... La evolución también puede ser considerada como un proceso natural a través del cual Dios trae las especies vivientes a la existencia de acuerdo con su plan'[113] (...).

La doctrina católica afirma que todo depende de Dios, y que 'la creación tiene su bondad y su perfección propias, pero no salió plenamente acabada de las manos del Creador. Fue creada *en estado de vía* (*in statu viae*) hacia una perfección última todavía por alcanzar, a la que Dios la destinó. Llamamos divina providencia a las disposiciones por las que Dios conduce la obra de la creación hacia esta perfección. Dios guarda y gobierna por su providencia todo lo que creó, alcanzando con fuerza de un extremo al otro del mundo y disponiendo todo con dulzura (Sb 8, 1). Porque todo está desnudo y patente a sus ojos (Hb 4. 13), incluso lo que la acción libre de las criaturas producirá'[114]. En esta perspectiva, se habla de Dios como Causa Primera del ser de todo lo que existe, y de las criaturas como causas segundas cuya existencia y actividad siempre supone la acción divina: 'Es una verdad inseparable de la

---

[112] Francisco J. Ayala. *La teoría de la evolución. De Darwin a los últimos avances de la genética*, Ediciones Temas de Hoy, Madrid 1994, p. 147.

[113] Ibid., pp. 21-22.

[114] Catecismo de la Iglesia católica, n. 302; cita a su vez al Concilio Vaticano I, DS 3003.

fe en Dios Creador: Dios actúa en las obras de sus criaturas. Es la causa primera que opera en y por las causas segundas (...) Esta verdad, lejos de disminuir la dignidad de la criatura, la realza'[115]. No es que Dios sea simplemente la primera entre una serie de causas del mismo tipo: su acción es el fundamento de la actividad de las criaturas, que no podrían existir ni actuar sin el permanente influjo de esa acción divina.

La existencia de Dios y su acción en la naturaleza serían, según el naturalismo, innecesarias. La naturaleza, incluido el hombre, sería el resultado de fuerzas ciegas. El darwinismo suele ser utilizado en este contexto para afirmar que Darwin ha hecho posible ser ateo de modo intelectualmente legítimo, porque el darwinismo mostraría que no es necesario admitir la acción divina para explicar el orden que existe en el mundo[116]. Se dice también que el darwinismo permitiría mostrar que debe desecharse la jerarquía de ideas que coloca a Dios en la cumbre e interpreta todo a partir de Dios: la explicación darwinista proporcionaría una especie de algoritmo general que explicaría, de modo ventajoso, lo que anteriormente se pretendía explicar recurriendo a la acción divina[117].

Estas doctrinas naturalistas suelen incurrir en un error filosófico básico: concretamente, suelen dar por supuesto que la acción divina y la acción de las causas naturales se encuentran en el mismo nivel. Si se admite esto, todas las acciones naturales serán interpretadas como si excluyeran la acción divina, y parecerá que el progreso científico, que proporciona un conocimiento cada vez más amplio de la actividad natural, pone cada vez más entre las cuerdas a la metafísica y a la teología. Vista en esta clave, la evolución parece, efectivamente, hacer innecesaria la acción divina. Sin embargo, *estos razonamientos naturalistas olvidan que la perspectiva científica, siendo no sólo legítima sino importante, es sólo una perspectiva, que no sólo no se debería oponer a las perspectivas metafísica y teológica, sino que más bien las exige, al menos si se desea obtener una idea*

[115] Ibid., n. 308.
[116] Cf. Richard Dawkins, *El relojero ciego*, Labor, Barcelona 1988.
[117] Cf. Daniel Dennett, *Darwin's dangerous idea*, Penguin Books, London 1996.

completa de los problemas. Tal como hemos apuntado anteriormente, la reflexión filosófica sobre los supuestos e implicaciones del progreso científico resultan plenamente coherentes con la perspectiva teísta. En cambio, la perspectiva naturalista resulta forzosamente incompleta, ya que se contenta con las explicaciones de la ciencia experimental, como si la razón y la experiencia humanas no pudieran ir más allá, y renuncia a ejercer el razonamiento metafísico, que es una de las características específicas del ser humano y que incluso resulta decisivo para el progreso científico.

El Papa Juan Pablo II, en un discurso a la Academia Pontificia de Ciencias, lo expresaba del modo siguiente: 'La Biblia nos habla del origen del universo y de su constitución, no para proporcionarnos un tratado científico, sino para precisar las relaciones del hombre con Dios y con el universo. La Sagrada Escritura quiere declarar simplemente que el mundo ha sido creado por Dios, y para enseñar esta verdad se expresa con los términos de la cosmología usual en la época del redactor. El libro sagrado quiere además comunicar a los hombres que el mundo no ha sido creado como sede de los dioses, tal como lo enseñaban otras cosmogonías y cosmologías, sino que ha sido creado al servicio del hombre y para la gloria de Dios. Cualquier otra enseñanza sobre el origen y la constitución del universo es ajena a las intenciones de la Biblia, que no pretende enseñar cómo ha sido hecho el cielo sino cómo se va al cielo. Cualquier hipótesis científica sobre el origen del mundo, como la de un átomo primitivo de donde se derivaría el conjunto del universo físico, deja abierto el problema que concierne al comienzo del universo. La ciencia no puede resolver por sí misma semejante cuestión: es preciso aquel saber humano que se eleva por encima de la física y de la astrofísica y que se llama metafísica; es preciso, sobre todo, el saber que viene de la revelación de Dios'[118].

---

[118] Juan Pablo II, *Discurso a la Academia Pontificia de Ciencias, Que la sabiduría de la humanidad acompañe siempre a la investigación científica*, 3 octubre 1981: Insegnamenti, IV, 2 (1981), pp. 331-332.

Dios no compite con la naturaleza. Los planteamientos que contraponen a Dios y a la naturaleza se basan en un equívoco metafísico: no se advierte que la existencia y la actividad de las causas segundas, en vez de hacer innecesaria la existencia y la actividad de la Causa Primera, resultan ininteligibles e imposibles sin ese fundamento radical. Ciertamente, pensar en términos de Causa Primera y de causas segundas exige situarse en una perspectiva metafísica que difícilmente adoptarán quienes piensan que la ciencia experimental agota el tipo de preguntas y respuestas asequibles al ser humano. Pero, por trivial que esto parezca, debería recordarse que cualquier reflexión sobre la ciencia, también cuando se hace para negar la legitimidad de un conocimiento que la sobrepase, supone aceptar una cierta dosis de pensamiento meta-científico (...). Con demasiada frecuencia, al tratar sobre el evolucionismo se consideran a Dios y a las criaturas como causas que compiten en el mismo nivel, ignorando la distinción entre la Causa Primera, que es causa de todo el ser de todo lo que existe, y las causas segundas creadas, que actúan sobre algo que preexiste y lo modifican, necesitando del constante concurso de la Causa Primera para existir y actuar en todo momento. En tal caso, cuando se ignora esta distinción, se plantea la disyuntiva: o Dios o las causas naturales. Entonces se tiene una idea empobrecida de Dios, que queda convertido en un *deus ex machina* que se introduce para explicar problemas particulares, especialmente el orden o ajuste entre diversas partes de la naturaleza (...).

No se debería formular el problema como una especie de 'competencia' entre Dios y la evolución para explicar la finalidad natural (...) La cosmovisión científica actual es muy coherente con la afirmación de la acción divina que sirve de fundamento a todo lo que existe. Dios es diferente de la naturaleza y la trasciende completamente, pero, a la vez, como Causa Primera, es inmanente a la naturaleza, está presente dondequiera que existe y actúa la criatura, haciendo posible su existencia y su actuación. Además, para la realización de sus planes, Dios cuenta con las causas segundas, de tal modo que la evolución resulta muy coherente con esa acción concertada de Dios con las criaturas"[119].

*   *   *

Por tanto, dejemos a los científicos con sus discusiones sobre el origen y desarrollo del cosmos, de la vida y del hombre (pidiéndoles solamente que se comporten profesionalmente como verdaderos hombres de ciencia, y que demuestren lo que afirman y sepan dudar de lo que es dudoso), y si viene al caso (y tienes vocación), sé también hombre de ciencia, pasando por la criba cuanto te venden como ya aceptado. Cuando una persona con voz seductora y atractiva te quiere vender un caballo diciéndote que es joven, *mírale primero los dientes al equino* y encontrarás que detrás de muchos timbres hechiceros, se esconde el sello de un charlatán.

Bibliografía para ampliar y profundizar

–E. Wasmann, *Catholics and Evolution*, en: Catholic Encyclopedia, Volume V, Robert Appleton Company, 1909.

–É. Gilson, *D'Aristote á Darwin et retour, Essai sur quelques constantes de la biophilosophie*, París 1971.

–Mariano Artigas, *Evolución, fe y teología. Desarrollos recientes en evolución y su repercusión para la fe y la teología*, Rev. Scripta Theologica, 32 (2000), pp. 249-273.*Grupo de Investigación sobre Ciencia, Razón y Fe (CRYF)*:Pagina de Internet: http://www.unav.es/cryf/desarrollosenevolucionyrepercusiones.html.

——————, *Las fronteras del evolucionismo*, MC, Madrid 1986.

–J. Morales Marín, *Evolución. Filosofía y visión de conjunto*, Gran Enciclopedia Rialp, 1991.

–E. Díaz Araujo, *Evolución y evolucionismo*, Universidad Autónoma de Guadalajara, Guadalajara 2000.

–Nicolás Marín Negueruela, *Con la razón y la fe o Problemas apologéticos*, Barcelona 1941.

---

[119] Artigas, *Evolución, fe y teología...*, op. cit.

–Dominique Lambert, *El universo de Georges Lemaître*, Rev. *Investigación y Ciencia*, Abril 2002; publicado también en www.arvo.net.

–Juan Pablo II, *Discurso a estudiosos sobre "fe cristiana y teoría de la evolución"*, 20 abril 1985.

—————————, *Audiencia general, El hombre, imagen de Dios, es un ser espiritual y corporal*, 16 abril 1986.

—————————, *Mensaje a la Academia Pontificia de Ciencias*, 22 octubre 1996.

—————————, *Discurso a la Academia Pontificia de Ciencias, Que la sabiduría de la humanidad acompañe siempre a la investigación científica*, 3 octubre 1981.

–Delgado, Mariano, *Adán, Eva y El Hombre Prehistórico*, Folletos Mc, 604, Palabra.

–Carlos Javier Alonso, *El evolucionismo y otros mitos. La crisis del paradigma darwinista*, EUNSA, Colección Astrolabio Ciencias.

–G. K. Chesterton, *El hombre eterno*, en: *Obras completas*, Plaza & Janés, Barcelona 1967, t.1 (hay traducciones mejores).

6.

LA VERDAD ROBADA SOBRE LA VIDA HUMANA

Cuándo comienza a ser humano un ser humano

Si estudias medicina, biología, embriología, farmacia, enfermería o alguna de las ciencias afines, no sería de extrañar que escuches las cosas más extravagantes sobre el momento en que un ser humano comienza a ser humano. Tal vez oigas decir que esto ocurre sólo dos semanas después de la concepción, o tal vez en el momento de la implantación (y siempre que ésta tenga lugar) o incluso más tarde. De aquí también sacarán algunas consecuencias lógicas: antes de ese momento "precisado" por la ciencia no hay un ser humano, y por tanto, no hay daño a un ser humano si es que se investiga y se daña "eso" que es el fruto de la concepción, ni hay homicidio si se lo destruye, ni hay ninguna tenebrosa operación si se lo usa como depósito de células, etc. Ten cuidado; te están preparando para que te prestes al juego macabro de destruir a tus semejantes quitándoles previamente el título de seres humanos. No sólo te están robando una verdad que ha sido parte de tu vida (tú también fuiste embrión y estás leyendo esto porque te trataron desde el primer instante como un ser humano) sino que piden tu complacencia para la matanza cotidiana que se lleva a cabo en nuestro mundo actual, o te invitan a que te asocies a los modernos carniceros.

Este capítulo tiene una importancia tal, que trataré de que sea lo más claro posible, aunque tendrás que hacer el esfuerzo de leer muchos términos técnicos que son necesarios para dejar clara esta verdad. Sin embargo, a pesar de su complejidad de lenguaje, verás que es una verdad no tan difícil de asimilar.

1. LA NATURALEZA BIOLÓGICA DEL EMBRIÓN

En primer lugar quisiera reseñar la exposición de dos autores, A. L. Vescovi, L. Spinardi, miembros del "Consorcio Nacional de Células Estaminales" de Italia, quienes nos invitan a seguir –con los datos de la ciencia actual– los diversos momentos del desarrollo de un embrión humano para sacar nuestras conclusiones sobre el momento en que comienza a ser "humano"[120]. A raíz del debate sobre la fecundación "asistida", utilización de células estaminales, clonación, etc., estos dos autores sientan las bases biológicas para dar una respuesta también biológica al debate sobre el comienzo de la vida. La pregunta clave que debe preceder toda discusión sobre este tema tiene que ver con ésta: ¿cuándo –si es que es posible determinarlo– comienza a haber vida propiamente humana? Ellos responden: biológica y lógicamente puede establecerse con certeza; antes de ver su respuesta, sigamos su exposición. Solamente nos circunscribiremos al proceso embrional (es decir hasta los dos meses de edad, a partir del cual el término "embrión" es sustituido por "feto"); ya con esto nos basta para nuestro intento. Algunos autores usan el término "embrión" para referirse a "esa realidad" que se desarrolla en el seno de una mujer "después de la implantación en el útero". Para los momentos previos, y por razones ideológicas, usan otros términos, como "preembrión" u otros semejantes. Es un abuso del lenguaje que viene con su *mala* intención incluida; de todos modos, no entramos en esta discusión; basta para nuestro objetivo con que, por simplificación del lenguaje, se nos conceda usar el término "embrión" para el proceso que va desde el momento de la concepción hasta cumplidos los dos meses.

A quien le resulten áridas algunas de las próximas páginas les recuerdo la importancia que tiene el tomar conciencia de los pasos en que se desenvuelve el desarrollo embrional (cuestión estrictamente científica), para tener una base correcta y cierta en el momento de discutir cuestiones filosóficas (e incluso teológicas) posteriores. No se puede curar al hombre si no se sabe lo que es el hombre, o con palabras de Gustave Thibon, el técnico de la medicina no puede saber qué tiene el enfermo mientras no sepa qué es el enfermo. No en vano se atribuye a Galeno (c. 130 d.C.) la expresión: "el mejor médico es también filósofo".

---

[120] A. L. Vescovi, L. Spinardi, *La natura biologica del embrione,* Revista Medicina e Morale 2004/ 1, pp. 53-63. Voy a seguir casi al pie de la letra este artículo, añadiendo algunas pocas cosas para aclarar más los conceptos, y resumiendo otras. Por esta razón, y para no dificultar más la lectura, no pongo entre comillas los textos literales de los autores.

a) El embrión y su origen

El desarrollo de un ser humano comienza con el encuentro en que un espermatozoide (célula masculina) se une con una célula huevo, óvulo (célula femenina), después de un acto sexual realizado en un período fértil de la mujer. Esto se denomina *fecundación*. La *fecundación* comprende una serie de acontecimientos sucesivos que van desde el *contacto* del espermatozoide con el óvulo a la *fusión* de las membranas celulares (lo que algunos llaman *singamia*), a la unión de los pronúcleos de las dos células (cada uno de los cuales posee 23 cromosomas) para dar origen a una nueva célula que posee un patrimonio genético completo (llamado *diploide*) de 46 cromosomas. Recordemos que las células de nuestro cuerpo se dividen en dos grandes especies: todas *menos una* (por tanto, las células nerviosas, musculares, epiteliales, óseas, etc.) tienen 46 cromosomas, es decir, el patrimonio completo con nuestra información genética (por esta razón se llaman *diploides*); la *única* que no comparte estas características es la célula sexual o *germinal* (llamada así por estar destinada a ser el germen de un nuevo ser; espermatozoide en el varón, óvulo en la mujer) que tiene sólo la mitad de ese patrimonio genético (23 cromosomas; uno de los cuales es denominado Y en el varón y X en la mujer) porque están destinadas a unirse formando un nuevo ser con patrimonio genético completo, mitad aportado por el engendrador (el padre) y mitad por la engendradora (la madre)[121].

La célula óvulo fecundada por el espermatozoide es una nueva entidad celular llamada *cigoto*. Este cigoto comenzará a dividirse primero en dos células, luego en cuatro, etc. Las dos células que se originan de la primera división celular parecen poseer características diferentes, que persisten en las divisiones celulares sucesivas, en cuanto de la progenie de una de las células se origina el embrión y de la progenie de la otra los anexos embrionales

---

[121] De aquí puedes también deducir que la misma naturaleza sólo tiene dos sexos, pues las células germinales son complementarias una (la del varón) con la otra (la de la mujer). No hay una tercera célula que sea complementaria con células de su misma clase. Por eso no hay un tercer sexo; la homosexualidad no es natural, como puede deducirse ya de este argumento genético.

(entre los cuales está la placenta). Sin embargo no se puede hablar de "destino" celular, porque si una de las primeras células es removida, las restantes están en condiciones de compensar su falta.

Después de la fecundación, las primeras divisiones celulares del cigoto ocurren lentamente en un proceso llamado *segmentación*, que, partiendo de una célula, lleva a la formación de dos, cuatro, ocho y dieciséis células. Las células así formadas se llaman *blastómeros* y el organismo en su conjunto se denomina *mórula* (por la semejanza que tiene con una mora). Muchos cigotos no sobrepasan este estado de desarrollo y mueren por aborto espontáneo (por tanto, antes de llegar a la implantación). Cuando la mórula llega al útero está constituida por 32 células y comienza a inflarse absorbiendo líquidos entre los blastómeros. Los espacios que contienen los líquidos se reagrupan dando origen a una cavidad; cuando esta cavidad se hace evidente, todo el organismo viene llamado *blastocisto*. Las células más externas del blastocisto, sobre todo las que rodean la cavidad, asumen una forma chata y dan origen a las células del trofoblasto . Estas células contribuirán a la formación de los anexos embrionales. Las células más internas del blastocisto dan origen a las células del *nudo embrional*: éstas contribuirán a la formación del nuevo organismo. Las células del nudo embrional (*inner mass cells*) pueden dar origen a todos los tipos celulares presentes en el individuo adulto; por eso son llamadas *pluripotentes*, aunque no es correcto definirlas (como algunos lo hacen) *totipotentes,* porque no son capaces de originar las células que constituyen los anexos embrionales (que se originan exclusivamente de los trofoblastos). Las células estaminales (células madre) embrionales son separadas, precisamente, de las células del nudo embrional.

En el útero, el blastocisto se agranda y se adhiere al endometrio (se llama así a la pared interna del útero) por medio de los trofoblastos. Este hecho se denomina *implantación* del blastocisto, y ocurre seis días después de la fecundación. El embrión inicia así la segunda semana de desarrollo. La implantación del blastocisto se completa en tres o cuatro días y está generalmente terminada antes del día doce. Durante la implantación, las células trofoblásticas toman contacto activamente con la superficie del endometrio y penetran totalmente el epitelio de la mucosa. En el punto de contacto con la mucosa uterina, se desarrolla un *sistema circulatorio primitivo*, que provee de nutrición al blastocisto implantado y a los anexos embrionales que se están formando. La cavidad del blastocisto tiende a dilatarse y se da la separación definitiva entre las células del nudo embrional y los trofoblastos. Se forma así el primer anexo embrional llamado *cavidad amniótica*. De los trofoblastos se origina otro anexo embrional, llamado *corion* (membrana que envuelve al embrión y que delimita con la pared uterina) del que se derivan sucesivamente las vellosidades coriónicas y, por último, la placenta. El blastocisto está así completamente anidado en la mucosa rica de espacios intersticiales irrigados por la sangre materna. Cuando se desarrolla la circulación sanguínea fetal, la sangre fetal y la materna permanecen separadas y nutrientes, y difunden oxígeno y productos de descarte en la justa dirección a través de la barrera de la placenta.

b) Desde la implantación hasta la gastrulación

Durante las fases de implantación en el útero, los trofoblastos se diferencian de forma anticipada a las células del nudo embrional para garantizar la nutrición del embrión. Sin embargo también las células del nudo embrional tienen una serie de cambios. Ante todo se dividen para dar origen al disco embrional diblástico (o ectodermo primitivo) y el hipoblasto (o endodermo primitivo) más interior. Los anexos embrionales de soporte son externos al embrión que comienza a desarrollarse independientemente, aún permaneciendo en estrecha continuidad con ellos.

Al comienzo de la tercera semana de desarrollo, las células del epiblasto se espesan y dan origen a una estructura llamada *línea primitiva*, que se extiende desde la extremidad caudal al centro del disco embrional, definiendo así el eje antero-posterior y la simetría bilateral del embrión. Algunas células del epiblasto emigran y terminarán por dar origen a tres capas llamadas ectodermo, mesodermo y endodermo. Todo este proceso es llamado *gastrulación*. Hay que poner de relieve que todos los tejidos del futuro organismo se derivan del epiblasto; al día de hoy parece que el hipoblasto no contribuye a la formación de ninguna estructura embrional, sino que tendría una función transitoria: proteger el epiblasto.

La *gastrulación* es un punto de crucial importancia en el desarrollo embrional; durante este proceso una blástula esencialmente esférica se transforma en una estructura cilíndrica con una cabeza y cola y tres paredes embrionales distintas. Del ectodermo se originará la piel, el sistema nervioso y las estructuras sensoriales de ojos, oídos y nariz. Del mesodermo tendrán origen el sistema óseo, el muscular y el circulatorio. Del endodermo se originarán los epitelios de revestimiento, como el aparato digestivo y del aparato respiratorio.

c) De la formación del sistema nervioso central a la organogénesis

Con el término *neurulación* se indica una serie de procesos que conducen a la formación del sistema nervioso central en el embrión. De la extremidad craneal de la línea primitiva, se desarrolla en el mesodermo una larga estructura que se extiende más allá de la dirección craneal. Esta estructura es llamada *notocorda* y constituye el eje antero-posterior del embrión. Sobre los lados de la notocorda se desarrollará la columna vertebral. En este estadio de desarrollo, la notocorda y los tejidos adyacentes ejercitan una inducción primaria sobre el ectodermo del que se origina la placa *neural*. Ésta se eleva de ambos lados de la notocorda originando los pliegues cefálicos. Los pliegues cefálicos se unen englobando el tubo neural, comenzando del centro hacia las dos extremidades, con un mecanismo semejante al del "cierre relámpago". Este proceso está completo para el final de la tercera semana del desarrollo embrional. El mesodermo, que confina con el tubo neural, se diferencia en una serie de estructuras llamadas *somitas*. El primer par de somitas aparece en la parte craneal del tubo neural en el día veinte después de la fecundación. Las otras somitas se forman poco a poco en dirección caudal hasta el día treinta. Las células *mesenquimales* que provienen de las somitas dan origen a la mayor parte de las estructuras del esqueleto y del sistema muscular.

La formación del sistema circulatorio fetal comienza en el embrión tres semanas después de la fecundación, mientras la sangre fetal no comienza a ser producida antes de la quinta semana. El corazón aparece como un gran vaso sanguíneo, que se repliega sobre sí mismo para originar las aurículas y ventrículos que lo constituyen en su forma final. Sin embargo, ya en su estructura primera con forma de tubo, las membranas plasmáticas de algunas de sus células poseen un potencial eléctrico y una capacidad contráctil para hacer que el corazón comience a batir desde la tercera semana formando así un sistema circulatorio primitivo.

Las principales estructuras del organismo y las conexiones entre los varios órganos y sistemas se forman entre la cuarta y la octava semana del desarrollo embrional. Ante todo el embrión se repliega varias vueltas, transformando la estructura linear y plana del tubo neural y de las somitas en una estructura con forma de "C". Este cambio estructural da al cerebro, al intestino y a otros órganos una posición más apta para la formación de las conexiones anatómicas. Durante la cuarta semana las extremidades del tubo neural se cierran, delimitando así lo que se convertirá en el sistema nervioso central. Durante la cuarta semana aparecen también los bosquejos cartilaginosos de los miembros. Durante la clausura del tubo neural, se desarrollan las estructuras primordiales del cerebro. Los nervios del cráneo, como aquellos de los ojos y de los músculos de la cara, comienzan a desarrollarse en esta etapa. El cerebro embrional comienza a desarrollarse en torno a la quinta semana, así como aparecen en este estadio también la vesícula óptica y la retina del ojo. El desarrollo continúa con la aparición de los diversos órganos, del aparato esquelético, de los miembros y de la cara. Todo esto ocurre después de la octava semana desde la fecundación, cuando el embrión ya es llamado *feto*. Si bien los elementos base del proceso han sido establecidos durante el desarrollo del embrión, el pleno desarrollo del plano corpóreo y las infinitas conexiones entre todos los aparatos del cuerpo se desarrollan durante el estadio fetal para continuar incluso después del nacimiento.

2. ALGUNAS CONSIDERACIONES

Teniendo en cuenta lo que acabamos de exponer, siguiendo a Vescovi y Spinardi (que son semejantes a las que pueden encontrarse en el capítulo de embriología humana de cualquier manual de medicina o biología), podemos sacar algunas conclusiones de enorme importancia.

a) La naturaleza del embrión

La primera cuestión la plantean muy bien los mismos autores que venimos citando: "El problema principal de la discusión sobre la naturaleza del embrión se centra sobre un punto fundamental: ¿donde es lícito, desde un punto de vista estrictamente biológico, delinear el límite entre la vida y la 'no-vida'?"; o sea, ¿podemos determinar un momento en este proceso en el que podamos decir que antes no hay vida humana y después sí? "La respuesta –siguen diciendo– es, en realidad, dramáticamente simple. Y es ésta: el inicio de la vida coincide con el acto de la formación de una entidad biológica que contiene y está dotada del programa entero de crecimiento y de la información necesaria para desenvolver y atravesar todos los estadios de desarrollo que caracterizan a un ser humano y que son parte integrante de su historia natural –cigoto, mórula, blastocisto, embrión, feto, neonato, niño, adolescente, hombre– hasta la muerte. Esta última coincide con la pérdida y/o destrucción de tal información y/o capacidad. Sobre esta base, resulta evidente cómo el inicio de la vida, en un ser humano, coincide con el acto de la fusión entre el espermatozoide y el óvulo, el cual lleva a la creación del cigoto y al desencadenarse de aquella cadena de eventos que culminan luego en el nacimiento de un neonato".

Incluso estos autores nos proponen hacer el análisis desde la perspectiva contraria: partiendo de un individuo adulto, tratemos de recorrer hacia atrás su historia biológica, buscando una "solución de continuidad" (es decir, una *interrupción*) en su proceso vital. "Notaremos inmediatamente que tal solución de continuidad ocurre sólo en el acto de la fecundación". En todos los demás estadios de desarrollo la vida (y se refieren a una vida autónoma, promovida y dirigida *desde el mismo embrión*) está presente. A tal punto "que los diversos estadios a menudo sugeridos como puntos de confín entre la vida y la no-vida –la implantación en el útero, la formación del cerebro, la autoconciencia– saltan como arbitrarios. Estos estadios subrayan exclusivamente el confín entre fases diversas del desarrollo vital, pero todos contenidos en el interior de este último, del cual no representan ningún confín".

De aquí, terminan diciendo, todas las tentativas de reducir el embrión a una entidad privada de vida son vagas e insostenibles biológica y lógicamente.

Así, por ejemplo, sostener –como han afirmado algunos autores– que el embrión no es un ser vivo porque es incapaz de "comunicarse" (relacionarse) es absurdo porque el embrión *se comunica con su madre* desde los primerísimos estadios de desarrollo; lo hace a través del intercambio de moléculas químicas muy específicas. La discriminación entre vida y no-vida, por tanto, no se basa en la incapacidad de comunicarse sino en la *forma de comunicación* usada: *química* en el embrión, *mecánica* (el sonido, la vibración del aire) en el adulto. Para los que niegan al embrión el estatuto de ser humano el problema es que se relaciona con su madre sin usar la voz o los gestos de su cara o manos.

La misma falacia encontramos en los que niegan al embrión la categoría de ser humano porque sería incapaz de elaborar información o de obrar de modo autoconciente; si así fuera podríamos llegar a catalogar como no-vivientes a un significativo número de afectados por importantes patologías, como por ejemplo, los enfermos de Alzheimer, morbo que puede anular totalmente las facultades cognoscitivas[122].

b) El momento de la animación

Al hablar del alma humana hemos dicho que un ser humano es tal porque tiene alma espiritual. Si decimos que el embrión es un ser humano, tenemos que afirmar al mismo tiempo que tiene alma: lo que no tiene alma espiritual no es humano. Ahora bien, ¿desde qué momento es persona humana, es decir, tiene alma humana (o sea, espiritual)?

No vamos a volver a considerar las respuestas que muchos pensadores dan respecto del ser humano; basta con que sólo las tengamos en cuenta. Algunos sostienen que el hombre es el fruto de la casualidad o del azar (es decir, de la casual confluencia de factores que dieron como fruto no un trozo de mármol o una espiga de trigo, sino un hombre). Los que así responden concluyen a la corta o a la larga diciendo que el hombre es un absurdo (Sartre se animó a decir con claridad que para él, el hombre es "una pasión inútil, un ser vomitado al mundo, condenado a ser libre y destinado a la nada"). Pero no es posible pensar (en serio) así, ni menos todavía obrar en consecuencia con esta afirmación. En efecto, lo que nace de la casualidad, vive por casualidad y está entregado a la casualidad, sin ley ni fin alguno, y ningún hombre puede llevar una vida con esta perspectiva. Escribe, al respecto, Basso: "Más concretamente, cabe preguntarse: ¿podría ser que la vida, con sus perfecciones distintivas (la complejidad de sus mecanismos, sus preparaciones remotas y sus acondicionamientos próximos) sea simple producto del azar? Si se ha hecho, una sola vez siquiera, el cálculo aproximado del número matemáticamente infinito de coincidencias fortuitas necesarias para juntar en una minúscula célula de cuatro micrones por dos (el espermatozoide) 23 cromo-

---

[122] Sobre las discusiones sobre el llamado *estatuto biológico del embrión* (o sea su *naturaleza*, el *qué es* el embrión) puede verse el documentado e interesante artículo de Jesús Ballesteros, *El estatuto del embrión*, Fundación Interamericana Ciencia y Vida, http://www.ulia.org/ficv/.

somas con sus 50.000 genes perfectamente programados, se caerá en la cuenta afirmativa a la pregunta mencionada. Creer hasta tal punto en la casualidad. ¡vaya si puede llamarse fe!"[123].

Otros han sostenido que el ser humano en estado embrional es un "material biológico" potencialmente humano, y que sólo adquiere el estatuto de persona mediante el libre reconocimiento y la libre aceptación por parte de la sociedad de los adultos[124]. Por ejemplo, René Frydman, afirma que los embriones no poseen los atributos de la persona humana, sino sólo su potencialidad. Para adquirirlos les debe salir al encuentro el deseo del hijo por parte del adulto, y deben superar las dificultades concretas del desarrollo. La persona sería, de este modo, una construcción social, el fruto artificial de una adopción social selectiva y arbitraria. Del mismo modo, de aquí concluirán (con lógica consecuencia) que uno puede luego renunciar a su personalidad al desear no vivir; por tanto quitarle la vida a quien ya no quiere relacionarse con sus semejantes o a quienes sus semejantes segregan de su sociedad... no sería un homicidio (¡ahí tenemos legitimada la eutanasia!).

Nosotros hemos ya dicho que el hombre comienza a ser persona, ser humano, al recibir de Dios el alma espiritual que hace la función de forma en el compuesto humano. La doctrina católica lo afirma diciendo: *"Dios creó al hombre a su imagen, a imagen de Dios lo creó, hombre y mujer los creó* (Gn 1,27). El hombre ocupa un lugar único en la creación: *está hecho a imagen de Dios*; en su propia naturaleza une el mundo espiritual y el mundo material; es creado *hombre y mujer*; Dios lo estableció en la amistad con Él. De todas las criaturas visibles sólo el hombre es capaz de conocer y amar a su Creador; es la única criatura en la tierra a la que Dios ha amado por sí misma; sólo él está llamado a participar, por el conocimiento y el amor, en la vida de Dios. Para este fin ha sido creado y ésta es la razón fundamental de su dignidad: '¿Qué cosa, o quién, preguntaba Santa Catalina de Siena dirigiéndose a Dios,

---

[123] Basso, op. cit., p.20.

[124] Cf. al respecto el sugestivo artículo de Angel Rodríguez Luño, *El concepto de respeto en la instrucción Donum vitae*, en: Rev. Anthropotes 2 (1988), 261-272.

fue el motivo de que establecieras al hombre en semejante dignidad? Ciertamente, nada que no fuera el amor inextinguible con el que contemplaste a tu criatura en ti mismo y te dejaste cautivar de amor por ella. Por amor lo creaste, por amor le diste un ser capaz de gustar tu Bien eterno'. Por haber sido hecho a imagen de Dios, el ser humano tiene la dignidad de persona; no es solamente algo, sino alguien. Es capaz de conocerse, de poseerse y de darse libremente y entrar en comunión con otras personas; y es llamado, por la gracia, a una alianza con su Creador, a ofrecerle una respuesta de fe y de amor que ningún otro ser puede dar en su lugar"[125].

Ya hemos tratado de este tema en el capítulo correspondiente al alma; ahora lo que se nos plantea es algo que precisamente en ese capítulo quedó pendiente: ¿y cuándo comienza el alma a estar presente en este ser que empieza a tener vida con la concepción y terminará en su muerte natural (tal vez en una adentrada vejez)?

Es claro que quienes dicen que el hombre es fruto del azar dirán que comienza a ser persona cuando la casualidad lo produce y, por tanto, dependerá del azar en cada caso. Los que sostienen la tesis relacional, dirán que cuando la sociedad acepta el nuevo individuo (por tanto, un embrión no aceptado como persona, o un embarazo "no deseado" determinan que "esa realidad" no sea una persona humana). Pero quienes sostienen que todo comienza con una intervención creadora del alma por parte de Dios (la animación) habrán de concluir que el nuevo ser comienza a ser persona cuando Dios infunde el alma humana en un organismo apto para recibirla.

Aceptando esta posición que dice que el alma es creada e infundida por Dios, nos encontramos con un dato histórico de curioso interés: la *teoría de la animación retardada*. Esta teoría fue defendida en la antigüedad no sólo por filósofos paganos como Aristóteles (con su teoría conocida como *epigénesis*, aunque él no usara este término puesto recién en 1651 por William Harvey) sino también —varios siglos más tarde— por grandes pensadores

---

[125] Catecismo de la Iglesia Católica, nnº 355-357.

cristianos, tanto hombres de ciencia como teólogos incluso de la talla de San Alberto Magno y Santo Tomás de Aquino[126]. La teoría de Aristóteles decía que la formación de los organismos vivientes se realiza por un lento proceso en el que éstos van adquiriendo lentamente su forma definitiva, sustituyéndose sucesivamente formas imperfectas por otras más perfectas hasta llegar a la definitiva[127]; Aristóteles sostenía esto en contra de Demócrito quien había defendido la teoría de la preformación implícita, precursora de todas las teorías preformistas (el preformismo sostenía –no sé si tendrá en la actualidad defensores– que los órganos de todo organismo ya están preformados en el óvulo o en el espermatozoide; o sea, tendríamos –en el caso del hombre– una especie de hombrecillo perfecto pero microscópico u *homúnculo* como lo llamaron algunos y como puede verse en la obra literaria *Fausto* de Goethe). El peligro que los científicos y teólogos medievales quisieron evitar al volver a la animación retardada aristotélica era precisamente este preformismo que defendieron algunos teólogos agustinianos. En contra de esto Santo Tomás –quien, como todos los pensadores, no podía contar con otros datos que los que le ofrecía la ciencia de su tiempo– defendió esta animación retardada diciendo que "el cuerpo se forma y se va disponiendo sucesivamente con vistas al alma", recibiendo una serie de "almas" (no espirituales sino imperfectas, por tanto, como las que tienen los seres no humanos) que se van reemplazando, de tal modo que "cuando está imperfectamente dispuesto, recibe un alma imperfecta; y después, cuando está dispuesto perfectamente, recibe el alma perfecta", ésta sí, espiritual; precisamente Santo Tomás recuerda esta doctrina a propósito del caso de Cristo quien para él fue una excepción puesto que su "cuerpo (...) debido al poder infinito del Dios, estuvo perfectamente dispuesto desde el primer instante, y

---

[126] Se puede ver la discusión sobre este tema y cómo fue evolucionando la disputa en Domingo Basso, *Nacer y Morir con dignidad*, Consorcio de médicos católicos, Bs.As., ¹1989, pp. 89-108
[127] Aristóteles, *De generatione*, II, 734a.

por eso en el primer instante recibió la forma perfecta, es decir, el alma racional"[128]. Quiero destacar esta teoría por dos cosas:

1° La primera es que, aunque los partidarios de la animación retardada admitían que sólo en los últimos estadios de su formación el embrión recibía el alma espiritual e inmortal, condenaban igualmente como crimen el aborto. Hubo alguna vacilación al respecto en algunos teólogos como Pedro Lombardo[129]. Sin embargo, estos mismos autores sostenían que el aborto de los embriones todavía inanimados si bien *no era homicidio era igualmente ilícito*. De todos modos, no fue así la doctrina de la Iglesia y la de la mayoría de los teólogos. Quiero aclarar que las discusiones sobre el tema no giraban sobre la aprobación del aborto en estos casos sino sobre la *despenalización* (o sea, no poner penas canónicas) en caso de que un feto todavía no fuese humano[130]. Es interesante que la mayoría de los antiguos autores, aun aceptando –sea como cierta o como posible– la animación retardada sostuvieron siempre la gravedad del aborto en cualquiera de sus etapas[131]. Quienes han estudiado las implicaciones de la doctrina de Santo Tomás sobre este tema afirman que él, aún sosteniendo la animación retardada, no aceptó la licitud del aborto en ninguna etapa en razón del principio que sostiene que "lo que la naturaleza intenta, lo intenta Dios a través de ella"; por tanto interrumpir el proceso biológico de un ser humano es intentar impedir la aparición de una vida humana

---

[128] Cf. Santo Tomás, *Suma Teológica*, III, 33, 2 ad 3.

[129] De todos modos destaquemos que Pedro Lombardo y quienes lo siguieron, se basaron en la doctrina de Aristóteles y en un texto bíblico (el pasaje de Éxodo 21,22) que creían que afirmaba que no era homicidio si en una pelea se producía, por los golpes, el aborto de una mujer *y el feto todavía no estaba animado o era informe*; pero luego se supo que el texto estaba alterado por la versión griega de la Biblia y que el original no dice eso.

[130] Se pueden ver los documentos de la discusión en Basso, *op.cit.*, pp. 104-105.

[131] Pueden verse los textos en la declaración *De aborto procurato*, de la Congregación para la Fe (año 1974), n. 7; resumiendo esto dice: "a lo largo de toda la historia, los Padres de la Iglesia, sus pastores, sus doctores, han enseñado la misma doctrina [la ilicitud del aborto], sin que las diversas opiniones acerca del momento de la infusión del alma espiritual en el cuerpo hayan suscitado duda sobre la ilegitimidad del aborto".

querida por Dios, y será, así, un atentado contra una vida humana, ya sea directo (si ya ha sido infundida el alma) o indirecto (si aún no hubiese sido infundida); en esto Santo Tomás y los antiguos moralistas se guiaban por el principio: "vida probable, vida cierta", queriendo decir mientras haya seria probabilidad de que exista vida humana personal, hay que comportarse como si existiera total certeza, por el riesgo que implica exponerse conscientemente a cometer un homicidio[132].

2º   Esta discusión es valiosa también porque fue elaborada por la insuficiencia de los datos científicos que manejaban sobre el embrión; otra hubiese sido la solución de estos científicos, filósofos y teólogos si hubieran poseído los datos aportados por la biogenética actual que nos hace conocer cómo los miembros y órganos definitivos no se encuentran actualmente presentes en el espermatozoide ni en el óvulo ni en el embrión –propuesta grosera del preformismo– pero tampoco hace falta esperar a un momento tardío en la evolución del embrión para ver que se dan las condiciones de una materia –cuerpo– adecuadamente dispuesta para recibir el alma, pues en el momento mismo de la concepción se da ya la totalidad del patrimonio genético en el que se contienen perfectamente, aunque en estado potencial, todas las virtualidades que el embrión, el feto, el niño y el futuro adulto desarrollarán con el paso del tiempo *siempre a partir de las órdenes emanadas del mismo embrión*. Santo Tomás aceptaba que Dios podía preparar un cuerpo que estuviese perfecto desde el primer instante y *en tal caso* recibiría el alma inmediatamente (para él así fue el caso de Cristo). Estoy seguro de que si Santo Tomás hubiese conocido lo que es realmente el embrión, su patrimonio genético y su capacidad de *autodirigirse* a sí mismo en el proceso de gestación, hubiese considerado tal estado como el estado de perfección (relativa) necesaria para juzgar la materia dispuesta para el alma y no habría tenido necesidad de distinguir el caso de Cristo

---

[132] Sobre esta posición de Santo Tomás puede verse Basso, *op. cit.*, pp. 107-108; Giovanni di Giannatale, *La posizione di San Tommaso dul'aborto*, Rev. Doctor Communis, (1981), n. 3; pp. 296-311.

del de los demás hombres en cuanto al momento de su animación.

Señalo que la discusión antigua de la animación retardada es un dato muy valioso –no, como algunos erróneamente piensan, como una *objeción* a la doctrina católica *desde sus mismos teólogos*– porque nos muestra que: (a) el sostener una animación retardada (como de hecho sostienen muchos científicos actuales, aunque no hablen de animación sino de hominización o personalización) es un error ligado a una incomprensión de la naturaleza biológica del embrión; si los científicos, filósofos y teólogos del pasado cayeron en este desacierto, no puede suceder lo mismo en nuestros días con el conocimiento que tenemos de la genética y la embriología; y (b) nos muestra que a pesar de que se sostuviese tal animación retardada, la actitud moral será siempre la de respeto absoluto por el embrión.

Ahora bien, debemos ser conscientes de que así como no podemos tener un conocimiento directo y experimental ni del alma ni del acto creador divino, tampoco podemos dar una respuesta "directa" a la cuestión del *momento en que se produce la infusión del alma*. Sin embargo, con lo que hemos dicho más arriba sobre el desarrollo biológico del embrión, podemos intentar una respuesta "indirecta". Esta respuesta indirecta se basa en un dato *absolutamente objetivo* que nos permite constatar con certeza que en tal o cual momento en este nuevo ser *se dan ya las condiciones* para que sea una persona humana; si se verifican tales condiciones, entonces deberemos concluir que es una persona humana (o al menos hay que concluir que *no se puede decir lo contrario, es decir que "no es una persona humana"*). Este dato existe –y hoy en día reforzado por los estudios de genética–: en todo el proceso que va del acto sexual entre un hombre y una mujer, la fecundación, su desarrollo embrional, nacimiento, crecimiento, adultez, ancianidad y muerte, sólo hay un dato objetivo que nos permita decir: *"biológicamente en **este momento** hay un nuevo ser"*. Tal momento es la concepción o fecundación que da como resultado un nuevo ser plenamente individualizado, diverso de las células que le dan origen y diverso del organismo materno que lo anida[133].

Quisiera mostrar esto reproduciendo textualmente unas páginas de un estudio muy valioso del Prof. Angelo Serra (genetista de enorme prestigio)[134]. Se trata del punto en el que este autor, después de haber expuesto el desarrollo biológico del embrión de modo muy semejante a como hicimos nosotros más arriba, pasa a lo que denomina "la inducción biológica", o sea, proceso por el cual un científico, partiendo de los datos experimentales que le da la ciencia, llega a conclusiones probadas. Dice textualmente: "Hasta ahora se han descrito brevemente los primeros estadios del desarrollo del embrión humano, y se ha hecho una aproximación a su control genético. No se ha intentado ni verificar ni falsificar ninguna hipótesis particular. El objetivo era dar a conocer algunos aspectos esenciales del complejo proceso biológico que es el desarrollo de un ser humano. Este conocimiento es la premisa necesaria para la respuesta a las preguntas: 1) *¿Cuál es el estado de un embrión humano precoz?* , y 2) *¿Cuándo comienza un ser humano su ciclo vital?* Para responder a estas preguntas no es necesario formular nuevas

---

[133] Afirma Angelo Serra: "Ya la primera célula del nuevo ser resulta de la fusión de dos gametos, células a su vez estupendamente ordenadas una a la otra. Son dos sistemas biológicos complejos y diversos entre sí que dan origen a un tercer sistema que es a su vez diverso de los dos primeros. *Después de dos segundos* desde el momento del encuentro entre las dos células germinales, la tercera célula tiene ya una identidad propia: se modifica el PH, se remodela el DNA, inicia la división de los cromosomas y comienza a formarse el primer RNA mensajero. A dos segundos de distancia del instante "x" el embrión tiene una identidad nueva con el genoma bien identificado, es decir, con la marca humana impresa, única e irrepetible. Por tanto, la única fase de suspensión, entre el ya y el todavía no, está representada por aquellos dos segundos iniciales, que sin embargo, son relevables tan sólo teóricamente". Todos los ulteriores cambios y mutaciones, hasta el momento de la muerte por vejez de este individuo son, respecto de este cambio, accidentales y secundarios. (Reportaje a Angelo Serra S.I., uno de los más eminentes genetistas italianos del fines del siglo XX; por Daniele Nardi, *Sì alla vita*, en: "La Via", maggio 1991).

[134] Angelo Serra, *La contribución de la Biología al estatuto del embrión*, www.bioeticaweb.com.

hipótesis, sino simplemente analizar nuestros datos inductivamente (...)".

Y pasa luego a señalar cómo no puede señalarse otro momento, como comienzo y adquisición del estatuto definitivo de un ser humano (o sea, cuando comienza a ser persona, y, desde nuestro punto de vista, cuando es el momento de la infusión del alma) que el de la fecundación; porque a partir de este momento se dan en ese ser tres propiedades fundamentales que indican que tenemos un individuo autónomo y acabado (en cuanto a la individuación) aunque no haya desarrollado todavía todas sus virtualidades. Esas tres propiedades son: la coordinación, la continuidad y la gradualidad. Sigue diciendo Serra:

a. La coordinación. La primera propiedad es *la coordinación.* El desarrollo embrional, desde el momento de la fusión de los gametos hasta el de la formación del disco embrional alrededor de los 14 días tras la fecundación, y todavía más evidentemente después, es un proceso donde existe una secuencia e interacción coordinada de actividad molecular y celular, bajo el control del nuevo genoma, que es modulado por una cascada ininterrumpida de señales transmitidas de célula a célula y del ambiente externo y/o interno a las células singulares.

Precisamente esta innegable propiedad *implica,* y aún más, *exige* una rigurosa *unidad* del ser que está en constante desarrollo. Cuanto más progresa la investigación científica, más parece que el nuevo genoma garantiza esta unidad, donde un gran número de genes reguladores aseguran el tiempo exacto, el lugar preciso y la especificidad de los eventos morfogenéticos. J. Van Blerkom, concluyendo un análisis de la naturaleza del programa de desarrollo de los primeros estadios de los embriones de los mamíferos, subraya claramente esta propiedad: 'Las pruebas disponibles sugieren que los eventos en el ovocito en maduración y en el embrión precoz siguen una secuencia directa de un programa intrínseco. La evidente autonomía de este programa indica una interdependencia y coordinación a los niveles molecular y celular, que tiene como resultado la manifestación de una cascada de acontecimientos morfogenéticos'[135].

Todo esto conduce a la conclusión de que el embrión humano –como cualquier otro embrión– también en sus primeros estadios *no es,* como afirma N.M. Ford 'tan sólo un amasijo de células', 'cada una de las cuales es un individuo ontológicamente distinto'[136], sino que el embrión completo es un *individuo real,* donde las células singulares están *estrictamente integradas* en un proceso mediante el cual traduce autónomamente, momento por momento, su propio *espacio genético* en su propio *espacio organísmico.*

b. La continuidad. La segunda propiedad es la *continuidad.* Parece innegable, sobre la base de los datos hasta ahora presentados, que en la fecundación se inicia un nuevo ciclo vital. 'La función última del espermatozoide es fundirse con la membrana plasmática del oocito. En el momento de la fusión [singamia] deja de ser un espermatozoide y aparece como parte de una célula formada de nuevo, el cigoto'[137]. El cigoto es el *principio* del nuevo organismo, que se encuentra precisamente al inicio de su ciclo vital. Si se considera el perfil dinámico de este ciclo en el tiempo, se observa claramente que procede sin interrupciones: el primer ciclo no termina en el disco embrionario, ni se inicia otro ciclo desde aquel punto en adelante. Un acontecimiento singular, como la multiplicación celular o la aparición de varios tejidos y órganos, puede aparecer discontinuo a nuestros ojos; sin embargo, cada uno de ellos es la prueba final, en un momento dado, de una

---

[135] Cf. J. Van Blerkom, *Extragenomic regulation and autonomous expression of a developmental program in fue early mammalian embryo,* Annals of the New York Academy of Sciences. 442 (1985), 61.

[136] Cf. N.M. Ford, *When did I begin? Conception of the human inidividual in history, philosophy and science,* Cambridge University Press, Cambridge, 1988, p. 145. A medida que disponemos de nuevos datos citológicos y moleculares sobre los embriones precoces del mamífero, queda sin fuerza la afirmación de Ford de que "al menos hasta el estadio de 8 células en el embrión humano hay 8 individuos distintos, más que un solo individuo multicelular" (p. 137).

[137] Cf. D.G. Mykes, P. Primakoff, *Why did the sperm cross the cumulus? To get to the oocyte. Functions pf the sperm surface protein PH-20 and fertlin in arriving at, and fusing wifu, fue egg,* Biology of Reproduction, 56 (1997),320-327.

sucesión ininterrumpida de hechos –podría decirse que infinitesimales– interconectados sin solución de continuidad. Esta propiedad *implica* y *establece* la unicidad o singularidad del nuevo ser humano: desde la fusión (singamia) en adelante, él es siempre *el mismo individuo humano que se construye autónomamente* según un plan rigurosamente definido, pasando por estadios que son cualitativamente siempre más complejos.

c. La gradualidad. La tercera propiedad es la *gradualidad*. La *forma final* se alcanza gradualmente: se trata de una *ley ontogénica,* de una constante del proceso generativo. Esta ley del gradual construirse de la forma final a través de muchos estadios partiendo del cigoto *implica* y *exige* una *regulación* que debe ser *intrínseca* a cualquier embrión singular, y mantiene el desarrollo permanentemente orientado en la dirección de la forma final. Es precisamente a causa de esta *ley epigenética intrínseca,* que está inscrita en el genoma y comienza a actuar desde el momento de la fusión de los dos gametos, que cada embrión –y, por tanto, también el embrión humano– mantiene permanentemente la propia *identidad, individualidad* y *unicidad,* permaneciendo ininterrumpidamente *el mismo idéntico individuo* durante todo el proceso del desarrollo, desde la singamia en adelante, a pesar de la siempre *creciente complejidad de su totalidad.*

W.J. Gehring reconoce claramente esta ley, anticipando los futuros progresos de la genética del desarrollo: 'Los organismos – escribe– se desarrollan según un preciso programa que especifica su plano corpóreo con un gran detalle y determina además la secuencia y la temporización de los eventos epigenéticos. Esta información está dibujada en la secuencia nucleótida del DNA [...]. El programa de desarrollo consiste en un determinado cuadro espacio-temporal de expresión de los genes estructurales que forman la base del desarrollo. El desarrollo normal exige la expresión coordinada de miles de estos genes en una modalidad concertada. Puesto que el control independiente de los genes estructurales singulares conduciría a un desarrollo caótico, podemos predecir que son genes de control que regulan la actividad coordinada de grupos de genes estructurales'[138]".

Y concluye Serra con la "respuesta" que estos datos nos dan: "Es evidente que las tres propiedades recordadas, para una consideración desapasionada, satisfacen perfectamente los criterios esenciales establecidos por una reflexión meta-biológica para la definición de un *'individuo'*. Por eso la inducción lógica de los datos que suministran las ciencias experimentales conduce a la única conclusión posible, esto es, *que aparte de alteraciones fortuitas en la fusión de dos gametos un nuevo individuo humano real comienza su propia existencia, o ciclo vital,* durante el cual –dadas todas las condiciones necesarias y suficientes– realizará autónomamente todas las potencialidades de las que está intrínsecamente dotado. El embrión, por tanto, desde el momento de la fusión de los gametos es *un individuo humano real, no un individuo humano potencial.* Nosotros consideramos que la clara afirmación de la *«Donum vitae», Instrucción sobre el respeto de la vida humana naciente y la dignidad de la procreación,* publicada por la Congregación para la Doctrina de la Fe en 1987, es científicamente correcta. En ella se expresa: 'Por las recientes adquisiciones [de] la biología humana [...] se reconoce que en el cigoto derivado de la fecundación está ya constituida la identidad biológica de un nuevo individuo humano'[139]". Hasta aquí el estudio de Angelo Serra.

De todos modos, insistimos en que si alguien no aceptase este dato científico como determinante del momento de la animación no quedaría, por ello mismo, autorizado por ningún otro dato para colocar otro momento distinto como el comienzo de la persona humana, pues todo otro momento (ya se señale la anidación, al término de las dos semanas, de los dos meses, etc.) no representa ningún cambio esencial con el momento inmediatamente anterior; se trataría, pues, de una determinación arbitraria. Estaría, en tal caso, diciendo: "al no poder constatar

---

[138] Cf. W.J. Gehring, *Homeo-boxes in the studuy of development,* Science, 236 (1987), 1.245-1.251, p. 1.245.

[139] Cf. *Instrucción "Donum vitae" sobre el respeto de la vida humana naciente y la dignidad de la procreación,* 22 de febrero de 1987, A AS 80 (1988), 70-102, p. 82.

experimentalmente cuándo se realiza la intervención creadora de Dios, **yo decido** que es en tal momento". Por tanto, el término de "pre-embrión", acuñado para designar el tiempo anterior a estas determinaciones arbitrarias es tan arbitrario y tendencioso como ellas mismas. Sobre esto dice la Declaración sobre el aborto: "Desde el punto de vista moral esto es cierto: aunque hubiese duda sobre la cuestión de si el fruto de la concepción es ya una persona humana, es objetivamente un pecado grave el atreverse a afrontar el riesgo de un homicidio. 'Es ya un hombre aquel que está en camino de serlo' (Tertuliano)"[140].

* * *

Lo que hemos expuesto en este capítulo tiene capital importancia para nuestra vida; especialmente para la de un científico o la de un estudiante en carreras relacionadas con la vida. De los principios que hemos sentado se comprende el motivo de la ilicitud de algunas técnicas de reproducción humana (como la fecundación *in vitro*), la experimentación embrional, la clonación y sobre todo el aborto (en cualquiera de sus modalidades quirúrgicas o químicas).

Al no aceptar estos principios se puede caer en la aceptación de las prácticas más aberrantes de experimentación con seres humanos (técnicas muy similares a las que, por otra parte, nuestra sociedad condena en el *nazismo*), la eugenesia (asesinato de niños que nacen con discapacidades, o simplemente no reúnen las expectativas que tenían sus padres al "encargarlos"), la creación de bancos de órganos (en realidad bancos de seres humanos en estadio embrional para usarlos extirpándoles células u órganos en caso de que los necesite un adulto), y todos los modos de aborto e infanticidio.

No te asombres de esto, ni te dejes engañar por los títulos y logros que pueda tener un científico en su haber; quien niegue la humanidad de un embrión puede llegar a defender las posturas más criminales. Basta, para muestra, con leer las escalofriantes

---

[140] Congregación para la Doctrina de la fe, *Declaración sobre el aborto*, 13.

declaraciones del Dr. James Watson, Premio Nobel de medicina y fisiología (célebre por su descubrimiento de la estructura ADN, junto con Francis Crick): "Muchas malformaciones y una serie de defectos sólo se ven después de nacida la criatura, con frecuencia porque no toda gestante puede someterse a un diagnóstico prenatal. Por ello estoy de acuerdo con mi colega y amigo Francis Crick, partidario de *no declarar 'vivos' a los recién nacidos hasta los tres días después de su venida al mundo*, dando a los padres, durante este plazo, la posibilidad de evitar una vida llena de sufrimientos a un niño incurable"[141]. Sí, acabas de leer la reivindicación del infanticidio por parte de los dos descubridores de la estructura del ADN, uno de los mayores logros en biogenética. Si estás leyendo estas páginas debes agradecer a tus padres que no hayan prestado oídos a estos y otros autores que proponen a los hombres la posibilidad de convertirse en modernos Herodes y a ti en uno más de los innumerables integrantes de la legión de *santos inocentes*.

Bibliografía para ampliar y profundizar

—Alonso Bedate, C. y Cefalo, R.C., *El cigoto ¿es o no es una persona?*, Labor Hospitalaria, 1990.

—Blázquez, Niceto y Pastor, Luis Miguel, *Bioética fundamental*, Madrid, Editorial Católica, 1996.

—Castilla, Blanca, *Comienzo de la vida humana. Aspectos filosóficos*, Cuadernos de Bioética, 1997, p.113ss.

—Colombo, Roberto, *Statuto biologico e statuto ontologico dellé embrione e del feto umano*, Anthropotes, 1996, XI, p.132ss.

—Melina, Livio, *El embrión humano. Estatuto biológico, antropológico y jurídico*, Madrid, Rialp, 2000.

—Monge, Fernando, *Persona humana y procreación artificial*, Madrid, Palabra, 1998.

—Possenti, Vittorio, *¿Es el embrión persona? Sobre el estatuto ontológico del embrión*, en VVAA (Massini y Serna ed) *El derecho a la vida*, Pamplona, EUNSA, 1998.

---

[141] Egmont R. Koch y W. Kessler, *¿Al fin un hombre nuevo?*, Plaza y Janés, 1979, p.95.

–Sgreccia, Elio, *Manuale di Bioetica, Milan*, Vita e pensiero, 2 vosl. 1998.

–Jesús Ballesteros, *El estatuto del embrión*, Fundación Interamericana Ciencia y Vida, http://www.ulia.org/ficv/.

–Manuel de Santiago, *Estatuto Biológico, Antropológico y Ético del Embrión Humano*, www.bioeticaweb.com.

–Fernando Orrego Vicuña, Acerca de la infusión del alma espiritual, www.arvo.net.

–Angelo Serra, *La contribución de la Biología al estatuto del embrión*, www.bioeticaweb.com.

–Natalia López Moratalla y María J. Iraburu Elizalde, *Los quince primeros días de una vida humana*, Eunsa, Pamplona 2004.

7.

LA VERDAD ROBADA
SOBRE LA LEY
NATURAL

Hay una ley natural y esta ¡nos hace libres!

No sería de extrañar que muchas veces hayas escuchado la palabra ley y la palabra libertad. Tengo suficientes elementos para temer que no te hayan presentado ni de una ni de otra el verdadero concepto.

Hoy en día se exalta mucho la libertad, sin hacer las aclaraciones que corresponden; y no se habla de la ley sino en un sentido empobrecido; y probablemente la mayoría de nuestros contemporáneos se formen una idea de estos dos conceptos como el de dos pugilistas que se dan tortazos sobre el ring de nuestra conciencia. Si yo quiero ser libre, la ley me frena; si intento imponer la ley, confino mi libertad o la de mis semejantes. Con una idea así no tendrán mucho futuro los que quieran hablarme de los mandamientos de Dios. ¡Y qué pensarás de mí si te vengo a decir que los mandamientos de Dios *te liberan y te abren horizontes desconocidos!* ¿Me creerás o pensarás que hablo *como un cura que viene a imponerte mojigaterías?*

Y sin embargo, quisiera llamar tu atención sobre este punto, porque si no comprendes la potencia liberadora de los mandamientos y de la ley (natural y divina) te aseguro que no te están desatando ninguna cadena sino que te están robando las piernas con las que camina tu verdadera libertad.

Antes de proseguir, quiero aclarar un punto para que no nos confundamos. Hablaré indistintamente (para simplificar las cosas) de los mandamientos de Dios (o *decálogo*, o sea *diez palabras o leyes*) y de la ley natural, como si fueran la misma cosa. No lo son, pero coinciden sustancialmente. La ley natural es la ley que está grabada en nuestro corazón, desde el momento en que hemos sido creados (todo ser la lleva grabada en su naturaleza). El decálogo ha sido revelado por Dios en varias oportunidades; la más solemne fue la revelación de Dios a Moisés sobre el monte Sinaí; pero más veces aún lo repite nuestro Señor en los Evangelios. En realidad el decálogo es una expresión privilegiada de la "ley natural". Como la sustancia de los mandamientos pertenece a la ley natural, se puede decir que, si bien han sido revelados, son realmente cognoscibles por nuestra razón, y, al revelarlos, Dios no hizo otra cosa que recordarlos (añadiendo indudablemente algunas precisiones o aplicaciones estrictamente reveladas). San Ireneo de Lyon decía: "Desde el comienzo, Dios había puesto en el corazón de los hombres los preceptos de la ley natural. Primeramente se contentó con recordárselos. Esto fue el Decálogo"[142]. La humanidad pecadora necesitaba esta revelación; lo dice San Buenaventura: "En el estado de pecado, una explicación plena de los mandamientos del Decálogo resultó necesaria a causa del oscurecimiento de la luz de la razón y de la desviación de la voluntad"[143]. Por esto, conocemos los mandamientos de la ley de Dios por la revelación divina que nos es propuesta en la Iglesia, y por la voz de la conciencia moral.

Si comparamos los Diez Mandamientos de la Ley Antigua, los de la Ley de Cristo y la ley natural veríamos esta correlación:

DEUTERONOMIO 5, 6-21	LEY DE CRISTO	LEY NATURAL
Yo soy el Señor, tu Dios, que te ha sacado de Egipto, de la servidumbre. No habrá para ti otros dioses delante de mi...	*Amarás al Señor tu Dios con todo tu corazón, con toda tu alma y con toda tu mente (Mt 22,7). Está escrito: Al Señor tu Dios adorarás, sólo a Él darás culto (Mt 4,10).*	Amarás a Dios sobre todas las cosas.
No tomarás en falso el nombre del Señor tu Dios.	*Se dijo a los antiguos: 'No perjurarás'... Pues yo os digo que no juréis en modo alguno (Mt 5.33-34).*	No tomarás el nombre de Dios**Error! Bookmark not defined.** en vano.
Guardarás el día del sábado para santificarlo.	*El sábado ha sido instituido para el hombre y no el hombre para el sábado. De suerte que el Hijo del hombre también es Señor del sábado (Mc 2,27-28).*	Santificarás las fiestas.

[142] San Ireneo, *Adversus haereses*, 4,15,1.
[143] San Buenaventura, *In libros sententiarum*, 4,37,1,3.

Honra a tu padre y a tu madre.	Moisés ha dicho: Honra a tu padre y a tu madre, y el que maldiga a su padre o a su madre es reo de muerte (Mc 7,10).	Honrarás a tu padre y a tu madre.
No matarás.	Habéis oído que se dijo a los antepasados: 'No matarás'; y aquel que mate será reo ante el tribunal. Pues yo os digo: Todo aquel que se encolerice contra su hermano, será reo ante el tribunal (Mt 5,21-22).	No matarás.
No cometerás adulterio.	Habéis oído que se dijo: 'No cometerás adulterio'. Pues yo os digo: todo el que mira a una mujer deseándola, ya cometió adulterio con ella en su corazón (Mt 5,27-28).	No cometerás actos impuros.
No robarás.	No robarás (Mt 19,18).	No robarás.
No darás testimonio falso contra tu Prójimo.	Se dijo a los antepasados: No perjurarás, sino que cumplirás al Señor tus juramentos (Mt 5,33).	No dirás falso testimonio ni mentirás.
No desearás la mujer de tu prójimo.	El que mira a una mujer deseándola, ya cometió adulterio con ella en su corazón (Mt 5,28).	No consentirás pensamientos ni deseos impuros.
No codiciarás... nada que sea de tu Prójimo.	Donde está tu tesoro allí estará tu corazón (Mt 6,21).	No codiciarás los bienes ajenos.

Como vemos, los preceptos contenidos en la ley natural, que todo hombre puede descubrir con su inteligencia, han sido también revelados por Dios en el Antiguo Testamento y en el Nuevo. Y, como explicaremos a continuación, la ley natural proviene de Dios y es en tal sentido "divina", por eso hablaremos indistintamente de los mandamientos divinos refiriéndonos a ambas cosas.

1. ¿QUÉ ES ESO DE UNA LEY NATURAL?

En su discurso a la Congregación para la Doctrina de la Fe, el 6 de febrero de 2004, el Papa Juan Pablo II señaló de modo muy claro lo siguiente: "Otro argumento importante y urgente que quisiera someter a vuestra atención es el de la ley moral natural. Esta ley pertenece al gran patrimonio de la sabiduría humana, que la Revelación, con su luz, ha contribuido a purificar y desarrollar ulteriormente. La ley natural, accesible de por sí a toda criatura racional, indica las normas primeras y esenciales que regulan la vida moral. Basándose en esta ley, se puede construir una plataforma de valores compartidos, sobre los que se puede desarrollar un diálogo constructivo con todos los hombres y mujeres de buena voluntad y, más en general, con la sociedad secular. Como consecuencia de la crisis de la metafísica, en muchos ambientes ya no se reconoce el que haya una verdad grabada en el corazón de todo ser humano. Asistimos por una parte a la difusión entre los creyentes de una moral de carácter fideísta, y por otra parte, falta una referencia objetiva para las legislaciones que a menudo se basan solamente en el consenso social, haciendo cada vez más difícil el que se pueda llegar a un fundamento ético común a toda la humanidad"[144].

a) Existe una ley llamada "natural"

La *existencia de una ley natural* es postulada por la misma razón. Si aceptamos la existencia de Dios y la creación de todo cuanto existe por parte de Dios, debemos aceptar la existencia de un plan eterno de Dios sobre la creación; como consecuencia se sigue la existencia de cierta correlación en las creaturas mismas, pues toda

---

[144] Juan Pablo II, *Discurso de Juan Pablo II a la Congregación para la Doctrina de la Fe*, 6 de febrero de 2004, n. 5.

regla y medida se encuentra de un modo en el que regula y de otro en el que es regulado. Esto se ve reforzado por la convicción universal (incluidos los pueblos paganos) de un deber moral y de la posibilidad del conocimiento y discernimiento del bien y del mal; también lo vemos considerando el absurdo a que llevaría la negación de una ley de la naturaleza: todas las opiniones morales sería admisibles, por tanto, los vicios podrían ser virtudes y las virtudes vicios, según las diversas concepciones arbitrarias de los hombres. Para un creyente, a estos argumentos se suma el testimonio de la Revelación.

Por eso se dice que la ley natural es la misma ley eterna participada en los seres dotados de razón[145], o, como suele definírsela: una *participación de la ley eterna en la creatura racional*[146]. Con gran acierto se ha hablado de una "teonomía participada", decir, el ordenamiento divino de la creatura racional hacia su fin último, grabado en la naturaleza humana y percibido por la luz de la razón[147].

Esta ley está presente en todos los seres. Sin embargo, en el hombre tiene algo particular. Las creaturas irracionales se manejan por instintos ciegos; buscan los bienes que los perfeccionan, pero sin entender que son bienes ni que los están buscando; simplemente buscan. No tienen conciencia de buscar; son arrastrados. Se defienden cuando los atacan porque aman instintivamente su vida y no la quieren perder; pero no entienden lo que es la vida. Se aparean y procrean y luego alimentan y

---

[145] "La ley natural -dice la Encíclica *Veritatis Splendor*- está escrita y grabada en el ánimo de todos los hombres y de cada hombre, ya que no es otra cosa que la misma razón humana que nos manda hacer el bien y nos intima a no pecar... La ley natural es la misma ley eterna, ínsita en los seres dotados de razón que los inclina al acto y al fin que les conviene; es la misma razón eterna del Creador y gobernador del universo" (VS, 44).

[146] *Participatio legis aeternae in rationali creatura* (I-II, 94, 2).

[147] El término "teonomía participada" (del griego *theos* = Dios; *nomos* = ley; ley divina) aparece en la Enc. *Veritatis Splendor*: "Algunos hablan justamente de teonomía, o de teonomía participada, porque la libre obediencia del hombre a la ley de Dios implica efectivamente que la razón y la voluntad humana participan de la sabiduría y de la providencia de Dios" (VS, 41).

defienden a sus crías porque aman ciegamente el bien de la especie, aunque no entiendan lo que es el amor sensible que sienten ni lo que es la especie (por eso, cuando sus cachorros ya no los necesitan más, se olvidan de ellos). Viven en manada porque se deleitan en convivir con los de su propia especie, pero no entienden lo que eso significa. Gozan de estar juntos, pero no hacen amistad. Los instintos son los hilos invisibles que los hacen moverse en el escenario del mundo como las marionetas de un infantil teatro de juguete.

Hay con el hombre una distancia abismal. También él lleva grabado en su ser el Plan de Dios. Pero los suyos no son instintos ciegos. Recibe también de Dios la luz de la razón que le permite descubrir y leer ese Plan, y la libertad para ejecutarlo. En esto consiste su prerrogativa. Dios lo manda al gran teatro del mundo con un libreto lleno de sabiduría y con ojos espirituales para leer y comprender, para amar ese plan y para ejecutarlo. Esa es la ley natural: "En lo profundo de su conciencia –afirma el Concilio Vaticano II–, el hombre descubre una ley que él no se da a sí mismo, sino a la que debe obedecer y cuya voz resuena, cuando es necesario, en los oídos de su corazón, llamándolo siempre a amar y a hacer el bien y a evitar el mal: haz esto, evita aquello. Porque el hombre tiene una ley escrita por Dios en su corazón, en cuya obediencia está la dignidad humana y según la cual será juzgado (cf. Rom 2, 14-16)"[148]. Este "código está inscrito en la conciencia moral de la humanidad, de tal manera que quienes no conocen los mandamientos, esto es, la ley revelada por Dios, *son para sí mismos Ley* (Rom 2,14) Así lo escribe San Pablo en la carta a los Romanos; y añade a continuación: *Con esto muestran que los preceptos de la Ley están inscritos en sus corazones, siendo testigo su conciencia* (Rom 2,15)"[149].

Se trata, por tanto, de una *ley divina*, porque ha sido querida y promulgada directamente por Dios; se llama natural no en contraposición a la ley sobrenatural, sino por oposición a la ley

---

[148] Const. past. sobre la Iglesia en el mundo actual Gaudium et Spes, 16.

[149] Juan Pablo II, Carta a los jóvenes y las jóvenes del mundo, 31 de marzo de 1985, n. 6.

positiva (divina o humana). Su nombre propio es "ley divina natural".

¿Por qué se la llama natural? Ante todo, porque no impone sino cosas que están al alcance de la naturaleza humana razonable, mandadas porque son buenas en sí mismas (la veracidad, el amor de Dios), o prohibidas porque son malas en sí mismas (como la blasfemia, la mentira). Además, porque es conocida por la luz interior de nuestra razón, independientemente de toda ciencia adquirida, de toda ley positiva e incluso de toda revelación (aunque Dios, en su misericordia también nos la revele). Tal luz nos permite distinguir entre el bien y el mal por comparación de nuestras inclinaciones hacia sus fines propios. Es por eso que, a través de ella puede establecerse el fundamento para determinar la moralidad objetiva universal de las acciones humanas.

Que tenemos esta ley grabada en el corazón significa que nuestra razón es capaz de leer en su propia naturaleza el fin para el que existe (fin que es su verdadera perfección y felicidad) y puede descubrir que, en relación con este fin, todos los demás seres no son sino medios por los que se llega al fin. En el momento en que cada ser humano, llegando al uso de su razón, reconoce que tiene un fin último y una causa eficiente de la que siempre depende, se da como la promulgación individual o subjetiva que aplica a cada uno dicha ley[150].

b) ¿Cuál es el contenido de esa ley (es decir, qué es lo que manda)?[151]

---

[150] "A este respecto, comentando un versículo del Salmo 4, afirma santo Tomás: "El Salmista, después de haber dicho: 'sacrificad un sacrificio de justicia'(Sal 4,6), añade, para los que preguntan cuáles son las obras de justicia: 'Muchos dicen: ¿Quién nos mostrará el bien?'; y, respondiendo a esta pregunta, dice: 'La luz de tu rostro, Señor, ha quedado impresa en nuestras mentes', como si la luz de la razón natural, por la cual discernimos lo bueno y lo malo tal es el fin de la ley natural, no fuese otra cosa que la luz divina impresa en nosotros". De esto se deduce el motivo por el cual esta ley se llama ley natural: no por relación a la naturaleza de los seres irracionales, sino porque la razón que la promulga es propia de la naturaleza humana" (VS, 42).

[151] Cf. I-II, 94, 2-3.

Analizando nuestra naturaleza y las inclinaciones naturales o espontáneas que descubrimos en nuestro interior, podemos llegar a formular las cosas que la ley natural nos manda o nos prohíbe. Se trata más bien de una especie de "lectura" que hacemos en nuestra naturaleza.

Ante todo, descubrimos un mandamiento fundamental. La primera cosa que captamos en el orden práctico es la noción de "bien": el bien se presenta como aquello que todos los seres apetecen. De aquí nuestra razón capta un primer precepto: se debe obrar el bien y hay que evitar el mal. A veces reviste otras formulaciones (por ejemplo, "observa el orden del ser", "cumple siempre tu deber", etc.), pero éstas no son más que formulaciones derivadas o equivalentes de aquel primer principio, sobre el cual se fundan todos los demás. No debemos reducir esta percepción de que *hay que* hacer el bien y *hay que* evitar el mal en el sentido que le daba Kant (para él esto tiene sólo el sentido de una simple *obligación* de la que no podemos escaparnos); en realidad es infinitamente más rico que esto; lo que nuestra inteligencia capta al percibir el bien es la *atracción* que éste ejerce sobre todo ser; entendamos, pues, esto en el sentido de que el bien es lo que realmente nos atrae —con fuerza irresistible, como el amor— y el mal nos causa auténtica y raigal repulsa.

Las conclusiones inmediatas. Al decir que nuestra naturaleza se inclina hacia bien y huye del mal, estamos todavía diciendo cosas muy generales; ¿cuál bien, qué mal? Nuestra razón, analizando las inclinaciones propias de nuestra naturaleza podrá a continuación concretar cuál es ese bien (o esos bienes) que nos atraen con su fuerza irresistible (porque en ellos está nuestra perfección) y de aquí podrá expresar en forma de preceptos o mandamientos, los primeros preceptos de la ley natural, llamados también *conclusiones inmediatas* por ser las conclusiones a las que llega a partir del primer precepto. Ya Santo Tomás descubría en nuestra naturaleza tres tendencias fundamentales del hombre: la que nos corresponde como sustancias (género remoto del ser humano), la que nos corresponde como animales (género próximo) y la que nos corresponde como seres racionales (que es nuestra diferencia específica con el resto del género animal); y esta última, a su vez revela dos facetas complementarias, pues vemos que hay bienes que nos perfeccionarán en el espíritu, mientras que otros nos perfeccionan socialmente[152]. Veamos cada una de ellas:

La primera inclinación es **la inclinación a conservarnos en el ser** (el ser, el existir, es el primer bien que nos perfecciona y por eso lo apetecemos). Esta inclinación la tenemos en común con todos los seres y produce en nosotros el deseo de vivir. Esta inclinación natural funda, por ejemplo, el derecho de legítima defensa y, correlativamente la prohibición del asesinato del inocente (el ser es mi perfección, por tanto tengo derecho a que no me lo quiten injustamente; y estoy obligado a hacer yo lo mismo con mis semejantes). Esta inclinación es también la fuente del amor espontáneo y natural de sí mismo; forma en nosotros el amor hacia los bienes naturales, como la vida y la salud; nos inclina a buscar todo lo que es útil para nuestra subsistencia: el alimento, el vestido, la habitación; nos inclina a la acción y también al necesario reposo. Esta inclinación se desarrolla y fortifica por medio de algunas virtudes naturales, de modo particular la esperanza y la fortaleza.

La segunda inclinación es la **inclinación sexual y familiar**. Se trata de la inclinación propia de nuestra dimensión animal, y por esta inclinación tendemos a perpetuar nuestra especie. No se trata de una simple inclinación al sexo sino más exactamente es una tendencia al amor entre el hombre y la mujer y a la afección entre los padres y los hijos. Funda el derecho al matrimonio así como el deber de asumir responsablemente las obligaciones conexas y

---

[152] Cf. I-II, 100, 2; Catecismo de la Iglesia Católica, n° 1955. La Encíclica *Veritatis Splendor* dice: "Tal "ordenabilidad" [de los actos humanos] es aprehendida por la razón en el mismo ser del hombre, considerado en su verdad integral, y, por tanto, en sus inclinaciones naturales, en sus dinamismos y sus finalidades, que también tienen siempre una dimensión espiritual: estos son exactamente los contenidos de la ley natural y, por consiguiente, el conjunto ordenado de los "bienes para la persona" que se ponen al servicio del "bien de la persona", del bien que es ella misma y su perfección. Estos son los bienes tutelados por los mandamientos, los cuales, según Santo Tomás, contienen toda la ley natural" (VS, 79; cf. también, nn° 13, 97).

complementarias: el don de la transmisión de la vida, el mutuo sostén, la educación de los hijos que son fruto de esta inclinación, el deber de respetar el matrimonio ajeno. Del análisis de esta inclinación pueden colegirse las falsas formas de sexualidad: la homosexualidad, el autoerotismo (masturbación), la hetero-sexualidad deliberadamente infecunda (anticoncepción), la heterosexualidad inestable (concubinato y fornicación, incluidas las relaciones prematrimoniales). Esta inclinación es perfeccionada naturalmente por la virtud de la castidad que asegura el señorío sobre la propia sexualidad en vista del crecimiento natural, espiritual y familiar.

La tercera inclinación es la **inclinación al conocimiento de la verdad**. Nace de nuestra naturaleza espiritual, y se traduce en una espontáneo instinto de búsqueda de la verdad. Es tan natural al hombre que es como constitutiva de su inteligencia; por eso nadie le enseña a un niño a preguntar *el porqué* de las cosas, y sin embargo, todos los niños, ni bien empiezan a usar su inteligencia quieren conocer todo y quieren que se les explique todo; a veces los vemos como *máquinas de preguntar*; más exactamente son *devoradores de la verdad*. El amor de la verdad es el deseo más propiamente humano y está en el origen de toda ciencia. Esta inclinación funda el derecho natural de cada hombre a recibir lo que le es necesario para desarrollar su inteligencia, es decir, el derecho a la instrucción. Pero, por otro lado, también impone el deber fundamental de buscar la verdad y de cultivar la inteligencia, especialmente en el dominio de la moral y de la verdad fundamental que es la verdad sobre Dios[153].

Esta misma tercera inclinación espiritual tiene otra meta, que es la **inclinación a vivir en sociedad.** Ya Aristóteles calificaba al hombre como animal social y político. Esta inclinación se basa

---

[153] "Por su propia dignidad, todos los hombres, en cuanto son personas, esto es, dotados de inteligencia y libre voluntad... se sienten movidos por su propia naturaleza y por obligación moral a buscar la verdad, en primer lugar la que corresponde a la religión. También están obligados a adherirse a la verdad, una vez conocida, y a ordenar toda su vida según las exigencias de la verdad" (*Dignitatis humanae*, n° 2).

tanto en motivos de orden material (la imposibilidad del individuo para subsistir por sí solo) cuanto en razones espirituales (la inclinación y necesidad de la amistad, del afecto y del amor humano). Esta inclinación fundamenta todos los derechos sociales y pone límites a una libertad concebida arbitrariamente; así por ejemplo, de esta inclinación puede establecerse la antinaturalidad de la mentira, del robo, de la injusta distribución de los bienes naturales, etc. La virtud de la justicia perfecciona y salvaguarda correctamente esta natural inclinación del hombre.

Los preceptos segundos de la ley natural. Junto al precepto fundamental de la ley natural y a los primeros preceptos de la ley natural, nuestra razón, trabajando ya de modo más fino, descubre otros fines que nos perfeccionan pero que no tienen ya la evidencia inmediata de los anteriores, sino que son fruto de un razonamiento generalmente científico[154]. Estos constituyen lo que algunos llaman con diversos nombres: derecho natural aplicado, o especial, o segundo, o derivado. Por ejemplo, pertenece a este nivel de principios la ilicitud de la venganza privada, la indisolubilidad del matrimonio[155], etc.

c) ¿Cómo es esa ley natural?

Esta ley natural tiene varias características, las más importantes de las cuales son tres: es universal, inmutable e indispensable.

Universalidad. La ley natural es válida para todos los hombres[156]. Niegan esta verdad todos los que defienden algún modo de relativismo cultural o geográfico (o sea, los que sostienen que los principios morales o éticos dependen exclusivamente de cada cultura o cada región; así los que dicen que no tiene el mismo valor moral en homicidio o el adulterio en nuestra cultura occidental que entre los hotentotes). En el fondo estos relativismos confunden el valor objetivo de la ley natural

---

[154] Escribe Santo Tomás: "Otros hay que se imponen después de atenta consideración de los sabios, y estos son de ley natural, pero tales que necesitan de aquella disciplina con que los sabios instruyen a los rudos" (I-II, 100, 1).
[155] Cf. Santo Tomás, Suppl. q. 65.
[156] Cf. Catecismo de la Iglesia Católica, nn° 1956; 2261.

con su posible desconocimiento por parte de algunos hombres. La ley natural es válida para todo ser humano porque se deduce, como ya hemos indicado, a partir de las inclinaciones naturales del hombre. Habiendo unidad esencial en el género humano, los preceptos han de ser necesariamente universales. El hombre, con las estructuras fundamentales de su naturaleza, es la medida, condición y base de toda cultura[157]. Sin embargo, otra cosa es que todos los hombres conozcan todos estos preceptos. En este sentido los filósofos y teólogos distinguen entre los distintos niveles de la ley diciendo que: sobre el precepto universalísimo no cabe ignorancia alguna por su intrínseca evidencia; sobre los primeros preceptos cabe la posibilidad de ignorar algunos, aunque no durante mucho tiempo; esto se agrava en la situación real del hombre caído (pero dicen que es imposible ignorarlos todos en conjunto); finalmente, sobre las conclusiones remotas caben mayores probabilidades de ignorancia inculpable, de oscurecimiento de la razón debido al pecado y de error en el procedimiento del razonamiento práctico. Digamos de paso que esto postula la necesidad moral de la gracia y la revelación para que las verdades religiosas y morales sean conocidas de todos y sin dificultad, con una firme certeza y sin mezcla de error[158].

Inmutabilidad. La ley natural es también inmutable, es decir, que permanece a través de las variaciones de la historia; subsiste bajo el flujo de ideas y costumbres y sostiene su progreso[159]. Se opone a esta verdad el relativismo histórico o evolucionismo ético

---

[157] "No se puede negar que el hombre existe siempre en una cultura concreta, pero tampoco se puede negar que el hombre no se agota en esta misma cultura. Por otra parte, el progreso mismo de las culturas demuestra que en el hombre existe algo que las trasciende. Este 'algo' es precisamente la naturaleza del hombre: precisamente esta naturaleza es la medida de la cultura y es la condición para que el hombre no sea prisionero de ninguna de sus culturas, sino que defienda su dignidad personal viviendo de acuerdo con la verdad profunda de su ser. Poner en tela de juicio los elementos estructurales permanentes del hombre, relacionados también con la misma dimensión corpórea... entraría en conflicto con la experiencia común..." (VS, 53).

[158] Pío XII, *Humani generis*, DS 3876; Catecismo de la Iglesia Católica, nº 1960.

[159] Cf. Catecismo de la Iglesia Católica, nnº 1958; 2072.

que sostiene que la moralidad está sujeta a un cambio constante (o sea, que una cosa es la moral en nuestro tiempo y otra la moral de los tiempos de Cristo; y otra será la moral del próximo siglo). Nuevamente estamos ante una confusión de planos. Podemos distinguir una inmutabilidad objetiva y una inmutabilidad subjetiva. Objetivamente hablando la ley natural admite un cierto cambio cuantitativo en el sentido de que puede lograrse con el tiempo una mayor declaración de los preceptos contenidos en ella; pero esto no significa que verdadera cambie sino que los mandatos se van explicitando, concretando y conociendo más. Desde el punto de vista de los sujetos la ley natural es inmutable en cuanto no puede borrarse del corazón del hombre, del mismo modo que no puede éste perder su naturaleza.

Indispensabilidad. La ley natural no admite excepciones. Santo Tomás aceptaba sólo la posibilidad de la dispensa realizada por el mismo Dios, en cuanto autor de la naturaleza, de algún precepto del *derecho natural secundario* cuando lo exige un bien mayor, ya que éste salvaguarda sólo los fines secundarios de la naturaleza. Tal es el caso, por ejemplo, de la permisión en el Antiguo Testamento de la poligamia y del divorcio[160]. Pero nunca hay excepción ni dispensa de ningún precepto primario[161]; por eso, las aparentes excepciones que admite la moral en los casos de hurto y homicidio no son verdaderas excepciones de la ley natural,

---

[160] Santo Tomás interpreta de esta manera la permisión de la poligamia de los patriarcas y del libelo de repudio para los judíos (cf. S.Th., Supl. 65-67). En el caso del libelo de repudio el motivo grave era evitar el crimen de conyugicidio o uxoricidio, que los corazones duros de los judíos no hubieran dudado en perpetrar. Algunos Santos Padres (san Juan Crisóstomo, san Jerónimo, san Agustín) y el mismo Santo Tomás deducen que ésta es la dureza del corazón a la que se refiere Cristo, basándose en las palabras del mismo Deuteronómio (22,13): *si un hombre después de haber tomado mujer, le cobrare odio...* En el caso de la poligamia el motivo grave era la necesidad de la perpetuación del pueblo elegido en orden al culto al Dios verdadero.

[161] Por eso el Antiguo Testamento, mientras permite el libelo de repudio y la poligamia, condena el concubinato, porque éste contradice la ley natural en sus preceptos primarios: contradice el fin primario intentado por la naturaleza que es la perpetuación de la especie (cf. S.Th., Supl., 65,3-5).

sino auténticas interpretaciones que responden a la verdadera idea de la ley[162].

2. NUESTRA IDEA EQUIVOCADA DE LOS MANDAMIENTOS

Dichosos los que guardan sus leyes...
¡Ojalá mis caminos se aseguren
para observar tus preceptos!
...Enséñame tus mandamientos...

Éstas son palabras de la Biblia, tomadas del Salmo 119, titulado "Elogio de la Ley divina". No dejará de sorprender la lectura atenta de este Salmo a quien tenga de la ley una idea más bien gris. De hecho, ¿cuál es el concepto vulgar que tenemos de los mandamientos divinos? Podemos decir que la mayoría de los cristianos tienen de ellos el concepto de un "alambrado". Es decir, pensamos que los mandamientos nos pondrían el "límite" de nuestro obrar; indicarían algo así como el mínimo tolerable: quien los traspasa "peca". Son pues como un alambrado: "más allá no se puede ir".

Incluso muchas personas buenas piensan así; o así trabaja su subconsciente.

Basta prestar atención a muchas preguntas que corrientemente debe escuchar el sacerdote. Los hombres de negocios preguntan: ¿cuál es el mínimo que uno tiene que declarar al pagar sus impuestos? Otros preguntan: ¿hasta qué hora se puede llegar tarde a Misa sin perder el precepto? ¿Vale si llegamos después de la predicación? ¿Y si llegamos después del Credo? A algunos novios se les escucha: ¿qué es lícito hacer a los novios durante el

---

[162] Así, por ejemplo, "no matarás" debe interpretarse adecuadamente como "no cometerás un homicidio injusto"; por tanto, no es excepción a este precepto la licitud de la legítima defensa. Lo mismo se diga de la aparente contradicción entre el precepto de "no robar" y la licitud del uso de los bienes ajenos en caso de extrema necesidad.

noviazgo? ¿cuáles tratos son pecado? ¿hasta dónde se puede llegar sin pecar?... ¡Y podríamos hacer una lista interminable!

En el fondo, ¿qué pedimos? ¡Que nos indiquen el mínimo de la moral! O sea, regateamos con Dios; le pedimos un "descuento" en los mandamientos.

Quienes piensan así, también suelen decir con el mayor desparpajo: "Yo no soy una persona mala. No digo que cumplo *todos* los mandamientos; pero cumplo *la mayoría*...".

¿Qué idea se nos ha formado de la ley natural y de los mandamientos de Dios? Es como un alambrado de ocho hilos de púa que nos prohíbe pasarnos al campo del vecino... ¡el cual, por otra parte, siempre parece más verde que el nuestro! Pero ¿qué es lo que sucede cuando la vemos de esta manera? Lo mismo que les sucede a las vacas que están encerradas en un campo de pastos mustios, separadas por un alambrado de otro campo de atrayente verdura y olorosa fragancia: se pasan el día pegaditas al alambre, mordisqueando las matitas de alfalfa que se cuelan entre los hilos y mirando con lánguida ilusión la pradera vecina.

Algo semejante ocurre con los cristianos que ven así los mandamientos: se pasan la vida coqueteando con el pecado y envidiando a los que sin escrúpulos viven libertinamente. A estos Pemán les recuerda:

¡Qué mal equilibrio es
este andar pies tras pies
por la orilla de un volcán!

Este modo de entender la ley y los mandamientos es ajeno a nuestra fe; o mejor dicho, es opuesto. Empezó con la idea que difundió un mal fraile llamado Guillermo de Ockam, quien pensaba que Dios nos manda cosas con cierta *arbitrariedad*. Ockam reconocía que para salvarnos tenemos que cumplir lo que Dios nos manda; pero también decía que Dios podría perfectamente cambiar de opinión y mandarnos lo contrario de lo que nos manda ahora, y hacer que lo que ahora es vicio pase a ser virtud, y lo que ahora es virtud se califique como vicioso. Llegó a decir que si Dios en lugar de mandar que lo amemos sobre todas las cosas preceptuase que le tengamos odio, ¡el odio a Dios sería virtuoso y obligatorio![163]. Ockam fundó el voluntarismo puro que afirma que es la voluntad la que determina el bien y el mal, independientemente de la inteligencia. Hace ya varios siglos que venimos pagando el pato de su equívoco: todos los que creen que una mala acción (como la anticoncepción, la esterilización o el aborto) es lícita porque la ley lo permite, son hijos legítimos de Ockam, como son retoños suyos los que en la *Cumbre de la Tierra*, celebrada en Río de Janeiro en 1997, dijeron: "Hay que elaborar una nueva ética para un mundo nuevo, un nuevo código universal de conducta: reemplazar los diez mandamientos por los dieciocho principios de esta carta". Y los dieciocho principios de esa carta no hacían otra cosa que afirmar la licitud de la anticoncepción y el aborto, el derecho a la esterilización, el derecho de los homosexuales y lesbianas a casarse y adoptar niños, el derecho a repartir anticonceptivos a los menores de edad, etc.[164].

Las cosas son muy distintas, y debemos tenerlo muy claro en nuestra cabeza (y ésta hay que conservarla fría). Los mandamientos divinos, así como la ley natural en la que están contenidos, no sólo emanan de la Voluntad divina, sino fundamentalmente de su Inteligencia. Como enseña la Escritura, la Tradición, el Magisterio, la Teología y el sentido común que Ockam se olvidó de consultar: la ley divina es el *plan* de la Sabiduría de Dios. Por eso el Salmo 107, mencionando la actitud de los pecadores dice: *Se rebelaron contra los mandamientos, despreciando el Plan del Altísimo* (Sal 107,6). Éste es el Plan según el cual ha creado todo el universo y lo dirige y cuida. Plan según el cual ha

---

[163] Cf. Ockam, II Sent 19,1: "Digo que si bien el odio a Dios, el robo, el adulterio y otras cosas similares de la ley común, tienen una mala circunstancia anexa en cuanto son realizadas por quien está obligado por precepto divino a hacer lo contrario, sin embargo, en cuanto a su ser absoluto (esse absolutum) aquellos actos pueden ser dados por Dios sin la circunstancia mala anexa, e incluso serían realizados meritoriamente por el viador si cayesen bajo el precepto divino".

[164] Cf. AICA, 30 de abril de 1997.

hecho todas las cosas de una manera determinada. Como dice la Escritura: *Tú todo lo dispusiste con medida, número y peso* (Sb 11,20).

Cada naturaleza determinada sólo puede ser perfeccionada por bienes determinados, como en cada cerradura sólo entra una llave; si meto la llave equivocada rompo la cerradura. Por esta razón en cada ser del universo, incluido el hombre, encontramos inclinaciones naturales hacia los bienes que las perfeccionan. Buscar esos bienes, por tanto, no es sólo una obligación, es un "deseo", una "tendencia" de la naturaleza y una "vocación". Porque el bien atrae aquello para lo cual es bien.

Ya dijimos que esa ley se condensa en lo expresado por los Diez Mandamientos; por tanto, los mandamientos no hacen sino indicarnos los "bienes" que nos perfeccionan y nos ayudan a precavernos de los males que nos degradan y rebajan arruinando nuestra naturaleza. También dijimos que esos mandamientos están grabados en nuestra naturaleza y también han sido revelados; ¿por qué? Porque con el pecado, el hombre perdió su norte moral y religioso y trajo sobre su conciencia el embotamiento. Se quedó con el libreto, pero se tornó miope para leerlo; parece un corto de vista intentando leer a media luz. Por este motivo, cuando Moisés bajó del Monte Sinaí donde Dios le reveló su ley, traía en realidad la misericordia de Dios esculpida en dos tablas de piedra. Dios repitió para el hombre sordo y ciego los mandamientos divinos. A su vez, Jesucristo, al fundar la Nueva Ley, interiorizó y elevó por la gracia esa misma ley repitiendo varias veces la necesidad de observar los mandamientos de Dios. En el Sermón de la Montaña, Jesús reveló o develó el sentido originario de los Diez Mandamientos, mostrando todas sus exigencias y dándoles pleno cumplimiento. De este modo, Jesucristo develó el designio primordial de Dios sobre el hombre. Se cumple así lo que dice el Salmo: *Todos tus mandamientos son verdad* (Sal 119,86). La verdad sobre el hombre.

La Ley divina es, pues, un faro, una luz espléndida que va iluminando nuestro camino.

¿Cómo el joven guardará puro su camino?
Observando tu palabra (Sal 119,9).

Guardar "puro" el camino es guardarlo seguro... ¿Qué mejor educación puede haber que hacer "entender" la sabiduría escondida en los mandamientos de Dios? No basta con saberlos: hay que entenderlos.

En tus ordenanzas quiero meditar
y mirar tus caminos (Sal 119,15).
Abre mis ojos para que contemple... (119,18).
Tus mandamientos no me ocultes (119,19).
Hazme entender, para guardar tu Ley
y observarla de todo corazón (119,34).

¿Qué significa "conocer" los mandamientos? Tres cosas: primero, saberlos; segundo, conocerlos interiormente; tercero, entender su íntima e indisoluble conexión.

Lo primero es lo más fácil. La mayoría de los cristianos han aprendido en su catecismo, o en su familia, cuáles son los diez mandamientos de la ley de Dios (aunque no todos, para vergüenza de los cristianos y de los sacerdotes que los deben enseñar). Pero para conocerlos bien hay que meditarlos en el corazón:

Con mis labios he contado
todos las sentencias de tu boca.
En el camino de tus dictámenes me regocijo
más que en toda riqueza.
En tus ordenanzas quiero meditar
y mirar a tus caminos.
En tus preceptos tengo mis delicias,
no olvido tu palabra (Sal 119,13-16).

¡Oh, cuánto amo tu ley!
Todo el día la estoy meditando (Sal 119,97).

Lo segundo significa comprender el valor de cada mandamiento, es decir, todo su contenido. Hay que reconocer que no todos saben todo lo que cada mandamiento implica. Por ejemplo, no todos saben que cada mandamiento incluye un aspecto positivo (un bien que hay que procurar o defender) y un aspecto negativo (prohíben los actos que ponen en peligro esos bienes). Los mandamientos tutelan, es decir, protegen, defienden y promueven los bienes fundamentales de la persona. Los bienes sin los cuales, una persona no puede ni madurar, ni perfeccionarse, ni ser feliz. Así, por ejemplo:

El *primer mandamiento* (Amarás al Señor sobre todas las cosas) abarca todas nuestras relaciones teologales con Dios, ordena nuestros actos de fe, esperanza y caridad; y también nos ejercita en la virtud de la religión con los actos de adoración, oración, sacrificios, etc. Nos preserva de todas las perversiones religiosas que amenazan al hombre: la superstición, la idolatría, la irreligión, el ateísmo, el agnosticismo.

El *segundo mandamiento* (No tomar el Nombre de Dios en vano) engendra en nosotros el respeto por Dios y por todo lo sagrado, nos da un auténtico sentido de la religión, y suscita la alabanza de Dios en nuestros labios.

El *tercer mandamiento* (Santificar las fiestas) nos hace aprender a dedicar nuestra vida a Dios, y también nos enseña a saber descansar y cultivar la vida familiar, cultural, social y religiosa.

El *cuarto mandamiento* (Honrar a los padres) nos conquista las virtudes familiares y sociales: el respeto entre padres, hijos y hermanos, hace de toda familia una "iglesia doméstica", y humaniza y cristianiza toda la sociedad.

El *quinto mandamiento* (No matarás) nos enseña a respetar y valorar el don de la vida y la dignidad de toda persona humana, garantiza la paz en la sociedad y en el mundo.

El *sexto mandamiento* (No cometer actos impuros) educa en la virtud de la castidad y en el dominio de las emociones, y por tanto, garantiza la verdadera libertad humana liberándonos de la esclavitud de las pasiones desordenadas. Hace brillar la castidad en todos sus regímenes: en la virginidad consagrada, en el noviazgo, en el matrimonio. Garantiza la fidelidad entre los esposos.

El *séptimo mandamiento* (No robarás) ordena nuestras relaciones con los bienes materiales. Nos ayuda a ser respetuosos de los bienes, a despegarnos de ellos, a ser generosos con lo que tenemos, a ser justos en nuestra vida laboral y económica, nos enseña a amar y ayudar a los más pobres.

El *octavo mandamiento* (No dar falso testimonio ni mentir) nos hace amar la verdad y vivir en la verdad. Garantiza la honradez y la franqueza entre los hombres. Es prenda de verdadera amistad.

El *noveno mandamiento* (No desear la mujer ajena) lleva la castidad y la pureza al campo de los pensamientos y deseos, nos hace puros de corazón y verdaderamente libres.

El *décimo mandamiento* (No codiciar los bienes del prójimo) ordena nuestro corazón hacia los bienes terrenos y nos libra de la tiranía de la codicia y de la avaricia y nos quita la tristeza que todo apego produce.

Se comprende así que el libro de los Hechos de los Apóstoles, llame a los mandamientos *Palabras de vida* (Hch 7,38).

Educar según los mandamientos significa, según mi punto de vista, hacer entender cuáles son los bienes a los que nos conducen los mandamientos, hacerlos valorar como bienes, es decir, presentarlos como "amables", y hacer comprender por qué es necesario amarlos y practicarlos. También significa hacer entender que no sólo "hay que hacerlos porque Dios los manda", sino que "Dios los manda porque en ellos está nuestro bien y nuestra felicidad". Antes que mostrar su Autoridad, Dios muestra su infinita Bondad al iluminar de esta manera nuestro camino hacia la felicidad.

Debemos convencernos que jamás seremos felices si no vivimos estos bienes en nuestra vida. No solamente porque si no cumplimos los mandamientos no podremos salvarnos, sino también porque seremos unos infelices incluso en esta vida terrena; es decir, no pasaremos de ser mediocres.

Los mandamientos, pues, no son un alambrado que nos limita y castiga, prohibiéndonos cruzar al campo feliz. Por el contrario, son un Faro Sobrenatural que nos conduce por el camino seguro en medio de las tormentas de la vida. Son guías luminosas en nuestro itinerario de perfección. Recordemos lo que dice el Salmo:

La ley de Yahveh es perfecta,
consuelo del alma,
el dictamen de Yahveh, veraz,
sabiduría del sencillo.
Los preceptos de Yahveh son rectos,
gozo del corazón;
el mandamiento de Yahveh es claro,
luz de los ojos...
Los juicios de Yahveh son verdad
justos todos ellos,
apetecibles más que el oro,
más que el oro más fino;
sus palabras más dulces que la miel,
más que el jugo de panales (Sal 19,8-9. 10b-11).

Tu palabra es una antorcha para mis pies,
una luz en mi sendero (Sal 119,105).

3. LOS MANDAMIENTOS Y NUESTRA MADUREZ

Si alguna vez escuchas que una persona madura no se deja manejar por nada ni por nadie y que, por eso, es inmadurez "atarse" a cualquier ley o a cualquier mandamiento, ¡no te tragues esa píldora! Me animo a decirte que la realidad es tan distinta de este slogan que llega a ser precisamente lo contrario. Porque, si has entendido lo que hemos dicho hasta aquí, comprenderás que todo proceso de auténtica maduración pasa por hacer carne lo que los mandamientos preceptúan. La inmadurez afectiva, psicológica

y espiritual, siempre hunde sus raíces en la incomprensión de uno
o más de uno de los mandamientos y, por tanto, en la ausencia de
los bienes que ellos nos exigen mantener firmes en nuestra vida.
Preguntemos, si no, a cualquier psiquiatra o psicólogo, cuáles son
los tipos de inmadurez y nos responderá que corresponden a las
personas que son incapaces de llevar adelante una vida familiar, o
son incapaces de vivir la castidad propia de su estado, o aquellos
que son inestables en sus compromisos, los que mezclan siempre
la verdad con la mentira, los que son dependientes de cosas
superfluas, los que no encuentran sentido a la vida, los que son
incapaces de perdonar los ultrajes, los resentidos, los
irremediablemente superfluos, etc. A todos estos le falta algún
bien que podrían alcanzar si respetasen los mandamientos divinos.

¡Qué buen programa de educación para los padres, maestros,
catequistas y sacerdotes, es el ayudar a comprender la Sabiduría de
los mandamientos de Dios!

No me refiero sólo a que deberían enseñar cuáles son los
mandamientos, sino a que deberían enseñar a vivirlos. A veces me
preguntan: ¿qué cosas debemos tener en cuenta para formar a
nuestros hijos, o a nuestros alumnos, o a nuestros dirigidos en el
camino de la madurez o de la perfección? Pues hay que empezar
por mirar a qué apuntan los mandamientos de Dios. Por ahí
empezó Jesucristo. Al joven rico que se le acercó preguntándole:
«*Maestro, ¿qué he de hacer de bueno para conseguir vida eterna?*».... *Si
quieres entrar en la vida, guarda los mandamientos*». «*¿Cuáles?*» —*le dice él.
Y Jesús dijo: «No matarás, no cometerás adulterio, no robarás, no levantarás
falso testimonio, honra a tu padre y a tu madre, y amarás a tu prójimo como
a ti mismo* (Mt 19,16-19). Los mandamientos, al inclinarnos sobre
los bienes fundamentales se convierten en condiciones para
adquirir las virtudes. Y sólo el hombre virtuoso es hombre en
sentido auténtico, pleno y maduro.

Sin embargo, debo insistir en un tercer elemento. Se trata del
hecho, muchas veces insuficientemente comprendido, de que los
mandamientos deben ser observados *en todo su conjunto*. Es decir, o
se observan *¡todos!* o el edificio se desmorona. Ningún vendedor
de propiedades nos ofrecería una casa diciendo: "Yo le

recomiendo esta casa: es muy amplia, tiene dos pisos, terraza, vista al mar, gas natural y teléfono; es verdad que tiene una grieta que ya partió los cimientos y alguna de las vigas... pero no deja de ser muy cómoda". ¡Todo derrumbe comienza por una grieta!

¿Qué pensar entonces cuando alguien nos dice que él es bueno porque no roba ni mata? A uno le dan ganas de decirle: ¡Sigue, te faltan sólo ocho cosas más!

El Papa Juan Pablo II lo ha dicho claramente haciendo referencia a los actuales crímenes contra la vida: "El conjunto de la Ley es, pues, lo que salvaguarda plenamente la vida del hombre. Esto explica lo difícil que es mantenerse fiel al *no matarás* cuando no se observan las otras *palabras de vida* (Hch 7,38), relacionadas con este mandamiento. Fuera de este horizonte, el mandamiento acaba por convertirse en una simple obligación extrínseca, de la que muy pronto se querrán ver límites y se buscarán atenuaciones o excepciones"[165].

Muchos que terminaron en auténticos desastres morales empezaron claudicando por algún mandamiento particular. Un pecado llama a otro pecado.

Si no cumplimos *todos* los mandamientos, no debemos engañarnos creyendo que cumplimos la ley de Dios. Por eso hay que insistir con todas las fuerzas: los padres y educadores no pueden contentarse con que los niños y jóvenes eviten lo peor – que no se droguen o no cometan delitos– sino que deben educarlos en todos los valores de la persona. ¡Cuántos padres ven que sus hijos se inician en el alcoholismo o en la droga después de haberles hecho tantas recomendaciones de que no lo hicieran! Sí, hicieron muchas recomendaciones, pero sólo en un sentido: el de la droga o del alcohol. Pero descuidaron educarlos en la castidad, en el pudor, en el dominio de sí, en la prudencia sobrenatural, en la modestia, en evitar la frivolidad, en la oración. ¡No se puede hacer un gran hombre ni una gran mujer sólo con un par de virtudes!

---

[165] Juan Pablo II, Evangelium vitae, 48.

En el fondo debemos entender y hacer entender que hay una gigantesca verdad escondida en aquellas palabras de Cristo: *El que tiene mis mandamientos y los guarda, ése es el que me ama... Si alguno me ama, guardará mi Palabra... El que no me ama no guarda mis palabras* (Jn 14-21-24). Digo "verdad escondida" porque muchos entienden esta frase de un modo que está bien, pero es incompleto. Piensan que Jesús está diciendo que el que quiere amarlo a Él acepta la condición de cumplir sus palabras o mandamientos. Pero Jesucristo también está diciendo que el mismo amor hacia Él los empujará a amar lo que contienen sus palabras o mandamientos. Para el que ama verdaderamente los mandamientos no son condiciones, u obligatorios, sino "atrayentes"; los mandamientos se les manifiestan como *viae amoris*, senderos del amor.

Para el que ama a Dios con corazón puro, la castidad, el respeto, la veracidad, y los demás bienes contenidos en los mandamientos, lo atraen, lo encandilan, lo enamoran. Para el duro de alma, en cambio, cumplir todos estos bienes son sólo una dura carga que debe transportar si no quiere condenarse. Esta segunda visión de los mandamientos es la que tenían muchos hombres antes de la encarnación del Verbo. La primera es la que tienen los que pertenecen en espíritu al Nuevo Testamento, porque la gracia infundida en los corazones nos inclina por amor a lo mismo que mandan los mandamientos. Por eso dice Jesús: *Mi yugo es suave y mi carga ligera* (Mt 11,30).

Para el corazón duro y principiante, los mandamientos son como un turno con el dentista: vamos porque de lo contrario se nos caen los dientes, pero ¡con qué gusto huiríamos! Para el corazón amante lo que prescriben los mandamientos les suena igual que a un niño a quien le imponen la obligación de comer helado todos los días. ¡No creo que debamos repetírselo dos veces!

Muchas veces, los educadores (pienso en padres, maestros, profesores y catequistas) caen en este error. Enseñarle a los niños y a los jóvenes que hay que respetar al prójimo, que no hay que robar ni mentir, que hay que evitar las malas conversaciones y los actos impuros, que hay que ir a Misa todos los domingos, y no calumniar, etc., insistiendo sólo en la *obligación*, el *deber*, el *castigo* que merecen los que no cumplen esto, etc., es apuntar la educación hacia un rumbo equivocado.

¡Ojo, no quiero decir que esto no sea también necesario! Hay que ser realistas. Santo Tomás, comentando al viejo filósofo Aristóteles, decía: "las palabras persuasivas pueden incitar y mover al bien a muchos jóvenes generosos, que no se hallan sujetos a vicios y pasiones y que poseen nobles costumbres, en cuanto tienen aptitud para las acciones virtuosas"[166], pero "hay muchos hombres que no pueden ser incitados a ser buenos por las palabras, pues no obedecen a la vergüenza que teme la deshonestidad sino que más bien son refrenados por el temor de los castigos. En efecto, no se apartan de las malas acciones por la torpeza de las mismas sino porque temen a los castigos o penas, porque viven según las pasiones y no según la razón... y huyen de los dolores contrarios a los deleites buscados, los cuales dolores les son inferidos por los castigos. Pero no entienden lo que es verdaderamente bueno y deleitable, y tampoco pueden percibir o gustar su dulzura"[167].

Esto es cierto. Pero reducir toda la educación a esto es un error. No hay que olvidar que los propios padres comienzan a educar a sus hijos antes que cualquier pasión comience a dominarlos. Ellos sí pueden empezar a educarlos en el amor al bien y a los bienes mandados por Dios.

Por tanto, el principal énfasis que debe darse en la educación, es hacer brillar las virtudes ante los ojos de los niños y jóvenes. ¿Para qué? Para que se enamoren de ellas. El amor hará luego el resto. ¡Claro que esto es mucho más exigente! Porque no se puede enseñar a amar lo que uno no ama. Ni exigirles a los demás lo que uno mismo no hace en su vida. La primera enseñanza es la del ejemplo; pero muchos no se animan a dar ejemplo. A muchos les resulta comprometedor tratar de enamorar a sus hijos de bienes y valores tales como el ser fieles a Dios, la obediencia a la

---

[166] San Tomás, In Eth., n. 2140.
[167] San Tomás, In Eth., n. 2141.

Iglesia, el amor por los pobres, la modestia y la castidad, el desprendimiento de las cosas, etc... Tienen miedo que sus hijos les pregunten: "Pero, si esto es tan hermoso, ¿por qué tu no vives así?". Por eso, a los padres o catequistas que no quieren ser virtuosos, que no quieren ser santos, les resulta más cómodo enseñar los mandamientos como si fueran leyes de tránsito: "prohibido doblar en U", "máxima 60", "velocidad controlada por radar", "mantenga la derecha", "no sobrepase en las curvas"... El camino de la vida se hace muy difícil visto sólo desde ese punto; y por eso, en la primera crisis religiosa o moral, pisan el acelerador, aunque sepan que pueden chocar de frente con un camión.

Por tanto, resumiendo lo que he querido decir aquí:

1º Todos los educadores deben prepararse mucho mejor en el conocimiento de la ley moral de Dios. Hay que saber que es una ley de virtudes, y que a esas virtudes apuntan los mandamientos; y que sólo se entiende la belleza de la ley divina cuando se la cumple toda entera. Si estás estudiando un profesorado, una carrera pedagógica, un magisterio, ten esto muy en cuenta.

2º Hay que interiorizarse con la Ley de Dios. Hay que conocerla de modo sabroso, meditado, interiorizado. Conociendo no sólo lo que manda sino el por qué se manda. Conocer el brillo propio de cada virtud.

3º Hay que conocer también a los grandes hombres y mujeres que han hecho brillar en sus vidas las virtudes, como Don Orione o la Madre Teresa de Calcuta la caridad con los rechazados, los innumerables mártires la fortaleza, el padre Miguel Pro la alegría y el humor en las pruebas, San Francisco Javier el celo misionero, María Goretti la virginidad hasta el martirio, Santa Teresita la fidelidad a las cosas pequeñas, etc.

4º Hay que tomarse el trabajo de hablar con los hijos o con nuestros alumnos y amigos sobre los mandamientos y las virtudes, y tomarse el tiempo para educarlos y enamorarlos de Dios. Hay que prepararlos para la vida y para las dificultades. El Padre Lebbe, que fue un misionero que llegó a China a principios del

1900, cuando recién terminaba la persecución de los Boxers que dio muchos mártires a la Iglesia, contaba en sus cartas emocionantes ejemplos de cómo los padres preparaban a sus hijos para que no abandonasen la fe en medio de los tormentos. Él cuenta de un padre que "advertido del peligro que corría, reunía diariamente a sus hijos exhortándoles a mantenerse valientemente hasta la muerte en la fe de Cristo. Este hombre preguntaba a su hijo menor: 'Si los paganos te ofrecieran el perdón a cambio de renunciar a Cristo, ¿qué contestarías?'. Y el niño respondía: 'Contestaría: Soy cristiano'. El padre continuaba: 'Y si te amenazan con la muerte y cortan tus manitos o quieren arrancarte los ojos ¿qué contestarás?'. El muchachito repetía con dulce voz: 'Que soy cristiano'. Este padre –añade el Padre Lebbe– sufrió el martirio y fue admirado incluso por los paganos por la paz y dicha que su rostro reflejaba".

Esos eran padres que amaban más la virtud y la vida eterna de sus hijos que su vida o bienestar terreno. Mucho amaba a su hijo la madre del más pequeño de los mártires chinos canonizados, Andrés Wang Tianquing, de 9 años; los paganos quisieron salvar al niño, pero a costa de su fe; en ese momento su madre dijo con voz firme: "Yo soy cristiana, mi hijo es cristiano. Tendréis que matarnos a los dos". Y Andrés murió de rodillas mirando a su madre con una sonrisa; hoy los dos son santos.

Se podría decir mucho más acerca de este tema. Pero lo dicho creo que basta para mostrar la importancia de educar en las virtudes, apoyándonos en una visión más profunda de los mandamientos de Dios.

Quiero terminar con una antigua anécdota. Un rito de Iniciación de los niños judíos en la vida de la Sinagoga, a comienzos del 1600, tenía en su ceremonia este diálogo: el rabino, poniendo la punta del Rollo de la Ley en el pecho del niño preguntaba:

–¿Qué sientes? –Y el niño respondía:

–Siento un corazón que late. –Entonces el rabino replicaba:

—¡Es el Corazón de Dios! ¡Escucha su Palabra. Cumple su Ley!

La ley de Dios es el Corazón viviente de Dios. Quien pretenda arrancarte esta ley no quiere otra cosa que matarte el corazón.

* * *

El que no acepta una ley natural —o los mandamientos divinos— porque esto implica coartar su libertad, debería recordar que la libertad es un gran valor, pero también es un término análogo que puede aplicarse a cosas muy diversas, incluso perdiendo el sentido verdadero. No todo lo que lleva el nombre de libertad es realmente libertad, ni toda dependencia es una esclavitud. Si estás encerrado en una jaula y te escapas de ella, el acto de escaparte bien merece llamarse liberación y tu premio podrá denominarse libertad. Si estás dominado por la droga o por el alcohol y logras desprenderte de sus lazos, bien puedes llamar a esto liberación y tú serás realmente un hombre libre. Si has quedado encerrado en un ascensor, es liberación el salir de él y es libertad lo que experimentas al volver a respirar aire puro en la calle. Si estás agobiado por las penas y las enfermedades, te liberarás cuando te cures y serás libre al recuperar tu salud. Pero si al escalar una montaña resbalas en el hielo y quedas colgando en el vacío sostenido sólo por la soga de seguridad, no llamarás liberación al gesto de cortar la soga, ni podrás considerar libertad el convertirte en una mancha roja sobre el blanco glacial que te aguarda cientos de metros más abajo. Si te arrancas los tubos de oxígeno con que buceas a 80 metros de profundidad, no llamarás liberación a tal imbecilidad, ni te considerarás libre por flotar ahogado en el agua salada. Quitarse un peso de encima no siempre es libertad, como habrá comprendido muy bien la pobre María Antonieta el día que injustamente la guillotina la alivió del peso de su cabeza. Ni todo lazo que nos ata nos esclaviza verdaderamente, como podría decirte, si hablar pudiese, una marioneta para quien vivir es "estar colgado" del titiritero que le da vida en el mundo de un pequeño teatrito de juguete.

Hay, pues, libertades que son esclavitudes; y servidumbres que son independencias, como dice la Biblia cuando nos recuerda aquella sonora y hermosa sentencia: *servir a Dios es reinar.*

Bibliografía para ampliar y profundizar

–Santo Tomás, *Suma Teológica*, I-II, cuestiones 94 y siguientes.

–J. M. Aubert, *Ley de Dios, leyes de los hombres*, Herder, Barcelona 1979.

–Finnis, John. *La ley natural, la moralidad objetiva y el Vaticano II*, en: May, W., *Principios de vida moral*, EIUNSA, Barcelona 1990, pp. 83-102.

–May, W. *La ley natural y la moralidad objetiva: una perspectiva tomista*, en: *Principios de vida moral*, EIUNSA, Barcelona 1990., pp. 103-124.

–J. Mausbach y G. Ermecke, *Teología Moral Católica*, I, Pamplona 1971.

–J. Messner, *Ética social, política y económica, a la luz del derecho natural*, Madrid 1967.

————————, *Ética general y aplicada*, Madrid 1969.

–O. N. Derisi, *Los fundamentos metafísicos del orden moral*, Madrid 1969.

–Ildefonso Adeva, *Ley moral*, Gran Enciclopedia Rialp, Madrid1991.

–Bernardino Montejano, *Ley. Planteamiento general*, Gran Enciclopedia Rialp, Madrid1991.

–L. Lachance, *El concepto de derecho según Aristóteles y Santo Tomás*, Buenos Aires 1953.

–S. Ramírez, *Doctrina política de Santo Tomás*, Madrid 1952.

–G. Soaje Ramos, *Sobre la politicidad del derecho*, Mendoza 1958.

–C. Soria, *Introducción al tratado de la Ley*, en Suma Teológica de S. Tomás de Aquino, ed. bilingüe BAC, VI, Madrid 1956.

8.

LA VERDAD ROBADA SOBRE TU SEXUALIDAD

La verdad de que la castidad es posible

Una de las verdades que tienen mayor incidencia en la vida de una persona es la relacionada con su sexualidad: ¿deberías controlar tus impulsos sexuales?, o antes todavía de esta pregunta: ¿son controlables nuestros impulsos y deseos? Nuestra sociedad no tiene muy claro este punto; es más, es éste uno de los campos donde más confusión encontrarás; te encontrarás con amigos (¡qué amigos!), profesores (¡vaya educadores!) y sobre todo los que tienen a su cargo los medios masivos de comunicación, que intentarán llenar tu cabeza con ideas *sexualizadas* del hombre y de la mujer. Más aún si estás estudiando alguna de las carreras relacionadas con la psiquiatría y la psicología, pues, como decía un eminente escritor argentino (Leonardo Castellani), "no hay otra ciencia donde sea tan fácil dar gato por liebre y que tanto invite a los charlatanes". Puedes leer, si no, los libros serios sobre Sigmund Freud y sus teorías (no las mitificaciones que corren sobre él).

No es difícil entender este fenómeno; ciertamente la tendencia al placer sexual es una de las más fuertes de nuestra naturaleza (porque precisamente por este medio la naturaleza garantiza la conservación de la especie). Es fácil que si una persona se degenera, lo haga reduciendo la realidad del hombre al sexo, e identifique la felicidad con el placer sexual. Tampoco es difícil que confunda las raíces de toda enfermedad con algún problema de represión sexual, ni que, como lógica consecuencia, reduzca toda terapia y curación a liberar ese instinto sexual reprimido. Junta todo esto y tendrás la sustancia de la doctrina freudiana.

Imagina qué le espera, en esta visión, a la doctrina enseñada por nuestra fe, con un ideal de vida casta, de noviazgo puro, de matrimonio fiel y monogámico. Si no te tachan de mojigato o mojigata, por lo menos te considerarán trastornado o trastornada.

Estés donde estés (pues aunque principalmente me dirijo a quien estudia en una universidad, estas páginas pueden perfectamente tener un alcance más universal), sé que estás sometido a terribles presiones sobre tu instinto sexual. Ya no sólo es la televisión, el cine y las revistas dedicadas al sexo; hoy en día el desorden sexual (incluso la pornografía más descarada) viene envuelta en literatura de entretenimiento (novelas, historias) y pseudo científica, en cátedras de diversa índole, y te asaltará en el medio principal de nuestra comunicación moderna: la Internet (el negocio del sexo es el tercer negocio en importancia que se maneja en el mundo de Internet, después del hardware y del software; y para esta auténtica *mafia de la pornografía*, ¡tú eres un cliente que hay que conquistar!). Y tu vulnerabilidad aumentará exponencialmente[168] si tus ideas sobre el sexo y la castidad son confusas, o peor aún si están envenenadas. Lamentablemente nuestra escuela moderna, en amplios sectores, desempeña un papel corruptor en este sentido (piensa solamente en lo que muchos enseñan bajo el disfrazado título de *educación sexual*).

Este punto podría aclararlo de dos maneras: la primera exponiendo lo que enseñan algunos de los pensadores principales sobre este tema (como Freud y muchos de sus secuaces) y haciendo las críticas pertinentes al caso; lo cual es algo que ya ha sido hecho en estudios apropiados y profundos y no haría más que resumir y repetir[169]. El otro modo, que es el que mejor cuadra con mi propósito en este libro, es mostrarte que la castidad es necesaria y es posible; es el que aquí te ofrezco.

1. CASTIDAD Y TEMPLANZA

La castidad, también llamada pureza, es una virtud, parte de la virtud de la templanza, que nos inclina a moderar el uso de la facultad sexual según la razón (iluminada por la fe, en el caso de la castidad sobrenatural).

La sexualidad es un bien eminente de la persona. El pensamiento cristiano ha sido siempre muy cristalino al respecto, al menos en sus pensadores más preclaros. Se pueden señalar algunas excepciones que tuvieron una visión pesimista de la sexualidad, como los que llegaron a pensar y afirmar que en el

---

[168] "Exponencial" significa que el ritmo aumenta cada vez más rápidamente.
[169] Mira la bibliografía al final del capítulo.

Paraíso terrenal no habría habido propagación del género humano por vía sexual si Adán no hubiese pecado[170]. De todos modos se adjudica a la paternidad de Tertuliano (ya hereje montanista) la visión pesimista de la sexualidad humana[171]. Sobre la auténtica visión de los grandes pensadores, como Santo Tomás, pueden leerse las páginas que le dedicó Josef Pieper en su libro "Las virtudes fundamentales".

Etimológicamente, la palabra castidad viene de castigo, no en el patético sentido que alguien podría imaginarse sino sólo entendida como alusión a que por medio de este hábito la razón somete el apetito concupiscible a su medida razonable. Es la virtud moderadora del apetito genésico o sexual. Su materia propia es la actividad propiamente generativa, ya que los actos secundarios de la sexualidad (miradas, tactos, etc.) son materia de la *pudicicia*, aunque según Santo Tomás, ésta no sea una virtud especial distinta de la castidad, sino una circunstancia de la misma.

La castidad tiene como finalidad inmediata el dominio racional y moral sobre el instinto sexual. El estado de la naturaleza humana exige una virtud que sea disposición permanente y firme del alma que tenga tal objeto. El apetito sexual es muy intenso y en el hombre no está regido acertadamente por el instinto, como ocurre en los animales. Una fantasía desordenada puede llevar la vida sexual del hombre a numerosos excesos de que no son capaces los animales. Las normas de la ley natural que rigen la vida sexual humana quedarían inefectivas si la razón se limitara a conocerlas pero no existiera al mismo tiempo una virtud que inclinara la voluntad a su cumplimiento comunicándole el vigor necesario para ello. De ahí que la virtud de la castidad sea indispensable para la perfección del hombre interior y para la justa armonía entre el cuerpo y el alma.

T[170] Estos pensaban que la transmisión del género humano no habría sido por unión sexual, pero Dios, previendo la caída de nuestros primeros padres, lo dispuso desde el origen de esta manera. Por tanto, opinaban que si bien desde el primer momento de la historia de los hombres la relación sexual tuvo que ver con la propagación del género humano, fue por relación (previsión) al pecado.

[171] Cf. Pieper, J., *Las virtudes fundamentales*, Rialp, Madrid 1980, pp. 250-251.

Psicológicamente hablando, la castidad es un hábito moral por el cual la persona humana ordena su instinto generativo (el apetito concupiscible) haciendo que éste busque el **auténtico bien deleitable**[172], en la medida en que éste perfecciona a la persona humana, y controla que no se desvíe hacia bienes deleitables contrarios al bien integral de la persona. Este hábito, como todos los hábitos o virtudes morales, actúa en correlación con la virtud de la prudencia que le dicta el justo medio (es decir, el "verdadero" bien concupiscible) que debe buscar en cada momento según el propio estado de vida.

Este hábito es, propiamente hablando, una inclinación (o atracción) impresa en el apetito concupiscible (es decir, en la afectividad)[173] hacia el bien sensible moral (es decir, hacia el bien concupiscible legítimo y ordenado según los principios morales). En realidad la inclinación hacia el bien deleitable de los sentidos es constitutiva del apetito sensible; lo que añade el hábito de la castidad es la "docilidad" o "consonancia" (adquirida por el ejercicio y disciplina) de esta inclinación con la "medida" virtuosa en que es lícito buscar y gozar de estos bienes (según el propio estado y situación). Para que se llegue a adquirir esta docilidad hay dos elementos más que forman parte integrante del ámbito de la castidad. El primero es un **conjunto de principios morales** (en este caso principios sobre la sexualidad) que pertenecen a diversos hábitos intelectuales, ya sea al hábito de los primeros principios morales (llamado sindéresis), o a una moral elemental (que suele adquirirse por tradiciones familiares, por formación religiosa – catecismo– o incluso por sentido común), o tal vez a una ética más científica fruto del estudio personal. Estos principios generales son aplicados a cada situación concreta por el hábito de la **prudencia**, que siempre está presente en todo acto virtuoso de

---

[172] Bien "deleitable" y bien "concupiscible" son sinónimos; indican el bien que produce deleite en los sentidos; aquí nos referimos principalmente al deleite venéreo o sexual.

[173] El apetito concupiscible es la sede de nuestros afectos que tienen por objeto los bienes sensibles deleitables; es una función del apetito sensible; la otra función se denomina apetito irascible, y tiene por objeto los afectos cuyo objeto es un bien sensible difícil.

la naturaleza que fuere (no hay virtud moral sin prudencia, pues es ésta la que señala la medida virtuosa en que todo hábito debe ejercitarse en una circunstancia determinada). El segundo elemento es la acción de la **voluntad**, perfeccionada por la justicia y sus virtudes anexas[174]. La voluntad, ordenada por el amor al bien, es el que "impera" (con el llamado "imperio de ejercicio"[175]) dominando al apetito sensible y aplicándolo a la búsqueda del bien sensible según la medida en que éste perfecciona al sujeto (o sea, en la medida en que es lícito y virtuoso). A raíz de este continuo dominio de la voluntad y de su "aplicación" sobre el apetito sensible, en éste se termina por plasmar una "forma" o inclinación estable (a obrar siempre de la misma manera) que es lo que denominamos hábito virtuoso o "virtud" a secas.

2. QUÉ NOS DICE LA BIBLIA SOBRE LA SEXUALIDAD

Si tratamos de mirar la idea de la sexualidad que nos presenta la Sagrada Escritura tenemos que remontarnos necesariamente al relato de la creación del hombre y de la mujer en el Génesis, no sólo por ser el primero sino también por ser "normativo". No debemos perder de vista que Jesucristo al referirse al matrimonio en su discusión con los fariseos dice –contra la práctica del divorcio– "al principio no fue así". El "principio" presenta una norma, la de la voluntad divina sobre el matrimonio y sobre la sexualidad; Nuestro Señor la retoma en su predicación moral; también debemos hacerlo nosotros. En el relato de Gn 1,26-31 el hombre es creado macho y hembra (v.27), por tanto se señala la creación de la bisexualidad, la que es querida por Dios; en ambos

---

[174] La justicia es la virtud que perfecciona la voluntad en la búsqueda del bien; virtudes anexas son aquellas que tienen relación con la justicia pero por una razón u otra no son justicia estricta; tal es el caso de la religión, gratitud, piedad, veracidad, epiqueya, etc.

[175] Imperio de ejercicio o también "uso activo" es la acción por la cual la voluntad "mueve" a las demás potencias (en nuestro caso, al apetito sensible o afectividad) a su ejercicio propio (es decir, las "aplica", como se dice en ética).

se da imagen de Dios; a continuación se añade que Dios ordena y bendice la fecundidad (v.28), ligándola pues al matrimonio. En el relato complementario de Gn 2,18-24 aparece subrayado especialmente el aspecto de ayuda mutua y sociabilidad (v.18); precisamente a este texto apela Cristo para hablar de la unión indisoluble: *al principio no era así* o sea, no había divorcio (Mt 18,1-9); la bondad del sexo en cuanto salido de la manos de Dios queda puesto de manifiesto en la armonía y limpieza de conciencia de los primeros padres: estaban desnudos y no se avergonzaban (v.25). Hay también otros elementos de suma importancia que se destacan de estos primeros capítulos[176].

Una visión de la sexualidad en el Antiguo Testamento no puede dejar de lado los escritos sapienciales (en especial el Cantar de los Cantares) y los libros proféticos; en todos estos el amor conyugal –descrito incluso con caracteres pasionales– es usado como símbolo del amor entre Dios y su pueblo (y también del amor de Dios por cada alma singular). Destaquemos que el hecho de que el amor humano sirva para ilustrar el amor de Dios hacia los hombres, implica también la capacidad de que el amor divino ilumine (nos haga entender) hasta cierto punto el amor humano. En el Antiguo Testamento, tal vez sin demasiados desarrollos, quedan evidenciados los grandes dones del amor y de la sexualidad: la fidelidad, la lealtad, la indisolubilidad, la fecundidad, etc.

Yendo al Nuevo Testamento, el texto más importante –y completo– está en los capítulos 6 y 7 de 1 Corintios. En 1 Cor 6,12-20 San Pablo presenta una visión clara y equilibrada del placer y del cuerpo contra el laxismo y contra el rigorismo moral que ya se presentaban en su tiempo como enemigos de la visión cristiana de la sexualidad. El Apóstol valora el cuerpo en su dimensión religiosa: es miembro de Cristo (v.15); destinado a la resurrección (v.13-14); templo del Espíritu Santo (v.19). Igualmente el texto condena la fornicación por un doble motivo:

---

[176] Los he desarrollado en: *Al principio no fue así. El valor normativo del "principio" en la moral conyugal*; conferencia dada en Santiago de Chile, 2002; y en las IIª Jornadas de la Familia, Toronto, Canadá, 2003.

natural (deshonra el cuerpo: v.18), sobrenatural (sacrilegio contra el Espíritu Santo). Y se añade que el cuerpo puede y debe glorificar a Dios (v.20). En el texto de 1 Cor 7,1-10 se muestran algunos aspectos notables: la castidad y virginidad es algo bueno (v.1), pero también es lícito el matrimonio (v.2) y señala el "débito conyugal" como una obligación mutua (v.3)[177]. San Pablo habla del efecto del matrimonio como una mutua posesión por parte del varón y la mujer (v.4); y cuando habla de la abstinencia periódica de la unión sexual, declara que para que sea lícita debe ser realizada con mutuo consentimiento y para un fin honesto como la oración (v.5). Finalmente recomienda la virginidad (v.8-9) y recuerda el tema de la indisolubilidad matrimonial (v.10-11). Otros textos del Nuevo Testamento aparecerán a lo largo de estas páginas.

3. POR QUÉ ESTA VIRTUD

El ser humano es algo complejo, que no puede ser reducido a una sola dimensión sin ser, al mismo tiempo destituido de su dignidad; es decir, destruido. Así todas las reducciones del hombre son deshumanizaciones. El materialismo lo reduce a su dimensión más baja (sea el materialismo biologicista que está en la base del moderno cientificismo; sea el materialismo animal, o el materialismo evolucionista, etc.); el falso espiritualismo lo reduce a puro espíritu desencarnado. Las dos visiones son falsas. El hombre es un microcosmos que resume en su frágil entidad el universo entero: comparte (lo que los escolásticos decían "comunica") con el universo mineral, con el mundo vegetativo, con lo animal o sensitivo, y con el mundo espiritual. Todo él es un complejo mundo jerarquizado. La jerarquía tiene como fruto la armonía. Esto se explica diciendo que lo menos está subordinado a lo más, lo inferior a lo superior, sirviéndolo y permitiéndole

---

[177] *Débito conyugal* se llama a la obligación que cada uno de los cónyuges (esposo y esposa) tiene de prestarse a tener relaciones cuando el otro lo solicita razonablemente.

desarrollar todas sus virtualidades. Esto significa que mientras lo inferior (por ejemplo lo animal) se mantenga subordinado y dócil a lo superior (el alma, la inteligencia y la voluntad), le permite a ésta desarrollar todas sus potencialidades. Esta era la condición "original" del hombre en el Paraíso, si nos atenemos al relato bíblico del Génesis. El hombre en su origen gozaba de una armonía basada en una jerarquía de sus potencias: el mundo exterior estaba bajo su dominio en la medida en que en su cuerpo se sometía a sus afectos, estos al dominio de la voluntad y la inteligencia, y estas últimas potencias servían a Dios. Todo esto era fruto de lo que la tradición católica ha llamado "dones preternaturales" (inmortalidad, impasibilidad, armonía, etc.), dados por Dios a la naturaleza humana para garantizar de modo gratuito esta armonía (en definitiva para poner las bases de la amistad entre el hombre y Dios). El pecado original trastocó todo rompiendo la subordinación esencial: la del alma respecto de Dios. Como consecuencia todas las demás subordinaciones garantizadas por los dones preternaturales quedaron trastocadas: las pasiones esclavizan al alma, el cuerpo se debilita y camina hacia la muerte, presa muchas veces de los instintos desbocados y vueltos compulsivos, el mundo externo arranca sudor y lágrimas al hombre que intenta someterlo.

Este cuadro es clave para interpretar lo que significa "bien integral del hombre" (término que aparece en algunos documentos magisteriales)[178]. Algo puede ser considerado bien "integral" (o "verdadero e integral") cuando es un bien para toda la persona humana (y también para toda persona humana) y no para una potencia aislada (inteligencia, voluntad, afectividad) o para un aspecto particular de su ser. Para que pueda darse esto, una realidad no sólo debe ser buena en sí (*per se bona*) sino que debe reunir dos condiciones más: no debe entrar en conflicto con los demás bienes de la persona y, consecuentemente, debe tener una "medida" (*in medio virtus*). Hay realidades que son buenas en sí (la comida, el placer sexual, el trato social) pero pueden entrar en

---

[178] Cf. *Catecismo de la Iglesia Católica*, n. 2294; 2361; 2375; Carta Apostólica *Vitae mysterium*, 3; *Veritatis Splendor* 72, 79, 112, etc.

conflicto con el bien total de la persona ya sea porque contradicen directamente (*per se*) otros bienes de la misma persona (como el placer sexual para quien ha hecho voto de celibato) o indirectamente (*per accidens*), esto es, cuando la contradicción viene por el modo, el tiempo, o la medida en que se procura dicho bien (pensemos en el exceso de comida –gula– o la búsqueda del placer sexual de modo indebido).

Ninguna persona sensata puede negar la validez de esta consideración.

El punto está tal vez en la discusión sobre el "modelo" de dicho bien integral de la persona. ¿Puede establecerse un modelo válido para todo hombre y mujer, tanto de nuestro tiempo como del pasado y del futuro? Debemos responder que sí; y dicho modelo integral se basa en la ley natural, de la cual ya hemos hablado en el capítulo anterior.

4. LEY NATURAL Y CASTIDAD

Esta ley es la que fundamenta una norma de la castidad, como fundamenta también toda relación del ser humano respecto de sí mismo, de su relación con el prójimo y con Dios.

En el plano concreto de la castidad la ley natural, es decir, lo que nuestra inteligencia puede captar del plan divino grabado en nuestra naturaleza[179], debemos decir:

1°   que lo primero que se observa es la complementariedad varón-hembra (no sólo en el plano físico, sino en el psicológico y sobre todo en el genético); toda sexualidad debe ser, por tanto, "heterosexual";

---

[179] Esta posibilidad de "leer" e "interpretar" un plan divino en la propia naturaleza y en la creación en general tiene un relieve singular: establece la posibilidad de un diálogo natural entre la creatura y el Creador. Es el fundamento de un "lenguaje" natural, que el ser humano capta en la naturaleza y que tiene por Relator principal a Dios.

2º   en segundo lugar debemos señalar el fin social de la sexualidad: el ejercicio de la sexualidad (heterosexualidad, se entiende) es necesario para la perpetuación del género humano; este principio exige ser complementado, pues la perpetuación de la raza humana no se obtiene del simple apareamiento entre los individuos humanos de diverso sexo sino de su unión estable, pues la fragilidad y complejidad del ser humano exige que el fruto del ejercicio de la sexualidad (el niño) sea acompañado y educado durante un largo período de tiempo[180]; de esto se desprende que **el matrimonio** *(unión de uno con una para siempre)* **sea la única forma natural en que se puede actuar adecuadamente la vida sexual humana;**

3º   la tercera observación que podemos hacer es que la atracción entre el varón y la mujer (es decir, entre el macho y la hembra de la raza humana) no responde ni exclusiva ni primeramente a la esfera física u hormonal (como en las demás especies) sino que nace de un elemento psicológico y espiritual: el amor; no se trata de un movimiento puramente instintivo sino de un movimiento libre; esto significa que el movimiento que lleva al uso de la sexualidad nace de una inclinación a la donación de sí mismo a la persona amada; esto es lo que viene significado con el término "unitivo": el fin del amor es la unión y la donación; ahora bien toda donación tiende a ser total (psicológicamente toda donación que no sea total no tiene relación con el amor, pues éste es totalizante); nuevamente esto nos lleva a encuadrar el ejercicio de la sexualidad dentro del marco matrimonial, pues una donación de sí sólo es total cuando es sellada con un compromiso social y está abierta a la vida (en este caso tal donación es "total": implica donación del propio ser, de las propias cosas y de la capacidad procreadora, para toda la vida, sin intención de retractarlas);

4º   la cuarta observación es que físicamente el varón y la mujer poseen los elementos propios para expresar en un lenguaje corporal los tres elementos primeros que llevamos observados: a

---

[180] De lo contrario, el niño no alcanza su plena madurez, para la cual necesita de modo estable la referencia a su padre y a su madre natural hasta bien entrada la adolescencia y juventud.

su inclinación y deseo de donarse corresponde en los individuos del otro sexo la capacidad receptiva no sólo de su dimensión física sino de su capacidad procreativa; esto nos lleva a señalar que a través de su dimensión corporal el varón y la mujer poseen las claves de un lenguaje, es decir las palabras propias (corporales) para expresarse este mutuo amor y para consumarlo;

5º   estos elementos que hemos expresado de forma positiva también pueden expresarse de forma negativa pues la observación profunda de la naturaleza física, psicológica y espiritual del varón y la mujer también nos permite deducir un uso de la genitalidad contrario al bien integral del ser humano; concretamente: un uso *egoísta* del sexo (masturbación, pensamientos impuros); un uso *infiel* del sexo (la falta de fidelidad al legítimo cónyuge tanto de modo consumado como de modo interno: deseos y pensamientos infieles); un uso *infructuoso* del sexo (homosexualidad, uso de la sexualidad cerrado a la vida); un uso *circunstancial* del sexo (la relación no permanente ni comprometida, como sucede con el sexo entre personas no casadas), etc. Todas estas expresiones sexuales, destructivas del verdadero amor y del bien integral de la persona son prohibidas (precisamente por su contradicción con ese bien integral) por el mandamiento que exige "no cometer actos impuros".

5. NECESIDAD Y FUNCIÓN DE LA CASTIDAD

El magisterio de la Iglesia lo ha expresado de una manera muy ajustada: "la alternativa es clara: o el hombre controla sus pasiones y obtiene la paz, o se deja dominar por ellas y se hace desgraciado"[181].

Esta frase es la explicación de otra afirmación: "la castidad implica un aprendizaje del dominio de sí, que es una pedagogía de la libertad humana". La importancia de esta aserción se pone de manifiesto si damos vuelta los conceptos: la libertad humana exige

---

[181] *Catecismo de la Iglesia Católica*, nº 2339.

como pedagogía el dominio de sí por parte del ser humano; y la castidad es uno de los ámbitos donde se aplica dicho dominio (tal vez uno de los más importantes). La falta o ausencia de la castidad comporta la falta de dominio del hombre sobre las fuerzas más poderosas que experimenta en su interior; falta de dominio o falta de control equivale a esclavitud, y esclavitud es sinónimo de postración, derrota y desgracia.

Cuando el documento magisterial que acabamos de citar indica que el hombre voluptuoso (es decir, el que no tiene dominio sobre su afectividad –o sea su castidad) es desgraciado no hace ninguna observación pueril ni apela a presuntas amenazas propias de una educación mal encarada, sino que estamos ante una verdad objetiva de la psicología experimental[182].

El texto del Catecismo explica su afirmación con un pasaje de la *Gaudium et spes*: "La dignidad del hombre requiere, en efecto, que actúe según una elección consciente y libre, es decir, movido e inducido personalmente desde dentro y no bajo la presión de un ciego impulso interior o de la mera coacción externa. El hombre logra esta dignidad cuando, liberándose de toda esclavitud de las pasiones, persigue su fin en la libre elección del bien y se procura con eficacia y habilidad los medios adecuados"[183].

La castidad conlleva la recuperación (en la medida en que es posible recuperarla) de la armonía original, es decir, del dominio de las potencias afectivas inferiores por parte de la inteligencia y de la voluntad (o dicho al revés: el sometimiento "político" del

---

[182] Estoy totalmente de acuerdo con los que critican una mala educación de la castidad basada en amenazas falsas y probablemente ineficaces y acomplejantes (por ejemplo, el afirmar, como puede leerse en algunos libros, que algunos actos impuros pueden acarrear ceguera, dramas físicos, etc.). Aunque hay que añadir que gran parte de quienes suelen esbozar estar críticas no buscan corregir estos excesos (algunos explicables por defectuosos conocimientos médicos o psicológicos de otras épocas) sino proponer una total liberación sexual.

[183] GS, n. 17.

plano afectivo respecto del plano racional[184]). San Agustín enseña: "La castidad nos recompone; nos devuelve a la unidad que habíamos perdido dispersándonos"[185]. No es lograda ya, ésta, por un don preternatural sino por la virtud de la castidad humana adquirida, elevada al orden sobrenatural por la gracia o bien acompañada por una virtud infusa complementaria[186].

El Catecismo también enseña que "la castidad significa la integración lograda de la sexualidad en la persona, y por ello en la unidad interior del hombre en su ser corporal y espiritual"[187]. Esto quiere decir que sin la castidad la sexualidad forma parte de la vida de una persona (incluso puede ocupar gran parte de la vida de esa persona), pero no está "integrada" en su persona. Al no estar integrada, se convierte en un elemento "desintegrador". La sexualidad debe ser "humana"; lo propio de la sexualidad humana es la capacidad de ser un puente de "relación" con las demás personas y de "donación total" en la relación particular del hombre y la mujer. Esto diferencia la sexualidad "humana" de la sexualidad "animal". La sexualidad animal es instintiva, es posesiva, no libre, responde a estímulos puramente biológicos (hormonales, es decir: a los períodos de celo) y es por naturaleza ajena a la fidelidad (aunque se conozcan casos de cierta fidelidad y estabilidad en algunas especies animales, esto no responde a un amor propiamente dicho sino a necesidad de la misma especie y en particular a la necesidad de la prole). El ser humano no puede

---

[184] El término "político" significa –por contraposición a "despótico"– que dicho gobierno no es pleno sino que es análogo al que en una sociedad se ejerce sobre hombres libres.

[185] San Agustín, *Confesiones*, 10, 29, 40. Este texto está citado por el *Catecismo* (n. 2340).

[186] Evito entrar en la discusión de si la virtud cristiana de la templanza es la misma virtud humana de la templanza elevada por la gracia (doctrina de San Buenaventura) o bien coexisten en el hombre en gracia la virtud humana de la templanza y una virtud infusa del mismo nombre (doctrina de Santo Tomás).

[187] *Catecismo de la Iglesia Católica*, nº 2337. El texto continúa: "La sexualidad, en la que se expresa la pertenencia del hombre al mundo corporal y biológico, se hace personal y verdaderamente humana cuando está integrada en la relación de persona a persona, en el don mutuo total y temporalmente ilimitado del hombre y de la mujer. La virtud de la castidad, por tanto, entraña la integridad de la persona y la totalidad del don".

ejercitar su sexualidad de modo libre, fiel, total, regulado, etc., si no es dueño de sus instintos.

¿Por qué la castidad produce esta integración?: "La persona casta mantiene la integridad de las fuerzas de vida y de amor depositadas en ella. Esta integridad asegura la unidad de la persona; se opone a todo comportamiento que la pueda lesionar. No tolera ni la doble vida ni el doble lenguaje"[188]. La falta de castidad implica desintegración porque la lujuria es una descomposición de las fuerzas de la persona. La castidad permite al hombre encauzar todas sus fuerzas hacia un mismo punto: la persona amada. La lujuria derrama las fuerzas de la persona en múltiples objetos (para el lujurioso no hay personas amadas sino personas convertidas en objetos[189]).

La castidad y la pureza es una "capacidad"; es decir, es algo positivo, no algo negativo (está mal, o al menos es incompleto, el definirla como mera "ausencia de mancha o pecado moral"). Es una energía interior que da al que la posee el poder de realizar algo; esta capacidad es poder de ordenar la facultad del apetito concupiscible, con toda su fuerza y brío, y encauzar toda su potencia ya sea hacia un objeto concupiscible que "debe" ser amado con toda la fuerza de la persona, incluida la fuerza sexual (como en el caso de los esposos), o bien concede la capacidad de transformar esas fuerzas ("sublimar") integrándolas en la energía espiritual de la persona (sea en la búsqueda de la verdad, en el amor de misericordia hacia el prójimo, en el amor a Dios, etc.)[190].

---

[188] *Catecismo de la Iglesia Católica*, nnº 2338.

[189] Ver sobre este punto lo que señalan los estudiosos de las adicciones sexuales, como Patrick Carnes.

[190] Es interesante a este respecto lo que escribía Juan Pablo II: ".... la pureza es una "capacidad", o sea, en el lenguaje tradicional de la antropología y de la ética: una actitud. Y en este sentido, es virtud. Si esta capacidad, es decir, virtud, lleva a abstenerse "de la impureza», esto sucede porque el hombre que la posee sabe "mantener el propio cuerpo en santidad y respeto, no con afecto libidinoso". Se trata aquí de una capacidad práctica, que hace al hombre apto para actuar de un modo determinado y, al mismo tiempo, para no actuar del modo contrario. La pureza, para ser esta capacidad o actitud, obviamente debe estar arraigada en la voluntad, en el fundamento mismo del querer y del actuar

Un texto importante para entender este aspecto es lo que dice San Pablo en 1 Ts 4,3-5: *Porque esta es la voluntad de Dios: vuestra santificación; que os alejéis de la fornicación, que cada uno de vosotros* **sepa poseer su cuerpo con santidad y honor**, *y no dominado por la pasión, como hacen los gentiles que no conocen a Dios[191]*. En este texto se puede observar la dimensión de "contención" que ejerce la pureza sobre las pasiones (es propio de la naturaleza de la pureza o castidad la capacidad de contener los impulsos del deseo sensible, razón por la cual esta virtud es una parte de la virtud de la templanza); pero aquí se subraya también otra función y dimensión –positiva– indicada como capacidad de mantener la santidad y honor del cuerpo. En realidad ambas funciones ("abstención de la pasión libidinosa" y "mantenimiento del orden corporal") son recíprocamente dependientes porque no se puede "mantener el cuerpo con santidad y respeto", si falta esa abstención "de la impureza", mientras que dicho mantenimiento de la santidad y respeto corporal da sentido y valor a la lucha para abstenerse de los desórdenes pasionales.

6. CASTIDAD PARA TODOS

La castidad es necesaria a todo ser humano, en todos los regímenes de la vida: casados, solteros, célibes, etc., aunque cada uno de modo diverso. A raíz de algunos artículos en que he mencionado el tema de la castidad, he recibido consultas y críticas, basadas en que al hablar de castidad matrimonial el magisterio de

---

consciente del hombre. Sto Tomás de Aquino, en su doctrina sobre las virtudes, ve de modo aún más directo el objeto de la pureza en la facultad del deseo sensible, al que él llama *appetitus concupiscibilis*. Precisamente esta facultad debe ser particularmente «dominada", ordenada y hecha capaz de actuar de modo conforme a la virtud, a fin de que la "pureza" pueda atribuírsele al hombre. Según esta concepción, la pureza consiste, ante todo, en contener los impulsos del deseo sensible, que tiene como objeto lo que en el hombre es corporal y sexual. La pureza es una variante de la virtud de la templanza" (Juan Pablo II, Catequesis "La pureza del corazón según San Pablo", 28 de enero de 1981).

[191] Cf. Juan Pablo II, catequesis "La pureza del corazón según San Pablo", 28 de enero de 1981.

la Iglesia exigiría a los casados una imposible abstinencia sexual; pero no es eso lo que significa "castidad conyugal" sino algo muy distinto. Esto muestra que muchos cristianos no comprenden el sentido de esta virtud ni su práctica.

Hay distintos modos de vivir la castidad, según el estado de vida de cada persona[192].

Hay una castidad propia de los que han consagrado su vida en el celibato o la virginidad. Hay otro modo de castidad propio de quienes creen tener vocación al matrimonio pero aún están solteros o se preparan al matrimonio mediante el noviazgo; esta castidad se denomina "castidad simple" o más propiamente "continencia"[193]. A una forma de castidad análoga a estas dos primeras están llamados quienes, por un motivo u otro, diferente del deseo de consagrar su vida a Dios o a un ideal sublime, no están (ni tal vez lleguen nunca a estar) en condiciones de formar una familia; ya sea porque nunca encontraron la persona adecuada con la cual casarse, o porque experimentan atracción hacia personas de su propio sexo (inclinaciones homosexuales) o porque sufren un miedo patológico a comprometerse en una vida de intimidad sentimental o sexual, o bien porque luchan con alguna desviación sexual; en todos estos casos hay que considerar que, de hecho, se debe plantear como modelo de vida la vida casta en soltería. Hay un modo de vivir la castidad propio de los esposos, denominado por este motivo "castidad conyugal". Hay también una castidad propia de las personas que por un motivo u otro habiendo tenido vocación al matrimonio ahora no pueden vivir en este estado (por ejemplo, las viudas y viudos, las personas casadas que se han separado de sus cónyuges).

---

[192] Un libro clásico y muy valioso sobre este tema es el de Dietrich von Hildebrand, *Pureza y virginidad*, Desclée de Brouwer, Pamplona 1958. Allí el autor estudia la pureza o castidad en sí, en el matrimonio y en la virginidad consagrada.

[193] "Los novios están llamados a vivir la castidad en la continencia. En esta prueba han de ver un descubrimiento del mutuo respeto, un aprendizaje de la fidelidad y de la esperanza de recibirse el uno y el otro de Dios. Reservarán para el tiempo del matrimonio las manifestaciones de ternura específicas del amor conyugal. Deben ayudarse mutuamente a crecer en la castidad" (*Catecismo de la Iglesia Católica*, n° 2350).

Las normas morales son diversas para unos y otros.

Quienes han ingresado voluntariamente en el estado de virginidad consagrada o de celibato (por voto o promesa) están obligados a vivir la pureza en su forma más elevada, renunciando a todo acto sexual y sensual voluntariamente buscado, y también a todo pensamiento o deseo sexual o sensual. Este régimen de la castidad exige la mortificación de los sentidos externos (vista, tacto, etc.) y de los internos (memoria, imaginación).

Los que aún no están casados pero se preparan al matrimonio (novios y personas solteras que no están de novios) deben vivir, mientras dure este estado, en perfecta castidad, pero no excluyen, evidentemente, la actividad sexual para el momento en que estén legítimamente casados, ni excluye un trato más afectuoso con aquella persona con la que esperan contraer matrimonio. La regla es en este caso muy delicada, pero puede resumirse en aquello que señalan autores respetables: (1º) son lícitas las demostraciones de afecto, aceptadas por las costumbres y usanzas, que son signo de cortesía, urbanidad y educación; (2º) en cambio son ilícitas tanto las expresiones púdicas (abrazos, besos, miradas, pensamientos, deseos) que se realizan con la intención expresa y deliberada de producir placer venéreo o sexual, aunque no se tenga voluntad de llegar a la relación sexual completa; y (3º) con más razón son ilícitas las expresiones impúdicas y las relaciones sexuales completas.

En el caso de las personas casadas que ya no viven con su legítimo cónyuge, sea por separación (a veces inculpable por parte de uno de ellos) o por viudez, si bien no les es lícito realizar actos sexuales con quien no están legítimamente casados, en cambio no es pecado el pensar o recordar los actos realizados con su cónyuge legítimo, porque todo lo que es lícito hacer, es también lícito desear y recordar (salvo que esto sea peligro próximo de consumar sus deseos en un acto ilícito).

Finalmente las personas casadas tienen un régimen especial de castidad que consiste en realizar sus actos matrimoniales abiertos a la vida. Pueden en algunos casos elegir para sus actos completos los momentos de infertilidad natural de la mujer, cuando hay motivos graves que sugieran la conveniencia de no poner las condiciones de una nueva concepción (abstinencia periódica), pero esto no implica que no les sea lícito en estos momentos, como en cualquier momento de la vida, las manifestaciones sensuales y sexuales incompletas (es decir, que no terminan en ningún acto pleno u orgasmo). La castidad también les exige el encauzar todos sus deseos y pensamientos sólo hacia su legítimo consorte y les prohíbe dar lugar en la imaginación o en la vista a imágenes que tengan por objeto otra persona distinta (aunque esto sea buscado como medio para realizar luego el acto conyugal con el cónyuge legítimo).

7. PERO, LA CASTIDAD ¿ES POSIBLE?

La castidad o pureza es posible. Hay muchas personas, incluso consagradas, que piensan que la castidad perfecta (total y permanente) es imposible. Hay quienes piensan que ni siquiera tiene sentido plantearse el valor de una vida sin sexo; los hay también que piensan que tal vez pueda aspirarse a ser castos una buena parte del tiempo, levantándose de ocasionales caídas; a menudo he recibido consultas cuya idea de fondo es que ciertos problemas de pureza (por lo general se refieren a la masturbación) son "normales", y por "normales" entienden que toda persona, sin excepción, cae en este vicio, al menos durante la adolescencia ("durante mi juventud, me escribía una persona, hice *lo que hacen todos*: me masturbé con frecuencia"; su consulta era... por un problema de *adicción sexual,* que lo esclavizaba aún después de casado y ya con muchas canas encima). La misma idea, presentada de otro modo, forma parte de un pensamiento corriente que relaciona la felicidad con el ejercicio de la sexualidad. "El sexo es felicidad", rezaba el anuncio de un grupo de médicos sexólogos que durante los últimos años ha ofrecido sus servicios en las primeras páginas de varios diarios argentinos. Al leer avisos semejantes me viene a la mente la observación del P. Benedict Groeschel quien en su "The Courage to be Chaste" subrayaba que la mayor parte de las personas que solemos encontrar en un autobús, en un subterráneo, en un shopping, o incluso en la misa dominical, muy probablemente ha tenido algún tipo de experiencia sexual durante los días precedentes; pero no es felicidad lo que se destaca en la mayoría de los rostros; si la felicidad dependiera del sexo, decía el psicólogo religioso, el mundo brillaría como el sol, al menos la mitad del tiempo[194]. Debemos reconocer que el sexo, siendo muy importante en la vida de muchas personas, no es capaz, por sí solo ni de modo principal, de dar la felicidad; y de modo contrario, tampoco la voluntaria y perfecta abstención (y menos aún la ordenación de la actividad sexual de un matrimonio según los cánones de la ley natural y divina) es sinónimo de frustración, tristeza o depresión, ni de peligro próximo de tales estados.

De aquí que la castidad sea posible; y si en nuestros días resulta más difícil no es por una razón intrínseca al ser humano (fuera del desorden introducido por el pecado original, del que ya he hecho mención) sino por la poca vida interior de la mayoría de nuestros contemporáneos.

"La continencia es perfectamente posible al ser que tiene salud psíquica. Es innegable que así como hay cleptómanos y pirómanos hay también seres que tienen su responsabilidad disminuida y algunos aun extinguida, tratándose de la sexualidad, pero tales casos constituyen la excepción (...) En cambio, temperamentos ardientes triunfan de sus apetitos (...) De ordinario, pues, cuando el instinto sexual se impone como una necesidad es porque el hombre le ha permitido arraigarse. La castidad no es cuestión de temperamentos: es asunto de educación, de principios, de voluntad"[195].

La castidad es posible. La primera cosa que es necesaria para que esta posibilidad sea algo real es –como señalaba el gran

---

[194] Cf. Benedict Groeschel, *The Courage to be Chaste*, Paulist Press, New York 1985, p. 18.

[195] P. Alberto Hurtado, *El adolescente un desconocido* (su título original fue: *La crisis de la pubertad y la educación de la castidad*), Obras completas, tomo 2, Dolmen, Chile 2001, pp. 177-212. La cita es de la página 184.

educador que fue el P. Hurtado– una "filosofía sexual que represente la dominación del espíritu sobre la materia"[196]. Es decir, una visión sana y armoniosa de la sexualidad (ya sea del plan de Dios sobre el hombre y la mujer como una concepción clara de la antropología humana, algunas de cuyas ideas maestras hemos esbozado en las páginas anteriores). En efecto, como señalaba el mismo autor, "una parte infinitamente grande de la debilidad humana en la vida moderna no viene de una exigencia orgánica irresistible, sino de una concepción materialista de la vida que, abierta u ocultamente, nos tiene prisioneros". Y añade: "cuando el hombre llegue a obtener esta seguridad científica, que tantos médicos se esfuerzan por desvanecer, el sistema sexual encontrará la paz que no puede encontrar en medio de las fórmulas excitantes de ahora ni en medio de las disciplinas inciertas del pensamiento moderno. El cuerpo obedece con gusto al espíritu que ha llegado a estar seguro de sí mismo"[197].

La castidad no es posible, entonces, para quien tiene una visión antropológica distorsionada, para quien reduce al ser humano a pura materia, o da primacía a los instintos y pone un manto de incertidumbre sobre la capacidad espiritual que tiene el ser humano de gobernarse. Es indispensable cierta seguridad sobre la aptitud del espíritu y sobre su supremacía sobre la materia (aunque esta convicción presuponga la ayuda de la gracia divina).

No se puede negar que hay causas que influyen notablemente en las caídas del ideal de la pureza; hay causas físicas (ciertas propensiones hereditarias, estados nerviosos, enfermedades, estados climáticos, etc.), causas debidas a hábitos que dificultan la guarda de la castidad sin tratarse, ellos mismos, de vicios (falta de higiene, vida sedentaria, desgano, etc.); pero las causas principales son psíquicas: la curiosidad, la imaginación y la memoria cuando están indisciplinadas y sobre todo cuando están privadas de un marco filosófico sano (o sea, cuando se carece de principios rectores correctos) o están enmarcadas en un sistema de

---

[196] P. Alberto Hurtado, ibid., p. 185.
[197] P. Alberto Hurtado, ibid., p. 185.

pensamiento distorsionante (materialismo, hedonismo, freudismo, consumismo, liberalismo, etc.).

Evidentemente la formación del hábito de la castidad no es sólo cuestión de principios racionales sino que exige varias cosas más, la primera de las cuales es la formación de la voluntad por los hábitos de la justicia, la fortaleza y la templanza (aplicada a otros campos diversos del sexual, como la templanza en el comer y en el beber), la vigilancia, el deporte y el trabajo físico, etc. Además de esto, para quien se empeña en el camino de la castidad debe tener en cuenta lo que el P. Groeschel llama con justeza "ocultas ocasiones de lujuria"[198]. Entre estas menciona cuatro principales.

La primera es la **autocompasión**; ésta –sentimiento injustamente negativo respecto de sí mismo– puede representar en muchos casos una auténtica posibilidad de regresión psicológica hacia conductas infantiles; es común que estas personas caigan en cierta tolerancia sexual y especialmente en la masturbación. Estos pensamientos destructivos están en la base de todas las adicciones sexuales. Esta autocompasión –es necesario decirlo– toma a veces la forma de una falsa humildad; es en realidad una forma de sentimiento de inferioridad; su contrario no consiste, como podría pensar una moderna terapia de autoapoyo estilo new age, en afianzar la confianza en sí mismo o formar grandes ideas respecto del propio yo; esto nos llevaría a un egoísmo o a la estéril soberbia; lo contrapuesto a la autocompasión es un sano realismo, de equilibrio natural y sobrenatural; es decir, el tomar conciencia del valor que tiene nuestra persona ante los ojos de Dios y la grandeza de nuestra vocación tanto social como sobrenatural.

El segundo peligro son los **sentimientos de odio y rabia**; muchas personas, incluso cristianas, guardan un gran resentimiento hacia el mundo, hacia sí mismos, y –en el fondo– hacia Dios. Esta rabia está profundamente enterrada en el corazón

---

[198] Cf. Groeschel, *The Courage to be Chaste*, pp. 70-74.

y se manifiesta exteriormente como frustración y depresión[199]; puede, en consecuencia, exteriorizarse a través de una conducta sexual desordenada; en estos casos la conducta sexual toma el carácter de auto-castigo.

El tercer peligro está representado por los **inesperados enamoramientos**, que suelen suceder cuando se encuentran dos personas en similares malos momentos espirituales. No es extraño encontrarse con personas que, en un momento de debilitamiento espiritual o psicológico, de resentimiento o de abandono de los ideales, de fracasos espirituales, etc., se encuentran con la persona "ideal" que los "comprende" como ningún otro lo ha hecho hasta el momento. A veces el juego comienza con algo inocente: charlas largas, confidencias de las propias dificultades, consejos, consuelos, etc., y puede terminar (a menudo sucede así) en un enamoramiento ilícito (por ejemplo, cuando se trata de personas casadas, de religiosos o religiosas).

El cuarto peligro lo encarnan las mismas **fuerzas del maligno**, es decir, la acción diabólica que puede ser en gran medida responsable de muchos abusos en el plano de la sexualidad. El desorden sexual degrada al ser humano y el demonio es enemigo de nuestra naturaleza. El demonio debe tener mucho que ver en la corrupción de la esfera sexual, especialmente cuando el desorden sexual se relaciona con dos cosas: con la perversión y la desviación sexual, y cuando se empalma con la destrucción de la vida (aborto) o la cerrazón a la vida (anticoncepción).

Pero volviendo a nuestro tema de la educación de la castidad, una de las claves en su pedagogía y conservación está en el trabajo sobre el sentimiento del pudor.

---

[199] No estoy diciendo con esto que todo estado depresivo tenga como causa una represión. Cuidado con malinterpretar la extensión de estas afirmaciones.

8. EL PUDOR ES LA DEFENSA DE LA CASTIDAD

No es posible defender o alcanzar la castidad si no se comienza por educar el pudor. Pudor designa la tendencia a esconder algo para defender la propia intimidad respecto de las intromisiones ajenas. Es una "cualidad, en parte instintiva y en parte fruto de la educación deliberada, que protege la castidad. Se realiza lo mismo en la esfera sensitivo-instintiva que en la consciente-intelectual, como freno psíquico frente a la rebeldía de la sexualidad"[200]. Santo Tomás dice de él que es un sano sentimiento por el que las pasiones relacionadas con la sexualidad, después del pecado original, producen un sentimiento de disgusto, de *vergüenza*, de malestar en el hombre, hasta tal punto que *instintivamente* se quiere ocultar todo lo relativo al cuerpo, a la intimidad y a la sexualidad, de las miradas indiscretas[201].

Pudor y pudicicia. El pudor pertenece tanto a la esfera instintiva como a la consciente. En el primer caso, existe el pudor en el sentido estricto de la palabra; en el segundo, una organización superior del mismo que entra en la categoría de virtud y se denomina *pudicicia*[202]. La pudicicia o pudor-virtud "se relaciona íntimamente con la castidad, ya que es expresión y defensa de la misma. Es, por consiguiente, el hábito que pone sobre aviso ante los peligros para la pureza, los incentivos de los sentidos que pueden resolverse en afecto o en emoción sexual, y las amenazas contra el recto gobierno del instinto sexual, tanto cuando estos peligros proceden del exterior, como cuando vienen de la vida personal íntima, que también pide reserva o sustracción a los ojos de los demás y cautela ante los propios sentidos. De esta suerte el pudor actúa como moderador del apetito sexual y sirve a la persona para desenvolverse en su totalidad, sin reducirse al ámbito sexual. No se confunde con la castidad, ya que tiene como objeto no la regulación de los actos sexuales conforme a la razón,

---

[200] Zalba Erro, *Pudor,* en Gran Enciclopedia Rialp, tomo 19, Rialp, Madrid 1989, 455-456.

[201] Cf. S.Th. II-II, q.151, a.4

[202] C. Scarpellini, *Pudore e pudicicia,* en *Enciclopedia Cattolica,* Roma 1953, vol. X, col.296.

sino la **preservación de lo que normalmente se relaciona estrechamente con aquellos actos**. Viene a ser una defensa providencial de la castidad, en razón de la constitución psicofísica del género humano, perturbada por el pecado original"[203].

En el plano puramente instintivo podemos decir que consiste en una resistencia inconsciente a todo lo que revelaría en nosotros el desorden de la concupiscencia de la carne. Cuando se hace consciente, consiste en la elevación de ese sano instinto por obra de la virtud de la prudencia, ya que tiende a excluir circunstancias y a frenar pensamientos previendo que mediante su actividad causarían una violación del orden moral.

Pudor y educación. En este sentido, siendo la educación humana la actuación de los valores humanos que están en todo hombre en potencia y la afirmación de los valores espirituales sobre la materia, puede muy bien concluirse que la bondad de una educación se mide por el desarrollo y afinamiento dados a la pudicicia, la cual tiende a fortificar el espíritu más que ningún otro habito operativo[204]. No puede existir educación de la castidad sin el desarrollo del sentimiento del pudor. De la preservación de esta facultad natural depende en gran parte la posibilidad y la capacidad de resistencia a las causas externas que continuamente atentan a la integridad moral y a la pureza[205].

Pudor instintivo y pudor convencional. Existe un *pudor instintivo*, ligado a la constitución psicológica del hombre, y por tanto universal, que se manifiesta como sentimiento de miedo, de vergüenza, ligado de algún modo, a la emoción sexual. "Aunque algunos niegan este carácter natural del pudor, afirmando que se trata sólo de un hábito adquirido como fruto de la educación, hay

---

[203] Zalba Erro, *loc. cit.*

[204] C. Scarpellini, *op. cit.,* col.297.

[205] El pudor no es sólo un fenómeno de la infancia; es una fuerza que se manifiesta más profundamente cuando aparece el desarrollo del sexo en la pubertad. Conquista entonces un aspecto nuevo, que no posee en la infancia, es decir, el sentimiento de la propia dignidad, el respeto hacia el propio cuerpo, el sentimiento de repugnancia por toda clase de sujeción a la vulgaridad y a la sensualidad.

que decir, sin embargo, que los estudios antropológicos revelan la existencia del pudor en todos los pueblos, también en los primitivos, en los que, a lo más, varía sólo lo que llaman la individuación secundaria del pudor, es decir, su localización en distintas zonas del cuerpo, que por lo demás no depende del convencionalismo o de la costumbre, sino que en sus líneas esenciales es un proceso racional, conforme a la naturaleza del hombre"[206].

Pero la educación y las condiciones ambientales influyen notablemente en la elaboración personal que cada uno hace de este pudor, el cual, aunque instintivo, no excluye una cierta plasticidad común a todos los instintos, sino que la implica. "Las condiciones concretas a las que el pudor adapta su acción prudencial son diversas, como por ejemplo, la edad, la diferencia de atracción erótica ejercitada por las distintas partes del cuerpo, el tipo psicológico individual, etc. Estos distintos factores explican las diferencias de las distintas formas de pudor entre los pueblos"[207], es decir, explican la existencia de un *pudor convencional* que depende esencialmente de las épocas, de la educación, de los individuos, de las regiones.

Las múltiples reacciones de pudor en una persona no son todas manifestaciones de pudor instintivo. Es decir: son manifestaciones de pudor *instintivo* las que están ligadas a *excitantes absolutos* (éstos son relativamente pocos), mientras que son manifestaciones *convencionales* las ligadas a *excitantes condicionales*. El pudor convencional merece respeto, pero no siempre es sincero ni revelador de una virtud profunda. Ciertas personas depravadas, pero que no ignoran las convenciones sociales, se rodean de precauciones superfluas para ocultar sus perversos instintos. Pero éste no es el verdadero pudor.

Falsa educación del pudor: la pudibundez. Se debe educar en el pudor con prudencia. Una educación demasiado estrecha en

[206] Zalba Erro, *loc. cit.*
[207] Scarpellini, *op. cit.*, col.296.Cf. Demal, *Psicologia pastorale pratica*, Roma 1955, p.120.

este campo multiplicaría las dificultades y no haría sino agravar la inquietud y el malestar de los adolescentes y de los jóvenes. Es un hecho innegable que, mediante una educación demasiado rígida, los siglos pasados llevaron el pudor a terrenos en los que no entra para nada, y de esta manera hicieron ver el mal en todas partes. Lamentablemente este tipo de "mala educación del pudor" no puede causar sino reacciones contrarias, es decir, conduce a la impudicia.

Educar en el pudor significa, pues, al mismo tiempo que cultivarlo, también defenderlo de toda mezquindad que tan fácilmente se confunde con el pudor.

Justamente la falsificación del pudor, tiene un nombre y éste es "pudibundez". Se denomina así al pudor desequilibrado o excesivo, causado en general por una falsa educación. La pudibundez no hace a las personas castas sino caricaturas de castidad. "La pudibundez es enemiga nata del pudor, como la beatería es enemiga de la religiosidad verdadera y consciente. El espíritu del adolescente se rebela y le molestan las ideas mezquinas y ruines"[208].

La auténtica educación del pudor. La educación del pudor debe ser *indirecta,* porque una educación directa implicaría necesariamente orientar la atención sobre los objetos que justamente el pudor debe atenuar en su atractivo. No obstante, aunque indirecta, debe ser *positiva,* es decir, debe preparar aquella atmósfera espiritual que además de impedir la degradación en el campo de la sexualidad animal, hará más fáciles las revelaciones graduales necesarias en su tiempo oportuno.

Esta educación del pudor debe ser parte de una educación moral del sentimiento, es decir, de la afectividad en general (que algunos llaman "educación del corazón"). Educar el corazón se resume en conseguir enamorar a la persona de la virtud y corregir toda desviación anormal del amor sensible. Implica también

---

[208] Paganuzzi, *Purezza e pubertà,* Brescia 1953, p.222. Cf. A. Stocker, *La cura morale dei nervosi,* Milán 1951, p. 155 ss.

educar la voluntad; ésta exige, junto al ejercicio constante y cotidiano, la "gimnasia espiritual" que nos plasme y nos doblegue de modo que seamos capaces de poner en acto lo que comprendemos con tanta facilidad y que proclamamos todavía con mayor facilidad, pero que realizamos con muchísima dificultad. No hay que olvidar que la virtud de la castidad, en cuanto virtud moral, tiene su sede en la voluntad. Pero por encima de todo, ha de reinar la educación de la religiosidad: para la vida casta, la educación religiosa "es el coeficiente primero y más poderoso, porque los demás coeficientes humanos tienen valor solamente temporal, es decir, mientras perduran los intereses correspondientes en el espíritu del niño. Sólo la religión posee una eficacia que sobrepasa los límites de tiempo, de lugar, de espacio, de ambiente, de circunstancias, con tal que sea sentida, consciente y activa.... La religión ha constituido siempre para la pedagogía sexual una potencia única. La religión valoriza la pureza y la presenta al joven como una de las virtudes más altas y más hermosas, a la vez que indica los medios para conservarla y defenderla con esmero, con reserva, con la disciplina interior de las imaginaciones y de los deseos, y con la disciplina exterior de los sentidos"[209].

* * *

Aun cuando la castidad pueda costarte, no renuncies nunca a ella. No renuncies a tu felicidad, ni a forjar una familia santa; no renuncies al noviazgo puro ni al verdadero romanticismo. No cambies el vuelo de la gaviota sobre el mar abierto, por la claudicación del ave de rapiña que pasa sus días picoteando carroña en las sucias desembocaduras de un riachuelo.

Bibliografía para ampliar y profundizar

–Pieper, J., *Las virtudes fundamentales*, Rialp, Madrid 1980.

---

[209] Paganuzzi, *op. cit.*, p. 249.

–Dietrich von Hildebrand, *Pureza y virginidad*, Desclée de Brouwer, Pamplona 1958.

–Benedict Groeschel, *The Courage to be Chaste*, Paulist Press, New York 1985.

–P. Alberto Hurtado, *El adolescente un desconocido* (su título original fue: *La crisis de la pubertad y la educación de la castidad*), Obras completas, tomo 2, Dolmen, Chile 2001.

–Zalba Erro, *Pudor,* en Gran Enciclopedia Rialp, tomo 19, Rialp, Madrid 1989, 455-456.

–Leonardo Castellani, *Freud en cifra*, Buenos Aires, 1966.

—————————, *Freud. Diccionario de Psicología*, Jauja, Mendoza 1996.

–Ennio Innocentti, *Sigmund Freud*, Rev. Diálogo 4 (1992), 73-104.

—————————, *Las características del psicoanálisis*, Rev. Diálogo 5 (1993), 45-63.

—————————, *Freudismo y ciencia (1ª parte)*, Rev. Diálogo 7 (1993), 89-110.

—————————, *Freudismo y ciencia (2ª parte)*, Rev. Diálogo 8 (1993), 109-121.

—————————, *Freudismo entre filosofía y antifilosofía*, Rev. Diálogo 9 (1994), 95-117.

—————————, *Freud y la religión*, Rev. Diálogo 11 (1995), 75-120.

–Miguel Angel Fuentes, *Pornografía y sexualidad*, Rev. Diálogo 12 (1995), 131-158.

—————————, *La educación de la sexualidad, un desafío para padres y educadores*, Rev. Diálogo 18 (1997), 45-66.

—————————, *Los hizo varón y mujer*, Ediciones Verbo Encarnado, San Rafael 1998.

–Karol Wojtyla, *Amor y responsabilidad*, Razón y Fe, Madrid 1978.

9.

LA VERDAD ROBADA SOBRE LA CONCIENCIA

La nobleza de tu conciencia depende de la docilidad a la verdad

Tu conciencia es algo sagrado; intentarán robártela suplantándola con algo que se parece superficialmente a ella pero en el fondo no es más que una caricatura de la conciencia. Puede ser que te digan que debes guiarte por tu conciencia o que escuches frases como "mi conciencia no me reprocha nada", "hay que decidir en conciencia", "que cada uno siga su conciencia". Estas frases serían inobjetables... si detrás de ellas el concepto de conciencia fuera el correcto, pero si por conciencia se entiende el *decidir lo que uno quiere sin interferencias externas, sin que nadie nos guíe o simplemente sin que dicha conciencia tenga la obligación de "acomodarse" a una regla superior a ella...* entonces no estamos hablando propiamente de la conciencia sino del más craso subjetivismo. También Nerón siguió su conciencia, y otro tanto hicieron Hitler y Stalin y todos los tiranos de la historia. Los locos obedecen su conciencia y también los ladrones y los asesinos. Pero cuando ellos hacen lo que su conciencia les permite o sugiere, no entienden por conciencia lo que ha entendido la filosofía de siempre o los grandes pensadores de la cristiandad; lo que ellos llaman conciencia es algo muy distinto.

Mira, si no, lo que escribía −al comienzo de una obra titulada "Confesiones"− un personaje poco dudoso de ortodoxia como fue Juan Jacobo Rousseau; allí, dirigiéndose sin reparo alguno al Creador, le decía: "Que la trompeta del juicio final suene cuando quiera... Junta alrededor mío la incontable turba de mis semejantes, ¡que ellos escuchen mis confesiones!... Que cada uno descubra a su vez su corazón a los pies de tu trono con la misma sinceridad, y luego, que aunque sea uno te diga, si tiene el coraje: *¡yo he sido mejor que este hombre!*". Ahí tienes un hombre con la conciencia tranquila... Bueno, precisamente de él decía el enciclopedista Dionisio Diderot que tenía mucha suerte, porque hiciera lo que hiciera, *su conciencia siempre se pronunciaba a su favor*, al punto tal de considerarse sin tacha alguna. Pero si te tomas el trabajo de leer la vida de este hombre de conciencia irreprochable, verás que dicha conciencia no le impidió quitarle los cuatro pequeños hijos que le había engendrado su concubina para meterlos en el Hogar de los "Niños Abandonados", y que, cuando el hecho se divulgó escandalosamente, se cubriera diciendo que había sido una "equivocación" y no una canallada... Una vez más, la conciencia le tranquilizaba. Como se ve, la conciencia en labios de Juan Jacobo es un término que se presta para justificar cualquier bribonada; esa es una interesante idea de la conciencia, tan elástica que se puede con ella disculpar los más negros agujeros de la moral. Esta conciencia de Juan Jacobo es la que hoy nos quieren vender; cuidado, no es una conciencia, es una especie de "síndrome de inmunodeficiencia intelectual"; el que la acepta se contagia de cuanta infección ética pase por su lado.

Por este motivo, vale la pena que veamos cuál es el concepto verdadero de la conciencia (aquél que auténticamente ennoblece al hombre que la sigue) y la necesidad de educarla.

1. QUÉ ES LA CONCIENCIA

El Concilio Vaticano II se ha referido hermosamente a la conciencia diciendo que "es el núcleo más secreto y el sagrario del hombre, en el que está a solas con Dios, cuya voz resuena en lo más íntimo de ella"[210].

Lo que nosotros llamamos "conciencia" no es otra cosa que ciertas actuaciones de nuestra inteligencia. Nuestra inteligencia, y en esto nos diferenciamos específicamente del resto de los animales, conoce qué son las cosas, por qué son, para qué son, y –en algunos casos– por qué deben ser. Cuando esas "cosas" que conoce el hombre son nuestros propios actos y la razón nos dice lo que estamos haciendo, o lo que hemos hecho o lo que estamos proyectando hacer, y nos habla de su bondad o de su malicia, tal acto de la inteligencia es lo que llamamos la "conciencia": conciencia "psicológica" (la que nos dice "qué" hacemos o hemos hecho, como escribir, pasear, rezar o trabajar) y la conciencia "moral" (la que nos advierte sobre la bondad o malicia de aquello que hacemos, hemos hecho o estamos por hacer).

---

[210] Gaudium et spes, 16.

¿Cómo ocurre esto? Todos nosotros llevamos interiormente impresa una ley que nos indica el bien y el mal, aquello que nos perfecciona, y aquello que nos hiere moralmente; y el conocimiento de esta ley es natural. El hombre se da cuenta, de un modo que podemos llamar "espontáneo", que ciertas cosas están bien y ciertas cosas están mal (no hace falta que nos enseñen que el amor a nuestros padres es algo bueno, ni que traicionar la patria es algo abominable; a nadie le enseñaron que tiene que defender a su madre o a sus hijos... y si se lo enseñaron cuando lo hace no lo hace porque se lo hayan enseñado, sino porque espontáneamente reconoce que es lo único que debe hacer en esa circunstancia). Por eso ha dicho un autor: "llevamos dentro de nosotros mismos nuestra verdad, porque nuestra esencia (nuestra naturaleza) es nuestra verdad"[211].

"*La misma ley*, que Dios reveló por medio de Moisés y que Cristo confirmó en el evangelio (cf. Mt 5,17-19) –ha dicho Juan Pablo II–, *ha sido inscrita por el Creador en la naturaleza humana.* Esto es lo que leemos en la carta de san Pablo a los Romanos: *Cuando los gentiles, que no tienen ley, cumplen naturalmente las prescripciones de la ley, sin tener ley, para sí mismos son ley* (Rom 2,14). De esta forma, por tanto, los principios morales que Dios manifestó al pueblo elegido por medio de Moisés son los mismos que él ha inscrito en la naturaleza del ser humano. Por esta razón, todo hombre, siguiendo lo que desde el principio forma parte de su naturaleza, sabe que debe honrar a su padre y a su madre y respetar la vida; es consciente de que no debe cometer adulterio, ni robar, ni dar falso testimonio; en una palabra, sabe que no tiene que hacer a los demás lo que no quiere que le hagan a él"[212].

Es por eso que cada vez que nosotros obramos, nos damos cuenta de que lo que hacemos es conforme y está en armonía con ese conocimiento que tenemos escrito en el corazón, sobre el bien y el mal. O simplemente no está conforme con él. Esta es la conciencia. La conciencia es la inteligencia cuando descubre esa

---

[211] L'Osservatore Romano, 15/X/93, p.22.
[212] Juan Pablo II, Angelus del 12 de junio de 1994, L'Osservatore Romano, 17 de junio de 1994, p. 2, n° 3.

"ley que él (el hombre) no se da a sí mismo, pero a la cual debe obedecer... Ley inscrita por Dios en su corazón..."[213]. La conciencia, cumple, de este modo un triple oficio en nuestro interior:

1º Es el testigo de lo que estamos haciendo o hemos hecho, de la bondad o malicia de lo que obramos. En este sentido dice san Pablo en Rom 9,1: *Mi conciencia me lo atestigua en el Espíritu Santo.*

2º Es el juez de nuestros actos: ella nos aprueba cuando lo que obramos es bueno, y nos condena (remordimientos de conciencia) cuando hemos obrado o estamos obrando el mal. A esto hace referencia San Pablo al escribir en 2Co 1,12: *El motivo de nuestro orgullo es el testimonio de nuestra conciencia.*

3º Es nuestro pedagogo, como la llamaba Orígenes: descubriéndonos e indicándonos el camino del buen obrar. De este modo puede decir el Apóstol en Rom 14,5: *Aténgase cada cual a su conciencia.*

Esta luz que hay en nuestra inteligencia, por la cual juzgamos nuestras acciones, la ha puesto Dios mismo, al crearnos. No es otra cosa que la capacidad que tenemos de conocer el bien y el mal en las cosas. Y esa luz es una participación de su Luz y de su Verdad eterna. Por eso es que podemos decir con propiedad que es la voz de Dios. Así, San Buenaventura decía de ella: "La conciencia es como un heraldo de Dios y su mensajero, y lo que dice no lo manda por sí misma, sino que lo manda como venido de Dios, igual que un heraldo cuando proclama el edicto del rey. Y de ello deriva el hecho de que la conciencia tiene la fuerza de obligar"[214]. Juan Pablo II lo explica diciendo: "San Pablo añade en la carta a los Romanos: *Como quienes muestran tener la realidad de esa ley escrita en su corazón, atestiguándolo su conciencia* (Rom 2,15). *La conciencia se presenta como el testigo,* que acusa al hombre cuando viola la ley inscrita en su corazón, o lo justifica cuando es fiel a ella. Por

---

[213] Gaudium et spes, 16.
[214] San Buenaventura, In II Librum Sent., d. 39, a.1, q.3, cit. en Veritatis Splendor, nº 58.

consiguiente, según la enseñanza del Apóstol, existe una ley ligada íntimamente a la naturaleza del hombre, como ser inteligente y libre, y esta ley resuena en su conciencia: para el hombre, vivir según su conciencia quiere decir vivir según la ley de su naturaleza y, viceversa, vivir según esa ley significa vivir según la conciencia; desde luego, según *la conciencia verdadera y recta*, es decir, según la conciencia que lee correctamente el contenido de la ley inscrita por el Creador en la naturaleza humana"[215].

Como podemos ver, tenemos aquí una idea de la conciencia como la de "mediadora" entre la verdad objetiva de las cosas (expresada en la naturaleza de las cosas y en la revelación de Dios) y nuestros actos. Hay en cambio otra idea de la conciencia que podemos definir como una conciencia que no se "acomoda" a la verdad de las cosas sino que "crea" ella misma su verdad. Ya decía el Papa Juan Pablo II en su encíclica *Veritatis Splendor* que, como resultado de las tendencias culturales que contraponen y separan la libertad y la ley, exaltando falsamente esta última, se ha extendido una "interpretación *creativa* de la conciencia moral, que se aleja de la posición tradicional de la Iglesia y de su Magisterio"[216].

Hay en nuestros días tres corrientes que resaltan el **carácter creativo de la conciencia moral**:

1º La de quienes sostienen que lo que marca el bien y el mal de nuestros actos es *la intención personal* con la que obramos: está bien lo que hago con buena intención ("por amor", como algunos dicen); está mal lo que hago con mala intención. Al margen, pues, de lo que se haga o elija (llamado "objeto moral del acto"): no importa lo que se hace sino la intención con que se hace. Mi conciencia me puede dejar tranquilo si me muestra que miento para defender un inocente, o que esterilizo a una mujer para evitarle futuros riesgos a su salud, o si realizo actos homosexuales

[215] Juan Pablo II, Angelus del 12 de junio de 1994, L'Osservatore Romano, 17 de junio de 1994, p. 2, nº 4.
[216] VS, 54.

pero por amor (esto lo enseñaron autores como B. Häring, D. Capone, M. Vidal).

2º Una segunda corriente minimiza las normas (leyes) objetivas y solamente da valor moral al resultado del obrar. Esto quiere decir que cuando vamos a obrar hacemos un juicio sobre la bondad o malicia de nuestros actos (no hay que robar porque está mal, siempre hay que decir la verdad) pero este juicio es impersonal, teórico y pre-moral; y por tanto, no cuenta mucho. Al mismo tiempo hacemos otro juicio que estos autores (por ejemplo J. Fuchs) llaman juicio *de operación*, concreto y subjetivo, que sería fruto de la conciencia personal y por eso siempre bueno, aun cuando se oponga al anterior. Por ejemplo, una mujer que no desea tener hijos hace este razonamiento: "en líneas generales sé que la anticoncepción es algo malo y por eso en líneas generales la rechazo; pero aquí y ahora, teniendo en cuenta mis problemas económicos o que ya tengo tres hijos, me parece que es el mal menor y lo que me exige sacrificios más asequibles; por tanto en conciencia juzgo que me es lícito". Ahí tienes los dos juicios: al primero Fuchs lo llama *pre-moral* (así como algunos llaman *pre-embrión* a un embrión de pocos días o pocas horas, y con esto se sienten autorizados a matarlo, así también este autor llama *pre-moral* a los juicios de nuestra conciencia y con esto se siente autorizado para no hacerles caso; el razonamiento le es útil... pero no es científico); al segundo lo llama *de conciencia*; y además deja sentado que es el segundo el que nunca se equivoca; y el primero sí. El motivo es que el primero es universal y el segundo concreto. El día que venga un asesino a tu encuentro y diga que va a matarte por quitarte unas monedas, no le recuerdes que eso está mal, pues él también lo sabe pero con sus juicios *pre-morales*; el problema es que si leyó a Fuchs (no creo, no es fácil entenderlo) te dirá que si bien él acepta que en términos generales no está bien matar ni robar, en estas circunstancias concretas (o sea, las circunstancias por las cuales tú eres el dueño del dinero o del auto que él quiere) su conciencia le dice que lo mejor es tomar tu dinero y luego matarte para que nadie se entere. En el juicio final podrás quejarte a Fuchs y a su pandilla.

3º Una tercera corriente que termina afirmando lo mismo, es la que identifica nuestra conciencia con las decisiones que tomamos (la sostuvieron por ejemplo, Peter Knauer y A. Molinario). Estos en el fondo enseñan que lo que decidimos está bien porque lo hemos decidido. Yo me he encontrado con razonamientos de este tipo, con bastante frecuencia. Por ejemplo, cuando alguien escucha: *"Fulana se ha metido de monja; ¡pobre! Bueno, pero lo importante es que está haciendo lo que a ella le gusta"*. Cuidado; estamos en esta tercera corriente. Si lo que Fulana ha hecho al entrar al convento está bien no proviene de que ella lo haya decidido o de que sea lo que le gusta, sino de que está muy bien entrar a un convento para consagrarse a Dios. No podemos decir: *"Zutano es ladrón, pero al menos es lo que él siempre quiso ser desde pequeño"*. Si Zutano ha decidido ser ladrón, o mentiroso o traidor, siempre estará mal, a pesar de que lo haya decidido.

Lo que todas estas posiciones tienen en común es que, en el fondo, todas consideran lo que podemos llamar "carácter creativo" de la conciencia. ¿Creativo de qué? De la verdad. Coinciden en enseñar que lo que la conciencia decide, determina, resuelve, está bien... y si está bien ésa es la verdad (al menos para la persona que toma la decisión). Nos recuerda lo que dice el marxismo: ¿qué es la verdad? ¡lo que sirve a la causa del partido!

Esta es la idea que late debajo de muchas otras expresiones, como la de quienes dicen que hay que *autorrealizarse* (lo que no quiere decir que cada uno debe *descubrir la realidad*, lo que estaría muy bien, sino que debe *inventar su realidad, su propio mundo*), o los que quieren vivir *autónomamente* (o sea sin ley que no venga del propio yo).

Con estas corrientes estamos ante lo que Ratzinger ha llamado la "deificación de la subjetividad, de la que la conciencia es el oráculo infalible, que no puede ser cuestionada por nada ni por nadie"[217]. Por eso no extraña que se afirme, como hace Rousseau

[217] Card. Josef Ratzinger, «Discurso en el IV Consistorio Extraordinario», 4/abril/1991, en: *Ecclesia*, n° 2525, 27/abril/1991, p. 26.

en el *Emilio*[218], que la conciencia es infalible; o más modernamente B. Schüller: "La conciencia no puede engañarse sobre el bien y el mal; lo que ella ordena es siempre infaliblemente bien moral"[219]. Si te dijera que Schüller fue quien tranquilizó la conciencia de Hitler me creerías; sin embargo, no ocurrió así, pues Schüller es un moralista católico y escribió cuarenta años después del líder nazista, ¡y sin embargo, Hitler o Stalin o Nerón mismo, le hubieran besado la frente por justificar tan bien sus actos!. Esto nos muestra que a las vueltas de la historia nos pueden enseñar en nuestra aulas de hoy, lo mismo que nos produce repulsión en los hombres de ayer. De todos modos, antes de rasgarte las vestiduras escandalizado o escandalizada por estas afirmaciones brutales... revisa si nosotros no decimos lo mismo respecto de otros temas que nos apremian más: las relaciones prematrimoniales, el aborto, la anticoncepción, y otros puntos donde tal vez el zapato nos apriete a cada uno de nosotros. Si estas teorías no deben justificar la conciencia de un genocida... tampoco dejemos que tranquilicen nuestras conciencias ante comportamientos inmorales.

Si la conciencia no crea ni inventa la verdad, ¿cuál es su relación con ella? Una relación que es a la vez humilde y enaltecedora: **ella depende de, y manifiesta, la verdad**. ¡Es dependiente! Sí, es dependiente, pero al mismo tiempo recibe de la verdad su dignidad. Es como el hierro en el fuego. Un miserable hierro puesto al fuego recibe del fuego la calidad de ser incandescente. Tú lo ves rojo y ardiente, y el hierro transformado por el fuego es capaz de cauterizar, de quemar, de dar calor y de dar luz. Si lo apartas del fuego, volverá a ser un pedazo de hierro oscuro y herrumbrado. Nuestra conciencia depende de la verdad,

---

[218] «Conciencia, conciencia, instinto divino, inmortal y celeste voz; guía segura de un ser ignorante y limitado, pero inteligente y libre; juez infalible del bien y del mal, que hace al hombre semejante a Dios».
[219] B. Schüller, *La fondazione dei giudizi morali. Tipi di argomentazione etica nella teologia morale cattolica*, Assisi 1975, p. 72.

pero la verdad transforma nuestra conciencia y la hace *verdadera, luminosa, ardiente*[220].

¿Cómo sabemos que esto es así? Ante todo, esta dependencia de la conciencia respecto de la verdad moral es un dato de experiencia. Nuestra experiencia psicológica nos muestra que, en nuestro interior, tenemos dos tipos de juicios: por un lado, ciertos juicios hipotéticos o condicionales, es decir juicios frente a los cuales cada persona se siente obligada sólo y en la medida en que quiere lo que tal exigencia condiciona ("si no quiero enfermarme en este día frío, debo abrigarme"; tengo que abrigarme, sólo si y en la medida en que no quiero enfermarme); pero existe además otra categoría diversa de juicios en cierto sentido absolutos, es decir, que se imponen por sí mismos, inmediatamente, sin depender de ninguna condición y sin que podamos dispensarnos de ellos (por ejemplo, "tengo que respetar a mis padres"; aquí no existe ninguna condición que haga necesaria esta exigencia, sino que la misma se impone por sí); tales son los que denominamos propiamente juicios de conciencia. El hecho de que el hombre perciba instintivamente que no puede dispensarse a sí mismo de tales obligaciones impuestas por la propia conciencia muestra que a través de ese juicio la persona conoce una verdad preexistente e independiente de su conciencia. Esta realidad que se impone a nuestra conciencia no es real porque nuestra conciencia la conozca sino que, por el contrario, se impone a nuestra conciencia porque esta verdad es real y existe independiente y autónomamente de nosotros. En otras palabras, la verdad no depende de nuestra conciencia sino que la conciencia depende de la verdad.

Además, es también un dato bíblico: *Cuando los gentiles, que no tienen ley, cumplen naturalmente las prescripciones de la ley, sin tener ley, para sí mismos son ley; como quienes muestran tener la realidad de esa ley*

---

[220] Cf. C. Caffarra, *Conscience, Truth and Magisterium in Conjugal Morality*, en: Anthropos, Riv. di Studi sulla Persona e la Famiglia, 1 (1986), pp. 79 ss.; V. Rodríguez, *Función mediadora de la conciencia*, en: "Mikael", Rev. del Seminario de Paraná, 24 (1980), 111-124

escrita en su corazón, atestiguándolo su conciencia con sus juicios contrapuestos que les acusan y también les defienden (Rom 2, 14-15). Según las palabras de san Pablo, la conciencia, en cierto modo, pone al hombre ante la ley, siendo ella misma «*testigo» para el hombre:* testigo de su fidelidad o infidelidad a la ley, o sea, de su esencial rectitud o maldad moral. La conciencia es el único testigo. Lo que sucede en la intimidad de la persona está oculto a la vista de los demás desde fuera. La conciencia dirige su testimonio solamente hacia la persona misma. Y, a su vez, sólo la persona conoce la propia respuesta a la voz de la conciencia.

Finalmente, lo podemos deducir si tomamos en cuenta la misma naturaleza de nuestros juicios. Nuestros juicios de conciencia (*debo tomarme este remedio, tengo que ir al médico, no debo hacerle caso a este tonto...*) son fruto, como dice Santo Tomás, de una aplicación (*applicatio*[221]), o en la expresión equivalente que también usa, una conveniente acomodación[222] de la verdad universal al caso particular o concreto. O como traduce alguno: feliz adaptación de la verdad universal al caso concreto[223]. Dicho de otra manera, el juicio de conciencia es la conclusión de un razonamiento práctico que parte de los principios más universales y llega a expresar que en tal o cual caso particular se realiza o se niega una exigencia universal (ley). Razona por ejemplo así: 1° Primer principio de la razón natural: *Hay que evitar el mal;* 2° Principio de la ciencia moral: *El robo es un mal;* 3° Conclusión de ciencia moral: *Hay que evitar el robo;* 4° Conclusión impersonal: *esta acción es un robo y por tanto hay que evitarla;* 5° Juicio de conciencia: *Yo debo evitar esta acción.* Poco importa al caso el que este proceso sea más o menos complicado, que respete o no todos los pasos, que parta de un conocimiento universal de la sindéresis o bien de una concreción de la ciencia moral o de un principio recibido del

---

[221] Cf. In Eth., VI, 7, n° 1098; Cf. L. Melina, *La conoscenza morale*, Città Nuova Ed., Roma 1987, pp. 187-188.

[222] Cf. In Eth., V, 15, n° 1075.

[223] El término aplicar es también utilizado por la Sagrada Congregación del Santo Oficio, *Instrucción sobre la «ética de situación», Contra doctrinam*, 2 de febrero de 1956; y por la *Veritatis Splendor*, 59.

Magisterio. Siempre es descubrimiento de una relación entre un orden universal y un caso particular.

Como podemos ver la función de la conciencia es la de ser intérprete y mediadora entre la verdad universal y objetiva y nuestros actos concretos; por eso decía Pablo VI: "La conciencia por sí misma no es árbitro del valor moral de las acciones que ella sugiere. La conciencia es intérprete de una norma interior y superior; no la crea por sí misma. Ella está iluminada por la intuición de determinados principios normativos, connaturales a la razón humana; la conciencia no es la fuente del bien y del mal; es el aviso, es escuchar una voz, que se llama precisamente la voz de la conciencia"[224]. Y Tomás de Aquino expresaba esta función de la conciencia diciendo que la razón del hombre (y en este caso, la conciencia) es la de ser una regla regulada (*regula regulata*)[225]. Como nuestras reglas comunes. ¿Cuánto mides? ¿Un metro cincuenta, o sesenta o setenta? ¿Cómo puedes estar seguro que esa es tu altura? Porque te has medido con una regla para medir. ¿Y cómo sabes que esa "regla no miente"? Porque respeta el "patrón" del que se toman todos los metros (así durante mucho tiempo se definió el metro patrón internacional como la distancia entre dos líneas finas trazadas en una barra de aleación de platino e iridio, conservado en París). Cuando compras un kilo de azúcar ¿cómo sabes que la balanza del almacenero no te "miente" vendiéndote "kilos de 900 gramos"? Porque si tu almacenero es honesto, habrá calibrado su balanza con el patrón universal que mide los kilos y los gramos... Así es tu conciencia... Ella te dice que está muy bien hacer esto o aquello, pero ¿cómo sabes que ella no te miente o engaña? Sólo si ella a su vez se regula sobre un patrón (una norma fija) que no mienta ni pueda equivocarse... y tal

---

[224] Pablo VI, *Alocución en la Audiencia General del 12/II/1969*. Y el Concilio Vaticano II ha dicho: «En lo más profundo de su conciencia descubre el hombre la existencia de una ley que él no se dicta a sí mismo, pero a la cual debe obedecer... Porque el hombre tiene una ley escrita por Dios en su corazón, en cuya obediencia consiste la dignidad humana y por la cual será juzgado personalmente» (GS, 16).

[225] De Veritate, 17, 2 ad 7.

es la ley natural, que expresa la sabiduría de Dios y que nuestra razón puede descubrir en nuestra propia naturaleza.

2. LA FALIBILIDAD DE LA CONCIENCIA

Entonces, la conciencia no es un juez infalible; sus juicios siempre serán actos de nuestra inteligencia creada, finita, falible, herida e influenciable.

Los juicios de nuestra conciencia son muy comprometedores porque no son afirmaciones abstractas o puramente especulativas (como cuando decimos "el sol sale por el Este", "dos más dos es igual a cuatro"), sino afirmaciones que terminan comprometiendo nuestro modo de obrar (son "juicios prácticos"). Por ejemplo, el conocer la diferencia entre un triángulo equilátero y un triángulo isósceles no altera de ninguna manera el modo de vivir que tenía cuando todavía ignoraba tal verdad, pero el percibir que una conducta determinada que yo asumo habitualmente en mi vida privada, en mis negocios, en mi vida conyugal, etc., contradice la ley natural, es intrínsecamente mala, no me puede dejar indiferente o igual a como me comportaba antes de saberlo; por el contrario, me exige cambiar de vida. De igual modo, el reconocer que me corresponde, de modo ineludible e inaplazable, realizar tal deber me impone la obligación de cumplirlo a pesar de los sacrificios que suponga. Por eso, nuestros juicios de conciencia siempre están amenazados con la interferencia de nuestros defectos, hábitos, comodidades o gustos, que van a pugnar para que no reconozca interiormente lo que no tengo deseos de realizar o abandonar.

Hay que insistir una vez más en que la conciencia mantiene su dignidad e impone al hombre la exigencia de ser seguida siempre y cuando le muestre la verdad o, en caso de que se equivocara, si yerra involuntaria e inculpablemente. Y por este motivo la Sagrada Escritura nos insiste constantemente en que busquemos la verdad y juzguemos de acuerdo a la verdad: "Ciertamente, para tener una *conciencia recta* (1Tim 1,5), el hombre debe buscar la verdad y debe juzgar según esta misma verdad. Como dice el apóstol Pablo, la conciencia debe estar *iluminada por el Espíritu Santo* (cf. Rom 9,1), debe ser *pura* (2Tim 1,3), no debe *con astucia falsear la verdad* (cf. 2Co 4,2). Por otra parte, el mismo Apóstol amonesta a los cristianos diciendo: *No os acomodéis al mundo presente, antes bien transformaos mediante la renovación de vuestra mente, de forma que podáis distinguir cuál es la voluntad de Dios: lo bueno, lo agradable, lo perfecto*[226].

Cuando uno está falseando la verdad o la desconoce por negligencia o por poco amor a la verdad o a la virtud, o por negarse a hacer el esfuerzo de educar la conciencia o aclararla con quien sabe más, no podría excusarse de pecado diciendo simplemente: "sigo mi conciencia": "La persona humana debe obedecer siempre el juicio cierto de su conciencia. Si obrase deliberadamente contra este último, se condenaría a sí misma. Pero sucede que la conciencia moral puede estar afectada por la ignorancia y puede formar juicios erróneos sobre actos proyectados o ya cometidos. Esta ignorancia puede con frecuencia ser imputada a la responsabilidad personal. Así sucede cuando el hombre no se preocupa de buscar la verdad y el bien y, poco a poco, por el hábito del pecado, la conciencia se queda casi ciega. En estos casos, la persona es culpable del mal que comete"[227].

Por eso decía Juan Pablo II: "No es suficiente decir al hombre: 'sigue siempre tu conciencia'. Es necesario añadir inmediatamente y siempre: 'pregúntate si tu conciencia dice la verdad o algo falso, y busca incansablemente conocer la verdad'. Si no se hiciera esta necesaria precisión, el hombre arriesgaría encontrar en su conciencia una **fuerza destructora de su verdadera humanidad**, en vez del lugar santo donde Dios le revela su verdadero bien"[228].

---

[226] Veritatis Splendor, n° 62.
[227] Catecismo de la Iglesia Católica, nn° 1790-1791.
[228] Juan Pablo II, Catequesis del 17/VIII/83, n° 3.

3. UNA PALABRITA SOBRE LA FUNCIÓN DEL MAGISTERIO Y LA CONCIENCIA

Permíteme una palabrita sobre la función que tiene el magisterio de la Iglesia en la educación de nuestra conciencia.

Es constitutivo esencial de la conciencia recta su adecuación con la verdad objetiva, como ya hemos dicho. Pero no siempre está en poder de la razón alcanzar por sí sola dicha verdad con la cual adecuarse, aun teniendo en sí los principios de los cuales se derivan todas las verdades morales. Los principios universales están, pero en su condición universal. Descubrir la relación estrecha entre nuestros comportamientos concretos y tales principios puede resultar evidente como puede no serlo. Y esto por muchos motivos. Por un lado, la nuestra es una razón herida y debilitada por el pecado original. Por otra parte, algunas de las verdades que rigen el obrar concreto son el fruto de deducciones que no todos pueden realizar. Asimismo, tienen su cuota de injerencia las presiones de una sociedad y una cultura atea y hedonista, que crea un modo de pensar consecuente con sus máximas. Finalmente, el juicio práctico de la razón guarda una fuerte dependencia de nuestros hábitos morales; y cuando éstos son vicios arraigados, interfieren influyendo notablemente nuestro modo de juzgar. De aquí la necesidad del Magisterio.

La relación entre el Magisterio y la conciencia es análoga a la que media entre la luz y nuestros ojos. Nuestros ojos no ven si no media la luz: "Hablar de un conflicto entre la conciencia y el Magisterio es lo mismo que hablar de conflicto entre el ojo y la luz"[229].

Una nueva confirmación de la armonía entre Magisterio y conciencia puede ser aducida partiendo de la acción del Espíritu Santo sobre el Magisterio y sobre la conciencia de los fieles. La Ley Nueva, instituida por Cristo, es una ley fundamentalmente interior: la acción del Espíritu Santo operante por la gracia en los

---

[229] Carlo Caffarra, *Conscience, Truth and Magisterium in conjugal Morality*, Rev. "Anthropos" 1 (1986), p. 83.

corazones. Pero supone, juntamente, elementos externos, también obra del Espíritu Santo, cuales son el texto escrito de la Revelación, los sacramentos y también el Magisterio de la Iglesia[230]. El Espíritu Santo actúa sobre los dos elementos, sobre la conciencia con la gracia, sobre el Magisterio con su asistencia: "El Espíritu de Dios que asiste al Magisterio en el proponer la doctrina, ilumina internamente los corazones de los fieles, invitándolos a prestar su asentimiento"[231]. No puede pensarse que la oposición de la conciencia al Magisterio (guiado por el Espíritu Santo) pueda ser fruto de la docilidad de la conciencia al mismo Espíritu Santo.

Por todo esto, se hace necesaria la intervención de un magisterio que por un lado custodie manteniendo incólumes los principios, y por otro ilumine el obrar cotidiano a la luz de los mismos. Por tal motivo, Ratzinger analizando aquella famosa expresión de Newman, "si yo tuviera que llevar la religión a un brindis después de una comida... desde luego brindaría por el Papa. Pero antes por la conciencia y después por el Papa", la entiende en el sentido de que es la conciencia, o más bien, la necesidad de que la conciencia sea custodiada, iluminada y preservada del error, lo que explica el Papado. "Sólo en este contexto, escribe Ratzinger, se puede comprender correctamente la primacía del Papa y su correlación con la conciencia cristiana. El significado auténtico de la autoridad doctrinal del Papa consiste en el hecho de que él es el garante de la memoria[232]. El Papa no impone desde fuera, sino que desarrolla la memoria cristiana y la defiende. Por eso, el brindis por la conciencia ha de preceder al del Papa, porque sin conciencia no habría papado. Todo el poder que él tiene es poder de la conciencia: servicio al doble recuerdo, sobre el que se basa la fe que debe ser continuamente purificada, ampliada y defendida contra las formas de destrucción de la memoria, que está

---

[230] Cf. Suma Teológica, I-II, 116, 1 y ad 1.
[231] Pablo VI, *Humanae vitae*, 29.
[232] Ratzinger entiende aquí por memoria, *anamnesis*, lo que la tradición teológica llama sindéresis, el hábito de los primeros principios morales. Podrá, si se quiere, discutirse la equivalencia entre memoria y sindéresis, pero para lo que queremos expresar vale correctamente.

amenazada tanto por una subjetividad que ha olvidado el propio fundamento como por las presiones de un conformismo social y cultural"[233].

Por eso dijo con fuerza Juan Pablo II, en el Discurso que dirigió a los participantes del II Congreso internacional de teología moral (año 1988), que "el Magisterio de la Iglesia ha sido instituido por Cristo el Señor para iluminar la conciencia", y que por eso "apelar a esta conciencia precisamente para contestar la verdad de cuanto enseña el Magisterio, comporta el rechazo de la concepción católica de Magisterio y de la conciencia moral"[234]. El Magisterio de la Iglesia ha sido dispuesto por el amor redentor de Cristo para que la conciencia sea preservada del error y alcance siempre más profunda y certeramente la verdad que la dignifica. Por eso equiparar las enseñanzas del Magisterio a cualquier otra fuente de conocimiento banaliza el Magisterio, y hace inútil el sacrificio redentor de Cristo.

4. LA EDUCACIÓN DE LA CONCIENCIA

Esto nos lleva a un último punto: debemos formar y educar nuestra conciencia para que nuestros juicios sean siempre veraces: "Hay que formar la conciencia, y esclarecer el juicio moral. Una conciencia bien formada es recta y veraz. Formula sus juicios según la razón, conforme al bien verdadero querido por la sabiduría del Creador. La educación de la conciencia es indispensable a seres humanos sometidos a influencias negativas y tentados por el pecado a preferir su propio juicio y a rechazar las enseñanzas autorizadas. La educación de la conciencia es una tarea de toda la vida. Desde los primeros años despierta al niño al conocimiento y la práctica de la ley interior reconocida por la

---

[233] Joseph Ratzinger, *Elogio de la conciencia*, Esquiú 23 de febrero de 1992, p. 30.

[234] Discurso a los participantes en el II Congreso internacional de teología moral, 12 de noviembre de 1988, en L'Osservatore Romano, 22 de enero de 1989, p. 9, nº 4.

conciencia moral. Una educación prudente enseña la virtud; preserva o sana del miedo, del egoísmo y del orgullo, de los insanos sentimientos de culpabilidad y de los movimientos de complacencia nacidos de la debilidad y de las faltas humanas. La educación de la conciencia garantiza la libertad y engendra paz en el corazón"[235].

Para educarla debemos hacer dos cosas:

Ante todo, debemos ilustrar e iluminar nuestra conciencia sobre el bien y sobre la verdad. Y esto se hace mediante la Fe, la Palabra de Dios y la enseñanza clara de la Iglesia. Dicho de otro modo, debemos ser fieles a la verdad. Vale para todo cristiano lo que el Papa mandaba a los Obispos de Francia: "Los Pastores deben formar las conciencias llamando bueno a lo que es bueno y malo a lo que es malo"[236].

Uno puede estar seguro de que está obrando con una conciencia recta, con honestidad de conciencia, cuando ha puesto todos los medios para que ésta sea recta. Esto vale particularmente para los temas delicados de nuestra vida moral y espiritual, y especialmente aquellos sobre los que tenemos dudas.

Aquí se ve, finalmente, el motivo por el cual no puede haber divergencia entre la enseñanza de la Iglesia y la conciencia del cristiano. Porque el Magisterio no es una opinión más sino una de las fuentes donde debemos iluminar la conciencia. El Papa ha dicho: "...el Magisterio de la Iglesia ha sido instituido por Cristo el Señor para iluminar la conciencia"[237]. Y en la *Veritatis Splendor* dice: "La autoridad de la Iglesia, que se pronuncia sobre las cuestiones morales, no menoscaba de ningún modo la libertad de conciencia de los cristianos; no sólo porque la libertad de la conciencia no es nunca libertad 'con respecto a' la verdad, sino siempre y solo 'en' la verdad, sino también porque el Magisterio no presenta verdades ajenas a la conciencia cristiana, sino que

[235] Catecismo de la Iglesia Católica, nn° 1783-1784.
[236] Juan Pablo II, L'Osservatore Romano, 15/III/87, p.9, n° 5.
[237] Juan Pablo II, Discurso al II Congreso de Teología Moral, L'Osservatore Romano, 22/I/89, p. 9.

manifiesta las verdades que ya debería poseer, desarrollándolas a partir del acto primario de la fe. La Iglesia se pone sólo y siempre al servicio de la conciencia, ayudándola a no ser zarandeada aquí y allá por cualquier viento de doctrina según el engaño de los hombres (cf. Ef 4,14), a no desviarse de la verdad sobre el bien del hombre, sino a alcanzar con seguridad, especialmente en las cuestiones más difíciles, la verdad y a mantenerse en ella"[238].

En segundo lugar (aunque no de importancia secundaria) debemos vivir virtuosamente, buscar la virtud y educar nuestras virtudes. Sólo la virtud puede garantizarnos que nuestra conciencia no quiera "justificar" nuestros comportamientos defectuosos o nuestros pecados. "En efecto, dice la *Veritatis Splendor*, para poder 'distinguir cuál es la voluntad de Dios: lo bueno, lo agradable, lo perfecto' (Rom 12,2) sí es necesario el conocimiento de la ley de Dios en general, pero ésta no es suficiente: es indispensable una especie de 'connaturalidad' entre el hombre y el verdadero bien[239]. Tal connaturalidad se fundamenta y se desarrolla en las actitudes virtuosas del hombre mismo: la prudencia y las otras virtudes cardinales, y en primer lugar las virtudes teologales de la fe, la esperanza y la caridad"[240]. La virtud es fundamental para que las pasiones y los vicios no alteren la objetividad de nuestros juicios, así como el que se quemó la lengua no puede juzgar con exactitud sobre los sabores sino tan solo quien tiene la lengua sana, así en el plano moral no puede juzgar bien el vicioso sino el virtuoso: el borracho o el lujurioso pierden la sensibilidad ante sus respectivos pecados (y esto no los excusa, porque a tal embotamiento moral han llegado culpablemente), y sólo el casto y el sobrio disciernen claramente.

Y es por eso que hasta al más pintado las pasiones le hacen tirar por la borda la rectitud de sus juicios, cuando no hay virtud. Podemos decirlo con aquellos versos que el célebre poeta romano Trilussa tituló precisamente "Coscenza", "Conciencia":

---

[238] Veritatis Splendor, nº 64.
[239] La Encíclica envía a Santo Tomás de Aquino, II-II, q. 45.
[240] Veritatis Splendor, nº 64.

C'era un ber pollo sopra la credenza.
Er Cane, che lo vidde, disse ar Micio:
—Io nu' lo tocco: faccio un sacrificio,
ma armeno sto tranquillo de coscenza.

—Per te, va bè': ma io che ce guadagno?
—je chiese er Micio che fissava er piatto—
Co' 'sta fame arretrata? Fossi matto!
Preferisco er rimorso e me lo magno.

Pidiendo disculpas por la traducción:

Un lindo pollo humeaba en la credencia;
el Perro, suspirando, dijo al Michio:
—Yo no lo toco: hago el sacrificio,
y me quedo tranquilo de conciencia.

—Admiro tu moral altruista y mansa,
dijo el Gato mirando la bandeja,
Pero, ¡¿Ayunar con la hambruna que me aqueja?!
¡Venga el remordimiento y a la panza!

Bibliografía para ampliar y profundizar

—Miguel A. Fuentes, *Psicología y Teología de la conversión*, Diálogo 25 (1999), 93-120.

——————————, *Sentido del pecado y remordimiento*, Diálogo 24 (1999), 141-156.

——————————, *La conciencia y el magisterio*, Gladius 34 (1995) 37-50.

—Ramón García de Haro, *La conciencia moral*, Rialp, Madrid 1978.

—A. Roldán, *La conciencia moral*, Razón y Fe, Madrid 1966.

—C. Caffarra, *Conscience, Truth and Magisterium in Conjugal Morality*, en: Anthropos, Riv. di Studi sulla Persona e la Famiglia, 1 (1986), pp. 79 ss.

—V. Rodríguez, *Función mediadora de la conciencia*, en: "Mikael", Rev. del Seminario de Paraná, 24 (1980), 111-124.

—L. Melina, *La conoscenza morale*, Città Nuova Ed., Roma 1987.

–Sagrada Congregación del Santo Oficio, *Instrucción sobre la «ética de situación», Contra doctrinam*, 2 de febrero de 1956.

–Pablo VI, *Alocución en la Audiencia General* del 12/II/1969.

–Joseph Ratzinger, *Elogio de la conciencia*, Esquiú 23 de febrero de 1992, p. 30.

–Juan Pablo II, Discurso al II Congreso de Teología Moral, L'Osservatore Romano, 22/I/89, p. 9.

10. LA VERDAD ROBADA SOBRE LA HISTORIA

La importancia de respetar la verdad histórica

Hace muchos años leí un libro titulado *Las mentiras del mundo moderno*. Allí, con documentos en mano, se puede ver –al menos sobre algunos temas puntuales– cómo los grandes medios de comunicación de nuestra sociedad constantemente tergiversan los datos que manejamos. Una de las mayores falsificaciones de nuestros tiempos es la relativa a los hechos históricos. Si tu carrera te lleva por los senderos de la historia, la sociología, el magisterio, etc., es muy probable que topes con muchas afirmaciones que no son verdaderas. Esto representa un enorme daño para tu formación y para tus futuros alumnos.

1. MANIPULAR LA HISTORIA

Tergiversar la historia, ¿por qué o para qué? Por motivos ideológicos, ante todo. A veces los datos han sido modificados para crear opinión pública. Así, por ejemplo, las leyendas contra la labor de España en tierras americanas (que pasó luego a la posteridad como la *leyenda negra* por antonomasia) fueron creadas, en gran parte, por los enemigos de la corona española – principalmente sus enemigos ingleses y sobre todo la francmasonería– para suscitar el consenso internacional contra España. Con el tiempo las leyendas pasaron a ocupar un lugar importante en los programas de estudio de nuestras escuelas laicas, e incluso de las católicas.

En muchos casos, estas *leyendas negras* han formado parte de campañas denigratorias contra la Iglesia católica y contra aquellas instituciones civiles o políticas que la han apoyado en algún momento de su historia. Es el caso de la España católica del siglo XVI.

La tergiversación también ha tenido como móvil intereses de orden político. Suele decirse que la historia la escriben los vencedores. Tiene esto algo de verdad; aunque no es toda la verdad, pues la historia a veces se escribe mientras se combate y precisamente como una de las armas más útiles para alcanzar la victoria. Al menos la victoria política y militar; nunca la victoria moral que sólo puede conseguirse con la verdad. Pero ¿a cuántos políticos, sociólogos e ideólogos, puede importarle una victoria *moral*? Así pasó con nuestra propia historia, por lo cual el mismo Juan Bautista Alberdi acusaba a los liberales argentinos de haber desfigurado la historia. Y lo confiesan algunos de ellos, como Mitre cuando le escribe a Vicente López: "usted y yo hemos tenido... la misma repulsión por aquellas [figuras históricas] a quienes hemos *enterrado históricamente*". Y Sarmiento le escribía al general Paz al ofrecerse su libro "Facundo": "Lo he escrito con el objeto de favorecer la revolución y preparar los espíritus. Obra improvisada, llena por necesidad de inexactitudes, a designio [*propósito*] a veces, para ayudar a destruir un gobierno y preparar el camino a otro nuevo"[241]. A confesión de parte... relevo de pruebas.

Las "inexactitudes a designio", los "entierros históricos" de las grandes figuras... Es triste saber que nuestra historia está plagada de mentiras y falsificaciones.

¿Qué intereses pueden seguirse de una adulteración del pasado? Muchos. El más importante es el dominio del presente y del futuro. "La historia de lo que fuimos explica lo que somos", escribía Hillaire Belloc. Si cambio la historia te oculto, entonces, lo que realmente eres; y si no sabes lo que eres, *serás lo que yo quiero que seas*. Si cambio –en tu mente al menos– tu pasado, puedo hacerte guerrear contra tu padre y tu madre haciéndote creer que son tus enemigos. Puedo hacerte odiar a tus benefactores y puedo lograr que me beses las manos lleno de gratitud a pesar de que soy el ladrón que te ha lavado el cerebro.

No es de extrañar que el manejo manipulador de la historia se haya convertido en una de las armas más poderosas en la mentalización de las generaciones. Porque con la historia puedo hacerte amar lo que en realidad es odioso y hacerte odiar lo que es amable. Con el dominio de la historia (de la historia escrita y la

---

[241] Cf. Aníbal Rottjer, *La masonería en la Argentina y en el mundo*, Buenos Aires 1972, pp. 296-297.

historia contada) puedo, como hace en nuestros tiempos la New Age, dibujarte un Jesucristo diabólico y un diablo benefactor de la humanidad; puedo presentarte un paganismo idílico perseguido por una Iglesia tiránica; puedo hacerte creer que quienes te trajeron la fe sólo querían tu sangre y tu oro; puedo vestirte de piratas a los misioneros y angelizarte los tiranos. El marxismo entendió muy bien el poder destructivo de esta manipulación cultural; especialmente a partir de un hombre tan inteligente como intelectualmente pervertido como fue Antonio Gramsci, el ideólogo de la revolución cultural. De todos modos, no es un descubrimiento suyo, como podrás ver si tienes en cuenta las leyendas negras de la antigüedad.

Mucho se ha hablado de la inquisición, de las cacerías de brujas, de los genocidios de América, de la persecución contra el paganismo, de la fiebre española del oro, de las idílicas situaciones de los indígenas americanos. No salta así de los documentos, ni de los testigos contemporáneos a los hechos, y en muchos casos ni siquiera de las declaraciones de las mismas "víctimas".

Por eso, debes siempre mirar quiénes dicen las cosas; debes observar qué móviles pueden tener, qué tajada sacan con sus afirmaciones. Y nunca escuches una sola campana. Investiga y estudia.

Digamos, de paso, que tampoco hacen un gran servicio quienes se defienden de las leyendas negras haciendo exaltaciones indebidas de lo que aquellas denigran. Se comprende su dolor y las motivaciones que pueden llevarlos a reivindicar lo que los falsarios han pisoteado indecentemente. Pero no prestan un auténtico servicio a la verdad si no se pone de manifiesto *toda la verdad*. Hay casos, indudablemente, en que se han tejido en torno a una situación histórica, una institución o algunos personajes, patrañas injuriosas sin ninguna base de verdad. Pensemos simplemente en las acusaciones contra Jesús, repetidas a lo largo de la historia contra muchos santos y héroes. Pero en muchos casos no nos encontramos con una tal pureza de doctrina o de vida. El mismo Señor predijo que en su campo encontraríamos mezclado el trigo con la cizaña. Si a los que falsifican la historia pretendiendo que creamos que todo ha sido cizaña los enfrentamos diciendo que todo ha sido trigo o que la cizaña ha sido casi inexistente, no haremos buen servicio ni a la historia ni a nuestra credibilidad.

Yerros ha habido muchísimos, como puede esperarse de una urdimbre tejida por seres de carne y hueso, con pasiones no controladas y muchas veces con pasiones vergonzosas (y no solo de lujuria hablo sino de injusticia, de envidia y de codicia). Ha habido abusos por parte de los que han sido fundamentalmente buenos y justos pero no completamente buenos ni justos. Tengamos presente que muchos han sido los santos; pero nunca los santos han sido "la mayoría" de una generación.

Hay casos en que las cosas que se critican han sido en realidad errores involuntarios o decisiones equivocadas de personas que no sabían que estaban equivocadas y por tanto debemos juzgarlo con justicia: es involuntario (por tanto no lo imputaremos a su autor material) pero *es un error*. En muchos otros casos, las cosas que hoy en día nos escandalizan no podían comprenderse todavía en su tiempo o no repugnaban la sensibilidad de su siglo como ocurre, tal vez, en el nuestro. Los más grandes hombres han sido *hijos de su época*; no los podemos juzgar con todos los criterios que nos ha costado sudor y lágrimas alcanzar con el paso de décadas y siglos. No juzguemos a un hombre del siglo V o del siglo XIII o del XVI con la mentalidad de un hombre del siglo XX, *en aquellas cosas que dependen mucho de circunstancias temporales o culturales*, como puede ser el caso de las ideas que tuvieron muchos de nuestros antepasados sobre fenómenos como la esclavitud, el derecho de guerra, la libertad de opinión, y otros fenómenos por el estilo. ¡De todos modos, no debemos creernos muy *sensibles* en una época en que denigramos la esclavitud del pasado al mismo tiempo que aceptamos esclavitudes modernas *más graves y más extensas que las del pasado*, como la de la prostitución o la droga o las opresiones económicas que sumergen a pueblos enteros en la injusticia y la miseria; o vituperamos las matanzas y las guerras de la antigüedad *tapándonos los ojos ante genocidios diarios como el del aborto, las "limpiezas" étnicas y los exterminios religiosos*, etc.! Pero tampoco vamos a justificar ninguna perversión del pasado porque se realice en el presente, ni una degeneración del presente porque "siempre hayan ocurrido cosas así". La verdad siempre será verdad, la mentira siempre será mentira, la injusticia jamás deberá ser justificada.

Así y todo debemos ser conscientes de que se puede llegar con la razón a muchas verdades que pertenecen –al menos secundariamente– al derecho natural; y por eso podemos suponer cierta culpabilidad en muchos juicios erróneos del pasado. No podemos entonces excusarlos. Pero tampoco podemos acusarlos como lo haríamos con nuestros contemporáneos.

Quisiera mencionar un par de escritos que me han impactado de modo muy particular sobre el modo de realizar un trabajo de seriedad histórica. El primero de ellos tiene como centro los debates sobre el fraile Bartolomé de Las Casas. Como es sabido, la leyenda negra antiespañola le debe mucho. Los enemigos de España y de la Iglesia ponen a Las Casas por las nubes; sus detractores lo acusan de paranoico, inventor de calumnias e infamador (algunos de ellos –no todos– salvando su intención, diciendo que él mismo se creía las cosas que inventaba y lo llevaba a forjarse tales historias un sincero amor por los indígenas americanos). Un documento que me resultó muy luminoso fue la carta dirigida desde Taxcala en 1555 al emperador Carlos V por una persona de probidad indubitable; me refiero al contemporáneo de De Las Casas, Fray Toribio de Benavente, conocido en nuestra América como Fray Toribio Motolinía[242], personaje amadísimo por los indígenas mexicanos (fueron ellos quienes le llamaron Motolinía que en su lengua significa *Pobre*, y que desde entonces él adoptó como nombre propio). Su carta tiene un valor excepcional, pues pocos años antes (1541) había dedicado al mismo destinatario una maravillosa obrita titulada "Historia de los indios de la Nueva España", donde no tiene reparo en denunciar –toda vez que es necesario– abusos por parte de españoles y no españoles, y poner las cosas en su lugar (uno de cuyos capítulos lo titula precisamente: *"De algunos españoles que han*

---

[242] Se puede ver el texto en: Real Academia de la Historia. Col. de Muñoz. Indias. 1554-55. T. 87. fª 213-32.

tratado mal a los indios, y del fin que han habido"); como también hace en esta carta al Emperador, que no son todas alabanzas y defensas, sino "puestas a punto". No se trata por tanto de una persona de intereses creados a favor de los conquistadores. Pues bien, en esta carta, Motolinía escribe a Carlos V a raíz de las campañas de desprestigio que De Las Casas llevaba a cabo en España. Advierte al emperador diciéndole que "no tiene razón el de las Casas de decir lo que dice y escribe y emprime", y lo acusa de "ser mercenario y no pastor", por haber abandonado a sus ovejas para dedicarse a denigrar a los demás. Y luego dice del fraile alborotador: "a los conquistadores y encomenderos y a los mercaderes los llama muchas veces, tiranos robadores, violentadores, raptores, predones; dice que siempre y cada día están tiranizando los Indios (...) por cierto para con unos poquillos cánones que el de las Casas oyó, él se atreve a mucho, y muy grande parece su desorden y poca su humildad; y piensa que todos yerran y que él solo acierta, porque también dice estas palabras que se siguen a la letra: todos los conquistadores han sido robadores, raptores y los mas calificados en mal y crueldad que nunca jamás fueron, como es a todo el mundo ya manifiesto: todos los conquistadores dice, sin sacar ninguno (...) Yo me maravillo cómo Vuestra Majestad y los de vuestros Consejos han podido sufrir tanto tiempo a un hombre tan pesado, inquieto e importuno, y bullicioso y pleitista en hábito de religión, tan desasosegado, tan mal criado y tan injuriador y perjudicial, y tan sin reposo: yo ha que conozco al de las Casas quince años (...), y siempre escribiendo procesos y vidas ajenas, buscando los males y delitos que por toda esta tierra habían cometido los Españoles, para agraviar y encarecerles males y pecados que han acontecido: y en esto parece que tomaba el oficio de nuestro adversario [es decir, del demonio], aunque él pensaba ser más celoso y más justo que los otros Cristianos y más que los Religiosos, y él acá apenas tuvo cosa de religión". Y cuando Motolinía compara al Marqués del Valle, es decir, a Hernán Cortés, con sus detractores (entre los cuales De Las Casas) afirma: "yo creo que delante de Dios no son sus obras tan aceptas como lo fueron las del Marqués; aunque como hombre fuese pecador, tenía fe y obras de buen cristiano, y muy gran deseo de emplear la vida y fortuna por ampliar y aumentar la fe de Jesucristo, y morir por la conversión destos gentiles, y en esto hablaba con mucho espíritu, como aquel a quien Dios había dado este don y deseo". Con mucha razón criticaba Motolinía a De Las Casas acusándole que "él no procuró de saber sino lo malo y no lo bueno". Más ajustado a la realidad fray Toribio compensa sus juicios afirmando que "dado caso que algunos [Estancieros, Calpixques y Mineros] haya habido codiciosos y mal mirados, ciertamente hay otros muchos buenos Cristianos y piadosos y limosneros, y muchos dellos casados viven bien".

Este equilibrio entre sus escritos; criticando lo que hay que criticar, alabando lo que es laudable y matizando lo que hay que matizar, nos muestra a las claras que el juicio sobre las realidades temporales nunca puede ser verdadero si un paisaje se pinta solo en blanco y negro. La vida tiene muchos matices; ignorarlos nos lleva a la injusticia histórica.

El segundo escrito que no quiero dejar de mencionar es la monumental obra de Marcelino Menéndez y Pelayo, "Historia de los heterodoxos españoles", con sus ocho tomos admirables. Uno de cuya lectura no hay que privarse es el referido a los problemas de los alumbrados y en particular al proceso que la Inquisición española hizo a fray Bartolomé Carranza, nada menos que siendo éste arzobispo de Toledo. Pues escribe Don Marcelino al comenzar su trabajo: "Ardua, inmensa labor sería la de este capítulo si en él hubiésemos de narrar prolijamente cuanto resulta del estudio, árido y enojoso como otro ninguno, que hemos tenido que hacer del proceso de Carranza, *rudis indigestaque moles*; como que consta no menos que de veintidós volúmenes en folio y de cerca de 20.000 hojas, aun sin tener en cuenta los documentos de Roma, las obras mismas del arzobispo y lo que de él escribieron Salazar de Mendoza, Llorente, Sáinz de Baranda, D. Adolfo de Castro y D. Fermín Caballero (1731) y (1732). Sin dificultad se persuadirá el lector que he llegado a tomar odio a tan pesado aunque importante asunto y que no veo llegada la hora de dar cuenta de él en las menos palabras posibles, porque temo perder la cabeza y el poco gusto literario que Dios me dio si por más tiempo sigo enredado en la abominable y curialesca lectura de los mamotretos que copió y enlegajó el escribano Sebastián de Landeta. Por otra parte, como no escribo una monografía sobre Carranza, sino una historia extensa y de mucha variedad de personajes y acaecimientos, lícito me será tomar sólo la flor del asunto, dejando lo demás para los futuros biógrafos del arzobispo. Entro en este trabajo sin afición ni odio a Carranza ni a sus jueces, y sólo formularé mi juicio después de narrar escrupulosamente lo que resulta de los documentos". Ya puede colegirse de esta obra, que Menéndez y Pelayo no escribía de oídas sino después de haber leído, analizado y estudiado cada paso de este proceso... ¡es decir, varios miles de hojas! A pesar de esto nunca se toma más atribuciones en sus juicios históricos que los que le permite el buen sentido y los datos ciertos que maneja delante... frenándose donde sus sentencias puedan constituir una afrenta. Por eso, no debe de extrañarnos que al final de su estudio se pregunte: "¿Qué hemos de pensar de Carranza?", y responda con una extraordinaria sensatez e imparcialidad: "clara y llanamente afirmo que Carranza *escribió, enseñó y dogmatizó proposiciones de sabor luterano*". Pero inmediatamente después, al señalar que Carranza hizo profesión en su lecho de muerte que jamás dijo, enseñó o profesó una herejía, el mismo autor añade este párrafo memorable: "Francamente, si no tuviéramos la protestación de fe hecha al morir por Carranza delante de Jesús Sacramentado, en la cual terminantemente afirmó que no había caído en ningún error voluntario, no habría medio humano de salvarle. Pero ante esa declaración conviene guardar respetuoso silencio. De los pensamientos ocultos sólo a Dios pertenece juzgar. Yo no creo que Carranza mintiera a sabiendas en su lecho de muerte. Y, en suma, excusando la intención, juzgó de él como juzgó la sentencia: *Vehementemente sospechoso de herejía, amamantado en la prava doctrina de Lutero, Melanchton y Ecolampadio*"[243]. Así debe escribir un historiador; sabiendo pararse en los umbrales de la conciencia ajena y dejando a Dios los juicios últimos. ¿Qué pensaría Don

---

[243] Todo esto puede leerse en el libro octavo de su obra que afortunadamente ha publicado en Internet la Universidad de Alicante (www.cervantesvirtual.com); lamentablemente sin las notas del autor.

Marcelino de nuestros escritores de folletines y páginas de Internet que escriben de lo que ignoran, que sólo cortan y pegan un par de textos tomados sin criterio alguno, y que luego hacen juicios que parecen infalibles? Eso no es hacer historia; ni se convierten en historiadores ni adquieren derecho a juzgar de la historia los que proceden con tanta superficialidad como puede verse en nuestros días. Y esto, aunque se tengan títulos y currículos sorprendentes (que también se pueden falsificar).

Es necesario, por tanto, que forjemos nuestras inteligencias con un gran sentido crítico. Muchas veces he recibido consultas donde se exponen temas que muchos adversarios de la Iglesia utilizan como caballos de batalla sin tener, en realidad, la más pequeña idea del tema; sólo repiten eslóganes prefabricados, que unos se prestan a otros y en los que unos y otros se citan mutuamente intentando con esto darse más autoridad. Fulano inventa un rumor y lo hace público, tal vez matizando con algún "puede ser", "tal vez", "no sea que", etc. Otro lo transmite a su vez, basándose en que lo ha leído (precisamente en el Fulano que lo lanzó a los cuatro vientos), luego un tercero lo propaga ya aplicándole un plural: "dicen que". Finalmente, la cadena se hace interminable y por supuesto "sólidamente establecida" pues "todo el mundo afirma que".... Pero ninguno se ha tomado el trabajo de verificar los hechos ni cotejar documento alguno. Esto se asemeja al cuento "del rumor infundado" que termina pareciendo cierto por los efectos que él mismo produce (y que se encuentra en autores tan dispares como Chesterton y García Márquez); es la leyenda de la madre que manda al hijo a comprar pan; un kilo, como siempre; pero como la tarde es gris y pesada le dice: "Compra dos, por si ocurre algo". El niño dice al panadero: "Por si ocurre algo, dos kilos de pan". Una vecina escucha y repite en el mercado que dupliquen sus raciones habituales, "por si ocurre algo". Otras oyentes reclaman la misma duplicación con la misma frase. Por la noche las alacenas están repletas "por si ocurre algo". Los maridos llegan y escuchan las atribuladas explicaciones de sus mujeres. Uno de ellos decide escapar, porque no piensa soportar que algo ocurra. Saca su carreta dispuesto a partir con todo lo que puede llevarse; oyen sus vecinos, salen y comparten la idea de abandonar el pueblo, "por si ocurre algo". Ya todos en la calle, se apenan de esas casas que sólo ellos han habitado, y para no abandonarlas a la suerte de intrusos, no dudan en incendiarlas. Ya alejándose la triste caravana de seres confundidos, alta la polvareda del camino y en medio de la noche iluminada por el fuego, la madre del comienzo mira entristecida las llamas del pueblo y le dice a su hijo: "Te lo dije, iba a ocurrir algo"[244].

De esta manera se crean las "historias paralelas" (y en algunos casos para *"lelos"*) completamente falsas pero sólidamente creídas. Estamos infinitamente lejos de la solidez de los grandes historiadores, como el eminente Ludwig von Pastor. Menciono a este historiador alemán (1854–1928) pues es autor de una de las obras monumentales de la crítica histórica: su "Historia de los Papas" ("Geschichte der Päpste seit dem Ausgang des Mittelalters. 1305-1799"); obra traducida a los principales idiomas occidentales y publicada en varios volúmenes (según las ediciones van de 16 a más de 40 volúmenes), y alabada por autores católicos y no católicos. Von Pastor, estudió historia en las universidades de Lovaina, Bonn, Berlín, Viena y Graz; fue profesor en Innsbruck, dirigió el Instituto Histórico Austriaco, en Roma. Fue protestante y terminó convertido al catolicismo; en su labor combinó el amor por la Iglesia Católica con el más meticuloso academismo y erudición; fue privilegiado con el acceso a los archivos secretos del Vaticano, y su historia, basada ampliamente en documentos no considerados hasta la fecha de su trabajo, supera a todas las historias anteriores de los Papas; según la *Columbia Encyclopedia* la idea fundamental de Pastor (quien se desempeñó como ministro austriaco ante el Vaticano desde 1921) es que los defectos del papado han reflejado las debilidades de cada época. El *Grande Dizionario Enciclopedico UTET* dice de la obra de Pastor que "representa una mole de estudio muy notable; la tesis católica del autor no le impide exponer y criticar con toda libertad lo obrado por algunos Papas del Renacimiento, mientras que la riqueza de

---

[244] Este cuento lo leí hace años en la interesante carta de un lector dirigida a un diario porteño; lamentablemente no tengo las referencias del autor, salvo el que lo han trabajado autores como Chesterton y García Márquez.

documentación le permite corregir muchos de los prejuicios más comunes, sobre todo de parte de los protestantes"[245]. Este autor para escribir su obra "por espacio de 50 años investigó en los archivos de 230 ciudades europeas (...) Muestra un dominio perfecto de la documentación..."[246].

A muchos que han consultado sobre aparentes escándalos de algunos Papas, o sobre situaciones poco edificantes de la Iglesia, les he recomendado la lectura de esta obra; al menos de los pasajes relativos a los temas cuestionados por ellos; porque siendo cuestiones tan importantes (de las que en algunos casos dependía la adhesión o no de estas personas al catolicismo) no se pueden solucionar con resumidas respuestas. Lamentablemente en muchos casos he constatado que mis curiosos interlocutores no estaban interesados en ningún estudio de fondo, serio, documentado y profundo, sino solo en respuestas rápidas ("fast food" mental) cortas *¡y completamente probatorias!* Mal signo de salud intelectual. La verdad siempre exigirá al máximo nuestra inteligencia.

2. AFRONTAR LA VERDAD

En esta cuestión creo que la Iglesia nos ha dado un extraordinario ejemplo de probidad científica. Tuvimos oportunidad de observarlo muy de cerca, en los años previos al gran jubileo del año 2000, en el cual el Papa Juan Pablo II quiso realizar un acto central pidiendo perdón, en nombre de toda la Iglesia, por las culpas cometidas por sus hijos a lo largo de los dos mil años de historia que llevamos vividos. Pero antes de proceder al pedido de perdón, se realizaron muchos estudios históricos (incluso simposios internacionales) en los que se estudiaron los documentos para determinar con exactitud cuáles eran esas culpas (en particular las acusaciones relacionadas con las cruzadas, la inquisición, el antisemitismo). Con ocasión de la publicación de

---

[245] *Grande Dizionario Enciclopedico UTET* , , volumen XV, Turín (1989) p. 557.
[246] Cf. *Gran Enciclopedia Rialp*, Madrid (1974) volumen XVIII, p. 35.

las Actas del simposio internacional sobre la Inquisición, el Papa escribía: "Es justo que... la Iglesia asuma con una conciencia más viva el pecado de sus hijos recordando todas las circunstancias en las que, a lo largo de la historia, se han alejado del espíritu de Cristo y de su Evangelio, ofreciendo al mundo, en vez del testimonio de una vida inspirada en los valores de la fe, el espectáculo de modos de pensar y actuar que eran verdaderas formas de antitestimonio y de escándalo". Y haciendo referencia al caso concreto de Inquisición añadía: "Ante la opinión pública la imagen de la Inquisición representa de alguna forma el símbolo de este antitestimonio y escándalo. ¿En qué medida esta imagen es fiel a la realidad? Antes de pedir perdón es necesario conocer exactamente los hechos y reconocer las carencias ante las exigencias evangélicas *en los casos en que sea así* (...) Hay que recurrir al 'sensus fidei' para encontrar los criterios de un juicio justo sobre el pasado de la vida de la Iglesia"[247].

El Cardenal Georges Cottier OP, explicaba: "Es obvio que una petición de perdón sólo puede afectar a *hechos verdaderos y reconocidos objetivamente.* No se pide perdón por algunas imágenes difundidas por la opinión pública, que *forman parte más del mito que de la realidad*"[248]. Y el historiador Agostino Borromeo, profesor de la Universidad *La Sapienza* de Roma, añadía: "Hoy por hoy los historiadores ya no utilizan el tema de la Inquisición como instrumento para defender o atacar a la Iglesia. A diferencia de lo que antes sucedía el debate se ha trasladado a nivel histórico, con estadísticas serias". Y el mismo profesor constataba "que a la *leyenda negra* creada contra la Inquisición en países protestantes se le opuso una apologética católica propagandista que, en ninguno de los casos, ayudaba a lograr una visión objetiva"[249].

Por eso debemos decir que la investigación estrictamente histórica nunca será un mal, y no hay que temerle sino confiar en

---

[247] Juan Pablo II, *Carta al Cardenal Etchegaray*, 15 de junio de 2004.
[248] Cf. Zenit, ZS04061508.
[249] Cf. Zenit, ZS04061604.

ella: la verdad se impone por sí misma; no necesita ni nuestra poesía, ni nuestra retórica, ni nuestros argumentos sofisticados. Como ha dicho Juan Pablo II: [la Iglesia] "...no tiene miedo a la verdad que emerge de la historia y está dispuesta a reconocer equivocaciones allí donde se han verificado, sobre todo cuando se trata del respeto debido a las personas y a las comunidades. Pero es propensa a desconfiar de los juicios generalizados de absolución o de condena respecto a las diversas épocas históricas. Confía la investigación sobre el pasado a la paciente y honesta reconstrucción científica, libre de prejuicios de tipo confesional o ideológico, tanto por lo que respecta a las atribuciones de culpa que se le hacen como respecto a los daños que ella ha padecido"[250].

3. LEYENDAS NEGRAS Y LEYENDAS ROSAS

Las leyendas negras y las tergiversaciones de la historia en general son muy numerosas. Es muy difícil que no hayamos oído hablar muy mal del caso Galileo Galilei, de la Inquisición, de la expulsión de los judíos de España, de las cruzadas, de la conquista de América, de las riquezas de la Iglesia, del Papa Pío XII y el nazismo, del antisemitismo de la Iglesia, etc. Como complemento obligado se suman las *leyendas rosas*: mitificaciones tan falsas como las anteriores; pensemos en los halos celestiales que rodean ciertos hechos del pasado como el estado casi paradisíaco en que se habrían encontrado los indígenas precolombinos y que los conquistadores europeos destruyeron con su presencia bélica (tapándose los ojos antes los siglos de violencia y exterminio que reinaban entre las diversas tribus americanas, los rituales demoníacos, la práctica de la antropofagia, los sacrificios humanos rituales, las deportaciones de pueblos enteros, la esclavitud que reinaba entre ellos, las famosas "guerras floridas" realizadas para conseguir víctimas humanas para los sacrificios idolátricos, etc.); lo mismo se diga del estado idílico con que se describe el

---

[250] Juan Pablo II, discurso del 1 de Septiembre 1999.

paganismo precristiáno (tema muy puesto de moda por las corrientes de la New Age); o, más cercano a nosotros, las presentaciones simpáticas de acontecimientos sangrientos e inhumanos como los de la revolución francesa, las liberales tramas de algunas revoluciones americanas, las políticas imperialistas británicas, etc. A todo esto hay que sumar las leyendas negras y rosadas que afectan la historia de cada país, en particular los de raíces católicas. Entre nosotros no ha faltado la idealización de personajes que, a pesar de las grandezas que no les hemos de negar en algunos campos, no han sido modelos ni dechados de bondad, ni justicia, ni patriotismo, ni cultura, a pesar de lo cual dan nombre a la mayoría de nuestras plazas, pueblos, calles y monumentos; pienso en Sarmiento, Mitre, Rivadavia, Moreno, Lavalle, Pellegrini, Roca, Justo José de Urquiza, Adolfo Saldias, Juan Andrés Gelly y Obes, Santiago Derqui, y tantos otros más a los que nuestra historia –escrita muchas veces por ellos mismos– los pone por las nubes en himnos, poemas, composiciones y pueriles fábulas escolares, cuando en muchos casos se trata de los artífices de la pérdida de nuestra cultura, de la descristianización de nuestras costumbres, del empobrecimiento de nuestra patria e incluso del derramamiento de sangre inocente en inútiles e injustas luchas fratricidas. Pero ahí los tenemos piropeados de "grandes" "ínclitos" "gloriosos" y todos los epítetos con que los nimban nuestros banales libros escolares. Al mismo tiempo que los verdaderos héroes de nuestra historia, los que forjaron la patria y los que edificaron su cultura muchas veces son desconocidos o se nos oculta su verdadero perfil de grandeza (en muchos casos su catolicismo); basta con observar que en los textos escolares jamás se nombra la labor de los grandes misioneros, muchos de ellos mártires que han sembrado de fe, de cultura y de civilización, nuestras tierras. Afortunadamente en nuestra patria hemos contado con grandes historiadores que han hecho un verdadero trabajo de *revisionismo* buscando desentrañar la verdad en una historia tejida de sutiles invenciones ideológicas. Deberíamos tener presentes los grandes trabajos de Vicente Sierra, Federico Ibarguren, Rómulo Cárbia, Enrique Díaz Araujo, Guillermo Furlong, Cayetano Bruno, etc.; lamentablemente muchos de estos estudios no llegan al gran público, quedan estancados en las bibliotecas de los más cultos, mientras en las escuelas, colegios y universidades, se sigue bebiendo en las fuentes turbias de la historia falsificada.

No es la intención de estas páginas –ni competencia de su autor– refutar ninguna de las referidas leyendas antihistóricas. Hasta sería infructuoso pretender siquiera una somera presentación de las principales falsificaciones (aunque algunas hayamos mencionado). Me basta con prevenir tu inocente inteligencia de este peligro y sugerirte que forjes en ti un verdadero espíritu crítico. Espíritu crítico no quiere decir mente "criticona" sino una inteligencia capaz de discernir un gato de una liebre. ¿Cómo podrás lograrlo? Estudiando seriamente; no te quedes con lo oficial; estudia a los autores serios, especialmente a aquellos de los que puedes forjarte un juicio de su probidad y honestidad intelectual. Estudia libros documentados y ve a las fuentes. Lee, si puedes, los libros de los contemporáneos de estos sucesos. Y sobre todo no "formes" tu inteligencia en panfletos, revistas, libros de divulgación masiva y textos de enseñanza puramente vulgar. Y ¡cuídate de las ideologías!

4. MODERNOS ENEMIGOS DE LA VERDAD

Hoy en día los peligros de una formación falsificada han aumentado de modo formidable a causa de algunas fuentes que los enemigos de la verdad han descubierto como verdaderas "minas" de la tergiversación; quiero mencionarte tres: la literatura barata, el cine e Internet.

La literatura que se "vende" a un público superficial (¡por algo el principal calificativo que hoy se usa es el de *best seller*, "el más vendido"!) ha canalizado sus esfuerzos ideológicos a través del género de la "novela histórica", que, en realidad no es tal ya que, en la mayoría de los casos, el calificativo de histórico sólo quiere decir que las situaciones descritas han sido ambientadas en el pasado; pero histórico no tiene el significado de "verídicos"

(¡aunque lo pretenda!); al contrario, bajo este género se transmiten mentiras, falsificaciones, distorsiones de la realidad, calumnias descomunales sobre instituciones, hechos y personajes. Se trata, por tanto, de novelas de "historia-ficción". Tómese como ejemplo muy actual algunos de los escritos que se autoproclaman "investigaciones históricas", como, por ejemplo, los libros de Margaret Starbird: *María Magdalena y el Santo Grial. La mujer con el frasco de alabastro*[251]; *La Diosa en los evangelios*[252]; los de Picnett y Prince, *La revelación de los templarios*[253], y *Enigma de la Sábana Santa*[254]; el conocido de Baigent, Leight y Lincoln, *El enigma sagrado* (en inglés *Holy Blood, Holy Grail*)[255], y el actualmente famoso de Dan Brown *Código Da Vinci*. En una nota al comienzo de este último libro, el autor declara descaradamente que "todas las descripciones de arte, arquitectura, documentos y rituales secretos en esta novela son fidedignas". Sin embargo quienes se han tomado el trabajo de leerlo críticamente han publicado páginas enteras con listas de errores, invenciones, tergiversaciones y simples patrañas que abundan –con marcada mala intención– por todo el libro; basta examinar la bibliografía que Brown ha usado para darse cuenta de que los libros serios de historia o arte no son los que componen su biblioteca personal y menos aún su bagaje intelectual; por el contrario, sus fuentes de información son las paraciencias, libros esotéricos y pseudohistorias conspirativas, etc[256]. Para que se vea hasta qué punto hay una "trama" contra la

[251] Editorial Planeta 2004. La presentación de editorial Planeta a esta obra dice: "En esta obra, *investigada con la mayor seriedad*, Starbird nos demuestra que Jesús no murió en la cruz, que María Magdalena fue su esposa y que fue a ella a quién Jesús confió sus enseñanzas. Al restaurar el lugar que corresponde a María Magdalena en la religión cristiana, Starbird recupera una parte de las raíces del cristianismo que hasta ahora se habían ignorado" (cf. la presentación que hacía la Editorial por lo menos hasta noviembre de 2004: Ver su página web. http://www.editorial.planeta.es).
[252] Editorial Obelisco, Barcelona 2000.
[253] Editorial Martínez Roca 2004.
[254] Editorial Martínez Roca
[255] Ed. Martinez Roca, 2000.
[256] Cf, el minucioso y completo estudio de Carl Olson y Sandra Miesel, *The Da Vinci Hoax* (el fraude Da Vinci), Ignatius Press, San Francisco 2004. Hay otros libros críticos como los de José Antonio Ullate Fabo, *La verdad sobre el*

verdad, basta leer las críticas literarias de algunos periódicos que, no obstante las mentiras del libro, lo han catalogado de "trabajo histórico", "historia fascinante y documentada especulación que vale varios doctorados", o simplemente como "investigación impecable"[257]. Todos estos libros, califican su empeño como *un retorno a la verdad histórica*, reivindicando la imagen "gnóstica" de Jesucristo (el tema de los evangelios gnósticos es hoy en día uno de los estribillos más entonados) como la "verdad original" sobre Jesucristo, y el hecho de que la Iglesia católica de los primeros siglos alteró y borró la verdadera figura de Jesús creando un Jesús antifeminista, fundador de un movimiento religioso, célibe, sufrido y divino. Pero esto no es más que una proyección hacia el pasado de un fenómeno que es estrictamente moderno: "el lavado cerebral de masas". Al pretender que los "jefes eclesiásticos" junto al poder político del siglo IV fueron capaces de borrar por completo la imagen real de Cristo imponiendo la imagen divinizada que ha prevalecido hasta nuestros días, suponen en el mundo antiguo una capacidad de mentira (y una capacidad de engaño) que sólo hemos conocido (con poder real) en la última centuria. Es nuestro tiempo el que ha puesto a punto —y en marcha— el mayor aparato de "lavado de cerebro" a través de los medios de comunicación manejados por intereses espurios[258]. Pero el mismo hecho de que *contando con semejante aparato* no hayan logrado todavía su objetivo (después de medio siglo de trabajo) demuestra que esto no fue posible en el pasado: la Iglesia no

---

Código Da Vinci, Libros Libres, Madrid 2004; Amy Welborn, *Descodificando a Da Vinci*, Ediciones Palabra, Madrid 2004.

[257] Cf. los periódicos *Chicago Tribune* y *New York Daily News*. Estos datos tan laudatorios pueden verse en la página del autor del libro: http://www.danbrown. com /novels/davinci_code/reviews.html.

[258] Son los medios de prensa de nuestro tiempo (aliados con la televisión, el cine y la literatura para iletrados) los que llevan a cabo la labor de desinformación de masas más implacable que ha conocido la historia. Es el mundo del periodismo contemporáneo (con grandes excepciones) el que, desde hace varias décadas, vende e inculca (a quienes quieren tragarla) una falsa auto imagen de seriedad, sabiduría y omnisciencia que embadurna el llamado (por sí mismo) *periodismo de investigación* y los *escritores "investigadores"* (catalogados como tales por sus propios colegas que se tiran flores e incienso unos a otros para darse una autoridad que no tienen, no pueden tener y ni siquiera saben en qué consiste).

podría haber logrado en los primeros tiempos imponer la imagen legendaria de Cristo por el simple hecho de que en la actualidad, con un poder casi infinitamente superior de comunicación y técnicas de convencimiento (prensa, televisión, internet, cine, imprenta, etc.), no han logrado los medios de comunicación masiva imponer la imagen contraria.

Ni siquiera lo explica la credulidad de los antiguos. Es cierto que en los primeros siglos de nuestra era cristiana tiene que haber existido un número grande de gente poco seria y de crédulos (este es un fenómeno humano que comenzó cuando Eva creyó al primer reportero de la creación: aquella serpiente que pregonó en el paraíso su "versión de los hechos" divinos); sin embargo, más crédulos son los hombres de nuestro tiempo que aceptan con entusiasmo acrítico todo cuando se les vende diariamente a pesar de constatar –también casi a diario– la adulteración de información fundamental.

La realidad de lo ocurrido es, en cambio, la contraria de esta teoría de la imposición de una imagen falsificada de Cristo: lo que ocurrió fue el fracaso del intento de defraudar la verdad sobre Cristo. Los escritos gnósticos (que no fueron tampoco tantos como pretenden autores como D. Brown) fueron el primer ensayo de introducir un Cristo "desnaturalizado". La tentativa fracasó rotundamente no por manejos políticos sino porque la verdad sobre Jesucristo estaba rubricada con la sangre de los mártires que no dieron la vida –ni se les hubiese ocurrido darla– por el "compañero sentimental" de la Magdalena (como es el Jesús de las feministas), ni por el atormentado Jesús de Kazanzakis, ni por el libidinoso Jesucristo *superstar*. Si los actuales defensores de la teoría del Cristo *mitificado*, piensan que los cristianos de los primeros siglos pusieron el cuello bajo las garras de los leones por un Cristo como éste, entonces suponen que los primeros cristianos eran tan necios como lo son ellos. Pero ni aquellos de entonces eran tontos, ni estos de ahora son mártires cristianos.

El cine, en muchos casos, es el segundo paso que transitan estas modernas fabulaciones. Mencionemos sólo algunas de las películas que pretenden contener elementos históricos: "Jesucristo Superstar" (de Norman Jewison, 1973), "La última tentación de Cristo" (Martin Scorsese, 1988), "Priest" ("Sacerdote"; de Antonia Bird, 1995), "Godspell" (de David Greene, 1973), "El cuerpo" (del año 2001, sobre el presunto descubrimiento del cuerpo de Cristo y por tanto contra su resurrección), "Estigma" (del año 1999; en la que aparece el descubrimiento del evangelio apócrifo de Tomás, que sería anterior a los que integran el canon de la Biblia cristiana y que pondría a la Iglesia católica en peligro de derrumbe), "Amén" (film de Costra Gavras, del año 2002, contra el Papa Pío XII y su supuesta connivencia con la persecución nazi a los judíos), etc.[259] También en estos casos se recurre al mismo proceso: anunciar que los hechos allí descriptos son "estrictamente verdaderos e históricos" o dejándolo entender a través de la propaganda. "Calumnia, calumnia, que algo siempre queda", decía Voltaire, un especialista en esta táctica. Y tenía razón, pues al menos siempre queda la duda ("si lo dijeron, por algo será"). Sobre la campaña del cine contra el catolicismo puede verse con mucho fruto un estudio documental de 1996, titulado "Hollywood Vs. Catholicism"[260].

Internet también se ha convertido en una de las herramientas por las que puede lograrse la tergiversación de la historia.

---

[259] Otras películas muy conocidas que comparten el encono por tergiversar la doctrina católica son: "The Order" (*El Devorador de Pecados*, año 2003), una historia de terror sobre un sacerdote renegado que descubre una secta al interior de la Iglesia dedicada a ocultar monstruosos crímenes; "The Magdalene Sisters" (*Las Hermanas de la Magdalena*, año 2002), que muestra un "reformatorio" equivalente a un campo de concentración nazi; "Sister Mary Explains it All" (año 2001), que cuenta la historia de una macabra monja asesina; "Dogma" (1999), una parodia en la que el último descendiente de José y María trabaja en una clínica abortista y es conducido a salvar a dos ángeles caídos bajo las órdenes de dios (que es una mujer); "La Última Tentación de Cristo" (1988) de Martin Scorsese; "Priest" (1994), que presenta a un sacerdote homosexual que denuncia la corrupción de su parroquia; "Agnes de Dios" (1985), que presenta a una religiosa que asesinó a su hijo recién nacido.

[260] *Hollywood Vs. Catholicism* (1996); ISBN 1-56814-151-3; producido y distribuido por Chatham Hill Foundation P.O. Box 7723 Dallas, TX 75209; y Catholic Video Distribution (CVC) (#1705) 7875 Convoy Ct. -- Suite #5 San Diego, CA 92111.

Particularmente este medio aporta su anonimato, la capacidad de publicar una enorme masa de información sin soporte documentado... y sobre todo su gigantesco potencial para "captar" a un gran número de hombres y mujeres que buscan información sin ningún tipo de exigencia científica; en este caso no sólo merece el nombre de "red" sino podría incluso compararse con una tela de araña que captura a los "hombres-mosca" (los que revolotean husmeando donde no deben, superficiales en sus exigencias y frágiles en su principios intelectuales). Estos son los que persiguen datos, no importa el grado de certeza de los mismos, su valor científico o hipotético o su simple carácter de chisme. Muchísimas de estas personas buscan información pero no *formación*. Internet es el reino del "corta y pega", del "todo hecho"; ...y de la trivialidad. Muchas veces, por mi trabajo, he debido perseguir algún dato por esta vía encontrándome con la desagradable sorpresa de que siendo abundantes los lugares donde se habla del tema... en realidad todos se copian unos a otros, textualmente, sin añadir nada... y sin ningún soporte serio. Tampoco hay que exagerar en contra de Internet; puede hallarse por este medio bastante información seria, e incluso páginas de verdadera índole científica, con estudios, artículos y libros de mucho valor documental, casi imposible de obtener por otra vía. El problema consiste en que están perdidos en tal maremágnum de falsificaciones que se hace difícil para quien no tiene una buena dosis de discernimiento evitar caer en las redes de mitificadores (es decir, "fabricantes de mitos"). Mi trabajo particular me ha colocado a menudo en contacto con personas buenas pero ingenuas que han sido víctimas de enormes confusiones por ponerse al tiro de locos, fanáticos, sectarios e incluso pervertidos, navegando por cualquier página de Internet buscando información *prefabricada* para evitar el trabajo de leer cosas serias... pero largas o duras de digerir; pidiendo al mágico mundo de Internet, como Aladino al genio escondido en su lámpara, que nos consiga ya hecho lo que necesitamos para nuestro trabajo, nuestro estudio o nuestra profesión, eludiendo el trabajo de hacerlo nosotros mismos. ¡De cuántos he recibido consultas y pedidos de ayuda para tapar los agujeros que estos corruptores han dejado en su fe, en su confianza en la verdad, en la Iglesia, en sus convicciones culturales!

Sólo citaré un ejemplo que conozco de cerca porque quien se tomó el trabajo de refutarlo ha sido un gran amigo nuestro, el P. Juan Carlos Sack, licenciado en exégesis bíblica y director de una de las páginas de apologética católica más serias que conozco. Se trata de la "leyenda negra" de las *Taxa camarae*. Las *Taxa Camarae* (cuyo nombre completo es *Taxa Camarae seu Cancellariae Apostolicae*) es el nombre latino de un supuesto documento pontificio, atribuido al Papa León X (1513-1521), en el cual se formularía una lista detallada de pecados graves, a la vez que se estipula una *tarifa* determinada para poder recibir la absolución de cada uno de esos pecados. Se trataría de una simple *venta de absoluciones sacramentales*, es decir, un pecado de simonía organizado por el mismo Papa. Según este documento, el dinero establecido varía según el pecado, y debe pagarse al tesoro pontificio. El documento –hecho público en nuestros días por el periodista español Pepe Rodríguez, conocido por sus constantes campañas contra la Iglesia, contra los evangelios y en general contra la fe católica– consta de treinta y cinco ítems (unas tres páginas). El supuesto documento ha sido catalogado como "punto culminante de la corrupción humana"; y a decir verdad, lo sería... si fuese *auténtico*. En realidad, lo que el Sr. Pepe Rodríguez publicó en su sitio web no es más que una sarta de disparates muchos de los cuales tienen el sabor inconfundible de las mentiras proclamadas con bombo y platillos, como afirmar que la *Taxa Camarae* está conservada en un lugar oculto de los archivos secretos vaticanos, y custodiada por seis estrictos controles de seguridad, tres de ellos con guardias suizos armados con metralletas, razón por la cual sería inaccesible, etc. Ya con esto bastaría para que una persona sensata se dé cuenta de la burla; sin embargo, la mayoría de las personas que caen en este tipo de páginas no tienen el suficiente grado de sensatez como para gambetear las invenciones del referido Rodríguez (dicho sea de paso, entre los documentos que cita Pepe Rodríguez a su favor hay algún libro que también habla de las Taxa Camarae... ¡pero que precisamente recoge su información de los escritos de Pepe Rodríguez! Es como si dijera:

"esto es verdad no sólo porque lo digo yo sino también otros autores.." ¿Y ellos de dónde lo han sacado? "Pues ¡lo leyeron en mis libros!"). El P. Sack se tomó el trabajo no sólo de pedirle al Sr. Rodríguez que le muestre los documentos en que se basa para afirmar cosas tan graves (sin ningún resultado, como era de esperar), sino que ha tratado de recorrer el espinel de los autores que afirmaría la autenticidad del documento, para terminar concluyendo que "de toda la literatura que hemos visto no hemos dado con ninguna fuente documental del escrito que presenta Rodríguez". Así se maneja este tipo de campañas. ¿Qué interés persiguen las personas comprometidas en estos proyectos de denigración? ¿son fanáticos anticlericales; responden a intereses particulares o mundiales, etc.? El diablo lo sabrá... pues sólo a él lo benefician. Sólo quiero subrayar aquí que debemos tener mucho cuidado, y en particular los estudiantes que manejan Internet como una fuente de documentación. Internet sirve para investigar, pero debemos ver a este monstruo de datos como una gigantesca biblioteca donde hay algunas cosas buenas y útiles, rodeadas de muchas otras (que las superan en número y atracción) que son realmente corruptoras no sólo de la moral sino de la inteligencia (y como dice un amigo nuestro: con un bibliotecario que *quiere* que veas las cosas malas que él ofrece). Sólo he puesto un ejemplo porque lo conozco bien y puedo ofrecer las fuentes ciertas de documentación[261]; pero los ejemplos podrían multiplicarse hasta el cansancio.

5. OBSERVACIONES

Volviendo a las tergiversaciones de la historia, el Cardenal Giacomo Biffi, cuando todavía era Arzobispo de Bolonia escribió el Prefacio de un libro muy interesante de Vittorio Messori (*Leyendas negras de la Iglesia*). Allí el erudito teólogo que es Biffi comenzaba diciendo una enorme verdad: "Cuando un muchacho,

---

[261] Puede verse toda la discusión y documentación en la página que dirige el P. Juan Carlos Sack: www.apologetica.org.

educado cristianamente por la familia y la comunidad parroquial, a tenor de los asertos apodícticos de algún profesor o algún texto *empieza a sentir vergüenza por la historia de su Iglesia, se encuentra objetivamente en el grave peligro de perder la fe.* Es una observación lamentable, pero indiscutible". Y añadía a continuación algunas observaciones de enorme valor. Quisiera aprovechar algunas de ellas para unas reflexiones finales.

La primera es que lo que se está en peligro en nuestro tiempo es no sólo la fe sino la misma razón. El mundo moderno, con sus múltiples ataques a las instituciones fundamentales no sólo busca demoler la fe y descristianizar nuestra sociedad (lo que ha conseguido en parte) sino llevarnos a la pérdida de la razón y a que nos resignemos al absurdo (lo que ha conseguido más ampliamente). La tergiversación de la historia es parte de esta doble campaña: no sólo contra la fe (leyendas falsas sobre la Iglesia) sino contra nuestra cultura bimilenaria; o sea, contra nuestra razón y sensatez.

La segunda cosa es que todas estas leyendas hacen mella principalmente en quien no tiene "ojos de fe" para mirar la Iglesia. Para quien tiene fe sabe que la Iglesia es, como decía san Ambrosio, *ex maculatis immaculata*, una realidad intrínsecamente santa pero constituida por hombres todos ellos, en grado y medida diferente, pecadores. No necesitamos que nos presenten una Iglesia integrada sólo por santos para que creamos en ella; sabemos que entre sus hijos todos son pecadores; lo que aspiramos es a que sean pecadores arrepentidos. Por eso no nos escandalizaremos cuando se nos hablen de los pecados cometidos por los hombres del pasado... ni necesitaremos forjar leyendas áureas para poder apuntalar nuestra fe. Nos basta con la verdad. Ya dije que magro servicio se presta a la verdad cuando se contrapone a la falsedad denigratoria otra falsedad (tal vez mucho más cercana a la verdad, pero falsedad en parte) más idealizada. Leamos los escritos y cartas de los primeros misioneros de América como José de Acosta, Jerónimo Mendieta, Toribio Motolinía, Antonio Ruíz de Montoya, y veremos que no hace falta pintar conquistadores y encomenderos idealizados para demostrar la grandeza de esta epopeya única. Fue una epopeya, *a pesar de las miserias que podamos encontrar.*

La última cosa que resalto, con Biffi, es que algo fundamental de toda leyenda negra (me refiero a las que tienen por objeto responsabilizar a la Iglesia por las culpas del pasado) nos prestan un *servicio indirecto,* que por supuesto sus autores no han advertido. Se trata del hecho de que al hablar de "culpas históricas de la Iglesia", se está confesando que ésta es la única realidad que permanece idéntica en el curso de los siglos, razón por la cual acaba siendo también la única llamada a responder de los errores de todos. Decía Biffi: "¿A quién se le ocurre preguntarse, por ejemplo, cuál fue, en la época del caso Galileo, la posición de las universidades u otros organismos de relevancia social respecto a la hipótesis copernicana? ¿Quién le pide cuentas a la actual magistratura por las ideas y las conductas comunes de los jueces del siglo XVII? O, para ser aún más paradójico, ¿a quién se le ocurre reprochar a las autoridades políticas milanesas (alcalde, prefecto, presidente de la región) los delitos cometidos por los Visconti y los Sforza? Es importante observar que acusar a la Iglesia viva hoy en día de sucesos, decisiones y acciones de épocas pasadas, es por sí mismo un implícito pero patente reconocimiento de la efectiva estabilidad de la Esposa de Cristo, de su intangible identidad que, al contrario de todas las demás agrupaciones, nunca queda arrollada por la historia; de su ser *casi-persona* y por lo tanto, sólo ella, sujeto perpetuo de responsabilidad. Es un estado de ánimo que –precisamente a través de las actitudes de venganza y la vivacidad de los rencores– revela casi un *initium fidei* (comienzo de fe) en el misterio eclesial: lo que, posiblemente, provoca la hilaridad de los ángeles en el Cielo".

* * *

Este capítulo, como podrás ver, no ha gozado de mucho orden. He consignado en estas páginas más bien algunas reflexiones desorganizadas sobre la seriedad en la investigación y la aceptación de lo que nos enseñan desde muchas cátedras; creo que pueden serte muy útiles, a pesar de su desorden. Quedo satisfecho si al menos sacas en claro que no todo cuanto recibes es trigo limpio; que debes tener una inteligencia inquisitiva y capaz de discernir lo que te ponen delante; que no debes –como suele decirse– tragarte cualquier buzón... y que la verdad se conquista al precio de ser profundos y esforzados. No seas un títere de los manipuladores de tu pasado que no buscan otra cosa que adueñarse de tu presente y usufructuar para sus propios intereses tu hermoso futuro.

Bibliografía para ampliar y profundizar

–Luis Suárez Fernández, L. García Moreno, J. Orlandis, A. Martín Duque, et altri, *Historia universal*, Eunsa, volúmenes I-XIII, Bs. As. 1984.

–H. Jedin, *Manual de historia de la Iglesia*, tomos I-VIII, Herder, Barcelona 1978.

–Llorca, Villoslada, Laboa, *Historia de la Iglesia*, tomos I-IV, BAC, Madrid 1980.

–A. Caturelli, *El Nuevo Mundo*, Edamax, México 1991.

–Vicente Sierra, *El sentido misional de la conquista de América*, Dictio, Bs. As. 1980.

–Cayetano Bruno, *Historia de la Iglesia en Argentina*, tomos I-XII, Ed. Don Bosco, Bs. As. 1981.

–Rubén Calderón Bouchet, *Formación de la Ciudad cristiana*, Dictio, Bs. As. 1978.

————————————, *Apogeo de la Ciudad cristiana*, Dictio, Bs. As. 1978.

————————————, *Decadencia de la Ciudad cristiana*, Dictio, Bs. As. 1979.

————————————, *La ruptura del sistema religioso en el siglo XVI*, Dictio, Bs. As. 1980.

————————————, *Esperanza, historia y utopía*, Dictio, Bs. As. 1980.

–Hillaire Belloc, *Así ocurrió la reforma,* (hay numerosas ediciones).

————————————, *Europa y la fe,* (hay numerosas ediciones).

————————————, *La crisis de nuestra civilización*, (hay numerosas ediciones).

————————————, *El estado servil,* (hay numerosas ediciones).

CONCLUSIÓN

EL PRESTIDIGITADOR

El cuadro que puedes observar en la página anterior es un óleo sobre tabla que se halla en el Museo Municipal de Saint Germain-en-Laye. El original (hoy perdido), titulado *El prestidigitador*, fue pintado por Jerónimo van Aken, conocido como *El Bosco*, entre 1475 y 1480; ésta es una copia fiel que nos ha llegado del mismo.

La escena es muy sugestiva –en su sencillez– y refiere un episodio habitual de los tiempos del autor (¡muy semejantes a los nuestros!): el "timo" del prestidigitador. Permíteme que te ayude a observarlo para que nos sirva de reflexión final.

El escenario es muy sobrio: hace de fondo una pared ruinosa sobre cuya cima, como evidencia de abandono y desamparo, ya han crecido plantas y flores, como podrás ver también en cualquier baldío moderno. En el centro de la escena una mesa con algunos elementos usados por el *prestidigitador* para sus trucos; a nuestra izquierda un grupo de diez personas, seis hombres, tres mujeres y un niño; del otro lado de la mesa el *prestidigitador* representado con algunos elementos de su oficio: una bola en las manos que muestra al público y con la que llama su atención, una canasta con un búho de la que probablemente lo extraiga como nuestros magos hacen con sus respectivas palomas y conejos; un sombrero en forma de galera, útil para sacar de él toda suerte de objetos... por arte de magia; una prominente nariz que le da al personaje un aire de hombre de poca confianza.

El prestidigitador está realizando, a un anciano, un truco que consiste en sacar de su boca un sapo. Los demás miran entre asombrados y divertidos. Un niño se acerca con la boca semiabierta para mirar el "fenómeno", mientras la mayoría del grupo reparte sus miradas entre la mano del prestidigitador y el rostro del anciano. Solo dos personajes escapan al general encanto: uno es el cómplice del prestidigitador que, detrás del anciano, con miope mirada, haciéndose el distraído y el tonto (el pintor lo retrata mirando para arriba), extrae la bolsa de dinero del bolsillo del viejo que se ha prestado para el truco. El otro es un joven que asiste al espectáculo con una "amiga" sobre cuyo hombro ha echado una de sus manos; éste advierte la maniobra del ladrón pero se limita a señalarlo con un dedo a su amiga susurrándole al oído lo que está ocurriendo.

Esta es una apretada pintura de nuestra civilización y de lo que puede ocurrirte en ella.

Con el trasfondo de una sociedad ruinosa como la tambaleante pared sobre la que se alza nuestra escena (con ruinas de larga data sobre las que ya echan raíces viejas yerbas de pecados, errores y mentiras) se arma la gran estafa de los hombres. En nuestro tiempo los prestidigitadores (o sea, los *de dedos rápidos*, que eso quiere decir la palabra) se disfrazan de muy diversas maneras centrando nuestra atención sobre realidades accidentales de la vida (como el del cuadro atrae la atención del público sobre una vulgar bolilla que sostiene en su mano) ofreciéndonos prodigios asombrosos (no mucho más serios que extraer un sapo de nuestras bocas). Mientras tanto sus cómplices nos roban nuestros tesoros. No contemos con el público que nos rodea, que suele repartirse entre los tontos que han quedado tan embobados como nosotros por la habilidad del *prestidigitador* y los que dándose cuenta —como el joven del cuadro— no moverán un dedo para defendernos (sobre todo si para defendernos deben sacar la mano que regalonamente posan sobre los hombros del placer).

Te venden y nos venden sofismas por ciencia y sacan escuerzos de la inteligencia robándonos a cambio la sensatez, el rigor intelectual del que somos capaces y con él la fe sobrenatural, porque la gracia supone la naturaleza, la fe una inteligencia límpida, capaz de dejarse trascender por el misterio pero no humillar por el sofisma. Si dejamos de razonar pasaremos primero a tener, en lugar de fe, *fideísmo*; de éste iremos al *escepticismo* y así hasta el *vacío intelectual*.

Al final de estas páginas que hemos transitado juntos, sólo me queda aconsejarte que formes tu conciencia, tu inteligencia y tu voluntad; para que llegues a ser verdaderamente un hombre o una mujer de ciencia. Con la plena certeza de que la ciencia verdadera jamás pondrá una zancadilla a tu fe.

VOCABULARIO

(He puesto aquí sólo algunas de las principales palabras empleadas en el libro y que pueden resultar dificultosas de entender para alguien no familiarizado con los temas filosóficos)

Agnosticismo / agnóstico: (si bien la palabra viene del griego "a = privativo"; "guignósco = conocer"; por tanto "no conocer"; el término fue acuñado recién en 1869 por Huxley) es la actitud filosófica (o falsamente filosófica) que declara que el entendimiento humano no puede conocer nada que tenga relación con lo divino ni cualquier cosa que trascienda la experiencia.

Alegoría: es una ficción en virtud de la cual algo representa o significa otra cosa diferente; también la representación simbólica de ideas abstractas por medio de figuras, grupos de estas o atributos.

Análogo, analogía: significa que algo es en parte igual y en parte distinto a otra cosa, también algo que se puede predicar de cosas diversas en sentido verdadero y propio pero no exactamente igual en todos los casos (por ejemplo, "sano" es un término análogo pues se puede decir del hombre sano –quiere decir que tiene salud–, de un alimento sano –en este sentido significa que no hace daño–, de un medicamento sano o saludable –que puede devolver la salud–, etc.).

Animismo: es la creencia que atribuye vida anímica y poderes a los objetos de la naturaleza o bien la creencia en la existencia de espíritus que animan todas las cosas.

Antropología: es la parte de la filosofía que estudia al hombre.

Antropomorfismo: es el modo de hablar que atribuye a la divinidad la figura o las cualidades del hombre. Así, por ejemplo, cuando se dice en el Génesis que Dios *se paseaba por el Jardín al fresco de la tarde*, o cuando dice que *Dios modeló a Adán del barro de la tierra*, etc.

Arreligioso: debe decirse propiamente *irreligioso*; significa la persona o grupo o doctrina que no acepta o no practica la religión.

Ateo: se llama así al que niega la existencia de Dios.

Causa: es aquello que se considera como fundamento u origen de algo. La causa eficiente es el primer principio productivo del efecto, o la que hace o por quien se hace algo; la causa final es el fin con que o por que se hace algo; la causa formal, es la que hace que algo sea formalmente lo que es.

Clonación: es el acto por el cual se produce un *clon*, es decir un ser genéticamente idéntico o casi idéntico a aquél del cual es formado (genéticamente idéntico quiere decir que tiene un patrimonio genético prácticamente idéntico; sin embargo, tiene una individualidad diversa, como puede verse en los hermanos que son gemelos provenientes de un mismo cigoto).

Consenso: es el acuerdo producido por consentimiento entre todos los miembros de un grupo o entre varios grupos.

Cosmogonía: significa "relato sobre el origen del cosmos".

Cosmología: es la parte de la filosofía que estudia las leyes generales que rigen el mundo físico.

Determinismo / determinista: es la teoría que supone que la evolución de los fenómenos naturales está completamente determinada por las condiciones iniciales; también se dice del sistema filosófico que subordina las determinaciones de la voluntad humana a la voluntad divina.

Deus ex machina (pronunciar: *Déus ex máquina*): es una expresión de la antigüedad latina, tomada del teatro; se trataba de un personaje que representaba una divinidad y que descendía al escenario mediante un mecanismo e intervenía en la trama resolviendo situaciones muy complicadas o trágicas. De ahí que se diga cuando se busca una solución que caiga de arriba.

Dogma: se denomina así a las verdades de fe. Al principio la palabra significó lo mismo que "opinión" (en griego *doxein* = opinar, parecer); los primeros Padres de la Iglesia (ver) lo usaron para indicar un principio de doctrina más bien moral; desde el siglo IV comienza a prevalecer el sentido de dogma como *verdad de fe.*

Efecto: es aquello que sigue por virtud de una causa.

Epigénesis: es la doctrina según la cual los rasgos que caracterizan a un ser vivo se configuran en el curso del desarrollo, sin estar preformados en el huevo fecundado.

Epitelio: es el tejido animal formado por células en estrecho contacto, que reviste la superficie, cavidades y conductos del organismo.

Escéptico (quien profesa el escepticismo) es el que dice o aparenta no creer o quien afirma que la verdad (incluso la verdad sobre Dios) no existe o bien si existe no se la puede conocer; *ateo* es quien afirma que Dios no existe.

Esencia: es aquello que constituye la naturaleza de las cosas, lo permanente e invariable de ellas; también se suele llamar "esencia" a lo más importante y característico de una cosa.

Etnólogo / etnología: La etnología es la ciencia que estudia las causas, razones y orígenes de las costumbres y tradiciones de los pueblos.

Exponencial: se dice de un crecimiento cuyo ritmo aumenta cada vez más rápidamente.

Fideísmo: es la doctrina que acepta todo por fe sin argumentación racional; a veces incluso por desprecio explícito de la razón.

Genoma: es el conjunto de los genes de un individuo o de una especie, contenido en un juego haploide de cromosomas.

Homínido: Se usa, sobre todo en las teorías evolucionistas, para designar a los individuos perteneciente al orden de los Primates superiores, cuya especie superviviente es la humana.

Implantación: (significa "plantarse en") lo usamos aquí para designar el acto por el cual un embrión se fija en la mucosa del útero de su madre.

Inmanente: significa etimológicamente "permanecer dentro de" (permanecer en).

Inmanentismo: Designa al sistema filosófico-religioso que en su forma más rígida reduce toda la realidad al sujeto, fuente, principio y término de toda su actividad creadora; también todas las doctrinas que niegan que haya algo superior a la naturaleza (o sea, algo sobre-natural).

Innato: (del lat. part. pas. de innātus, innasci), significa connatural y como nacido con la misma persona.

Laxismo: es la doctrina moral que acepta cualquier ley relajada.

Magia: designa al conocimiento oculto con que se pretende producir, valiéndose de ciertos actos o palabras, o con la intervención de seres imaginables, resultados contrarios a las leyes naturales.

Magisterio: significa "enseñanza" o "acto de enseñanza"; nosotros lo usamos normalmente para indicar la doctrina oficial y autoritativa de la Iglesia católica (la doctrina de sus Papas y Concilios).

Metafórico / metáfora: la metáfora es el empleo de las palabras de tal modo que se traslada el sentido recto de las voces a otro figurado, en virtud de una comparación tácita; así se habla, en sentido metafórico, del "rugido del viento", de la "primavera de la vida".

Misterio: Del latín (y a su vez del griego mysterium); se dice de una cosa arcana o muy recóndita, que no se puede comprender o explicar. También se usa para indicar lo arcano o cosa secreta en cualquier religión. En la religión cristiana, cosa inaccesible a la razón y que debe ser objeto de fe.

Mito: es una narración maravillosa situada fuera del tiempo histórico y protagonizada por personajes de carácter divino o heroico. Con frecuencia interpreta el origen del mundo o grandes acontecimientos de la humanidad. También se dice de una historia ficticia o personaje literario o artístico que condensa alguna realidad humana de significación universal.

Monogenismo: es la teoría según la cual todos los hombres provienen de una sola pareja humana (Adán y Eva). Se opone el *poligenismo* (ver).

Naturaleza: es la esencia y propiedad característica de cada ser. También se usa la palabra para referirse al conjunto, orden y disposición de todo lo que compone el universo (la Naturaleza). El término también se usa en otros sentidos, como para referirse al principio universal de todas las operaciones naturales e independientes del artificio; a la virtud, calidad o propiedad de las cosas; también al instinto, propensión o inclinación de las cosas, con que pretenden su conservación y aumento.

Ortodoxia: quiere decir "recta doctrina"; también se usa para designar a la Iglesia "ortodoxa", que es una Iglesia cismática, es decir, separada de la Iglesia católica; aquí la usamos siempre en el sentido de doctrina correcta o conforme al magisterio de la Iglesia católica.

Padre de la Iglesia: son aquellos autores eclesiásticos que, según la definición de Mabillon, reúnen cuatro cualidades: doctrina eminente, santidad de vida, antigüedad, reconocimiento explícito o tácito de la Iglesia. Hay algunos autores de la antigüedad cristiana que no han sido reconocidos como santos, o bien su doctrina ha sido eminente en algunos puntos pero no en otros; estos son designados no como Padres de la Iglesia sino como *autores eclesiásticos*.

Paleontólogo, paleontología: la *paleontología* es la ciencia que trata de los seres orgánicos desaparecidos a partir de sus restos fósiles. "Paleo" viene del griego y significa en general 'antiguo' o 'primitivo', referido frecuentemente a eras geológicas anteriores a la actual. De aquí se derivan palabras como paleocristiano (antiguo cristianismo), paleolítico.

Poligenismo: es la teoría según la cual todos los seres humanos actuales provienen de muchas parejas humanas.

Relativismo: es la doctrina que considera que no hay una verdad universal que todos pueden aceptar como válida; sino que cada uno tiene su verdad. *Relativo* también quiere decir que guarda relación con alguien o con algo.

Rigorismo: es la doctrina moral que se caracteriza por el exceso de severidad en las leyes. Es la doctrina contrapuesta al laxismo (ver).

Singamia: es un término que designa la unión de los dos gametos (espermatozoide y óvulo).

Sociología: ciencia que es parte de la filosofía y estudia a la sociedad y sus comportamientos.

Solución de continuidad: significa "interrupción"; "sin solución de continuidad" quiere decir sin interrupción o corte.

Sofisma / sofista: el sofisma se dice de un argumento aparente con que se quiere defender o persuadir lo que en realidad es falso.

Subjetivismo: es la doctrina que hace depender todo (los juicios, las impresiones, etc.) del sujeto (o sea de cada uno); se contrapone a lo que es *objetivo.*

Tótem, totemismo: el tótem es un objeto de la naturaleza, generalmente un animal, que en la mitología de algunas sociedades se toma como emblema protector de la tribu o del individuo, y a veces como ascendiente o progenitor. De aquí el nombre se deriva al emblema tallado o pintado, que representa el tótem.

Venéreo: el término viene del latín *venéreus* que indica algo relativo a Venus (diosa del placer) y hace referencia al placer sexual o a las cosas que se relacionan con el sexo (por ejemplo, las enfermedades de "transmisión venérea", o sea por vía sexual).

ÍNDICE

IVE Press
Nueva York – 2006